메타버스 플랫폼

메타버스 플랫폼

초판 발행 2022년 9월 5일

지은이 공다예, 길경자, 김지민, 송호천, 전은혜, 최은희
펴낸이 류원식
펴낸곳 교문사

편집팀장 김경수 | **책임진행** 윤소연 | **디자인** 신나리 | **본문편집** 유선영

주소 10881, 경기도 파주시 문발로 116
대표전화 031-955-6111 | **팩스** 031-955-0955
홈페이지 www.gyomoon.com | **이메일** genie@gyomoon.com
등록번호 1968.10.28. 제406-2006-000035호

ISBN 978-89-363-2382-0 (93560)
정가 28,500원

저자와의 협의하에 인지를 생략합니다.
잘못된 책은 바꿔 드립니다.

METAVERSE PLATFORM

메타버스 플랫폼

공다예 · 길경자 · 김지민
송호천 · 전은혜 · 최은희

교문사

새로운 기회, 메타버스

지난해 IT 업계의 화두는 메타버스였다. 코로나19가 현실세계를 황폐화시키면서, 학생들은 등교를 하는 대신 온라인을 수업을 듣고, 직장인들은 재택근무를 하게 되었다. 오프라인 행사는 취소되고 기존의 오프라인 형태의 콘텐츠 모임들이 온라인, 모바일 웹플랫폼, 화상미팅 등으로 전환되면서 사람들의 일상도 변화하였다. 안전한 가상공간에 많은 사람들이 관심을 가지면서 메타버스에 대한 관심이 높아졌던 한 해였다. 기존의 게임, 엔터테인먼트 분야에서 활용되었던 메타버스는 단순한 놀이와 소통의 공간으로 인식되었던 대상에서 정치, 경제, 사회, 문화 등 폭넓은 분야에 활용되기 시작하면서, 미래를 앞당기는 티핑포인트로의 역할을 하고 있다. 특히 세계 최고 수준의 IT 인프라와 새로운 문화에 탁월한 적응력을 가진 한국은 메타버스가 성장하기에 가장 좋은 환경을 갖추고 있다고 볼 수 있다.

코로나19가 수그러드는 상황에서 사람들의 이야기들이 분분하다. '이제 메타버스에 대한 관심이 꺾이고 있다'라고 말하는 사람이 있는가 하면, '메타버스는 NFT와 함께 넥스트 레벨의 변혁을 가져오는 그 시작에 서 있다'라고 말하는 사람도 있다. 애플의 스티브 잡스가 아이폰을 처음 소개하고 10년 동안 스마트폰 시장이 지속적으로 발달해 지금이 온 것처럼, 메타버스는 지금 그 시작의 출발점에 있으며 스마트폰 시대 이후에는 그 다음 레벨인 메타버스 세계로 나아갈 것이 예상되고 있다.

메타버스는 앞으로 개인에게 소셜미디어와 소비 측면에서 완전히 새로운 경험을 제공할 것이다. 현재 메타버스 시장에 집중하고 있는 패션, 음악, 예술, 스포츠, 게임 사업뿐만 아니라 다양한 업계들이 메타버스를 이용하기 위해 진입하고 있다. 사람들은 점점 메타버스 공간으로 이동할 것이고, 기업은 소셜미디어뿐 아니라 메타버스를 포트폴리오에 통합해야 한다. 얼마 지나지 않아 소비자들은 실제 구매를 하면서도 메타버스 상의 디지털 자산을 함께 구매하는 양상을 보일 것이다. 물리적 경험과 디지털 경험의 하이브리드로 점차 진화해 나가고 있는 것이다.

그렇다면 여기서 중요한 부분은 지금의 메타버스 시장이 어떻게 돌아가고 있는지, 다양한 산업군에서 메타버스를 어떻게 활용해 사용자들과 연결되고 있는지를 아는 것이다. 그리고 변화하는 세상에 자신을 넣고, 직접 경험해 봄으로써 그 안에서 여러분의 일과 삶의 새로운 가능성을 발견해야 한다.

포도를 따 먹는데 실패한 한 여우가 포도를 따 먹어 보기도 전에 '저건 시고 맛이 없을 거야'라고 말하며 자신을 합리화한 것처럼, 우리가 혹시 그런 모습은 아닌지, 우리는 현재 메타버스를 어떤 관점으로 들여다보고 있는지 발견하는 시간을 가졌으면 한다. 메타버스를 활용한 시대의 변화를 이해하고, 나와 나의 브랜드, 혹은 나의 사업에 어떻게 활용할 것인지, 그리고 앞으로 어떻게 발전해 나갈지의 인사이트를 지니는 것이 무엇보다 중요한 요즘이다.

이 책의 저자들은 각자 다른 산업군(마케팅, 패션, 건축, 교육, 드론 등)의 전문가들로 지금 가장 많이 사용하고 있는 메타버스 플랫폼을 선별해, 보다 많은 사람들이 메타버스 플랫폼을 경험하고 활용하는 데 도움을 주고자 이 책을 집필하게 되었다.

이 책을 통해 메타버스를 이해하고, 영감을 얻고, 이프랜드, 제페토, 게더타운, ZEP의 활용방법을 익힘으로써 메타버스를 여러분 삶의 새로운 기회로 만들고, 그 기회가 여러분의 삶에 현실로 나타나기를 바란다.

2022년 8월

한국여성마케터협회 회장 최은희

차례

CHAPTER 3 제페토 시작하기

CHAPTER 4 제페토 아이템 크리에이터

CHAPTER 5 제페토 빌드잇

CHAPTER 6 게더타운 시작하기

CHAPTER 7 게더타운 맵 메이커

CHAPTER 8 ZEP

1. 메타버스란 무엇인가?
2. 메타버스의 유형
3. 메타버스의 활용과 특성

1

메타버스에 대하여

메타버스를 이해하는 가장 효과적인 방법은 현재 시장에서 기업들이 메타버스를 활용하는 사례들을 살펴보는 것이다. 이 장에서는 메타버스의 개념과 유형뿐 아니라 일반 기업부터 패션, 엔터테인먼트, 게임, 채용, 교육이라는 다양한 산업군에서 메타버스 플랫폼을 어떻게 활용하고 있는지를 살펴볼 것이다. 각각의 사례를 통해서 기업들이 메타버스를 활용함으로써 얻어지는 수익이 무엇인지, 앞으로 메타버스 플랫폼과 기술의 발전으로 인해 우리가 관심을 갖고 지켜봐야 하는 것들이 무엇인지를 알 수 있다.

또한 당신의 브랜드, 당신의 사업과 연관지어 메타버스를 활용할 수 있는 다양한 아이디어를 얻을 수 있는 소중한 시간이 될 것이다. 현재 이 시장에 적극적으로 동참하고 있는 패션, 엔터테인먼트, 게임 회사뿐만 아니라 점점 더 다양한 산업군의 기업들이 메타버스 시장에 진입하고 있음을 깨닫고 각각의 사례를 자세히 살펴보면서 메타버스에 대한 이해를 높여 나가기를 바란다.

1
메타버스란 무엇인가?

메타버스의 등장배경

지금으로부터 약 30년 전, 미국의 공상과학 소설가인 닐 스티븐슨이 1992년 출간한 SF소설 《스노우 크래쉬(Snow Crash)》에서 '메타버스'라는 말이 처음 등장했다. 소설 속에서는 고글과 이어폰 같은 시청각 출력장치 시스템을 통해 '메타버스'라는 가상세계로 연결된다. 현실세계에서는 정해진 시간 내에 피자를 배달해야 하는 주인공 '히로'가 가상공간인 메타버스에서는 천재적인 해커이자 검객으로 제2의 삶을 살아간다.

그림1-1 《스노우 크래쉬(Snow Crash)》 표지(좌)와 소설 속 주인공들의 아바타
출처: YES 24

여기서 아바타(avatar)의 개념도 등장하는데 주인공 '히로'가 제2의 삶을 살 수 있도록 제공되는 가상의 신체로 자신의 분신을 뜻한다. 현실이 거울처럼 반영되어 있지만, 현실이 아닌 가상세계로서 물리 법칙의 한계에 제약을 받지 않으며 경제적·사회적 활동도 이루어진다.

최근 메타버스가 급속히 확산되는 데에는 코로나19의 팬데믹 영향이 크다. 코로나19로 인해 어쩔 수 없이 대면에서 비대면 상황으로 바뀌게 되면서, 인해 인간에게 필수적인 사회적 관계 맺기와 대면 활동이 막히게 되었다. 바이러스(virus)와 경제(economics)의 합성어인 브이노믹스(V-nomics)를 맞이하면서 코로나19가 바꿔 놓은, 또 바꾸게 될 경제 변화와 생활 방식의 변화로 우리는 새로운 삶을 받아들이게 되었다. 우리가 대면하고 있던 삶들은 오프라인에서 온라인으로 옮겨졌고, 모든 것들이 자연스럽게 디지털화되면서 메타버스의 개념은 우리가 나아가야할 그 다음 단계로 확고히 자리매김했다.

2021년 11월 27일 세계보건기구(WHO)에서 코로나19 오미크론 변이를 주요 변이로 지정하였다. 델타 변이에 비해 감염이 쉽고 빠르게 전파되어, 국내에서는 11월 말부터 전국적으로 확산돼 일일 확진자 수가 예상치를 초월할 정도로 매일을 갱신하며 높은 확진자 수를 기록하였다. 전국적 감염이 지속되면서 사회적 거리두기 또한 강화

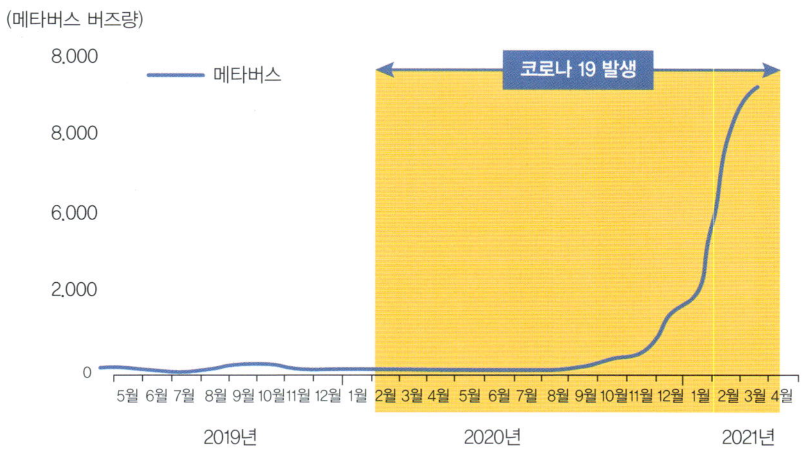

그림1-2 TrendUp V4 메타버스 버즈량 분석

출처: KPR 디지털커뮤니케이션연구소

되어 비대면 수업과 재택근무의 도입이 일상화되었고, 그에 따라 자연스럽게 메타버스 키워드 관심도가 높아졌던 것으로 확인된다. 또한 코로나19의 장기화로 비대면 문화, 혼술, 방콕 등이 일상화되면서 다양한 메타버스 플랫폼이 등장하였다. 메타버스 대중화에 앞장서는 MZ세대를 중심으로 메타버스와 플랫폼들에 대한 관심이 증폭되고 있다. 여기에 사회적 이슈로 떠오른 메타버스를 기업홍보 및 브랜딩에 활용하는 기업들이 늘면서 관련 버즈량도 급증하고 있는 것으로 분석됐다.

기술적 배경으로는 4차 산업혁명이 있다. 첨단 정보통신기술은 사회 전반에 융합되어 혁신적인 변화가 나타나는 차세대 산업혁명으로서 메타버스 기술의 적용과 융합 환경을 제공한다. 초연결과 초지능을 특징으로 하기 때문에 기존 산업혁명에 비해 더 넓은 범위(scope)에, 더 빠른 속도(velocity)로, 더 크게 영향(impact)을 끼치게 된다. 메타버스는 4차 산업의 주요기술인 가상현실, 인공지능, 빅데이터 등 기술의 융합, 그리고 현실세계와 가상세계의 상호작용을 통해 막대한 영향력과 발전 가능성을 가진다.

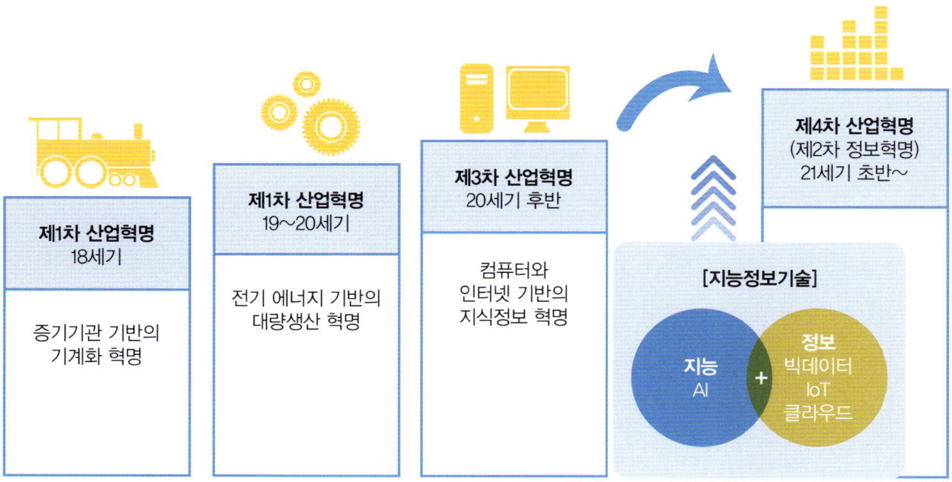

그림1-3 4차 산업혁명의 발전

메타버스의 정의

메타버스란 'META'(초월, 변화) + 'UNIVERSE'(우주, 세계)의 합성어이다. 가상현실, 증강현실의 상위 개념으로서 현실세계는 디지털 기반의 가상세계로 확장된다. 메타버스는 확장된 현실세계의 가상공간에서 다양한 사회적, 경제적, 문화적 활동이 통용되어 모든 활동을 할 수 있게 만드는 3차원 가상세계를 뜻한다.

가상 / 초월 세계 / 우주

'META' + 'UNIVERSE' = 3차원 가상세계

구체적으로는 정치, 경제, 사회, 문화 전반적 측면에서 현실과 비현실 모두 공존할 수 있는 생활형, 게임형 가상 세계라는 의미로 폭넓게 사용

그림1-4 메타버스의 정의

공상과학 소설과 영화에서만 등장했던 메타버스는 반짝 떠오르던 이슈를 넘어 우리 삶 바로 옆으로 다가왔다. 우리는 메타버스를 앞으로 피할 수 없는 미래의 한 부분으로서 인식해야 하며, 단순한 오락 게임이나 아바타를 통한 온라인 경험 자체로 인식하는 것을 주의해야 한다. 그림1-5와 같이 현실세계의 반대 개념의 가상세계가 아닌 두 세계가 연결되고 융합되는 확장된 세계로 바라보는 넓은 시야를 가져야 한다. 매개체를 통해 우리는 현실과 가상세계를 오가며 현실의 한계를 극복하며 메타버스의 무한한 가능성으로 뻗어나간다. 멀티 페르소나를 가진 나의 다양한 자아를 발견하고 만족시키기 위한 관계, 취향, 소비 등 폭넓은 분야에 메타버스는 이미 우리에게 많은 영향을 주고 있다. 메타버스는 일반적인 온라인 가상공간을 넘어 수많은 요구들을 충족시킬 수 있는 세계로, 지금 이 시대에 가장 필요한 환경이다.

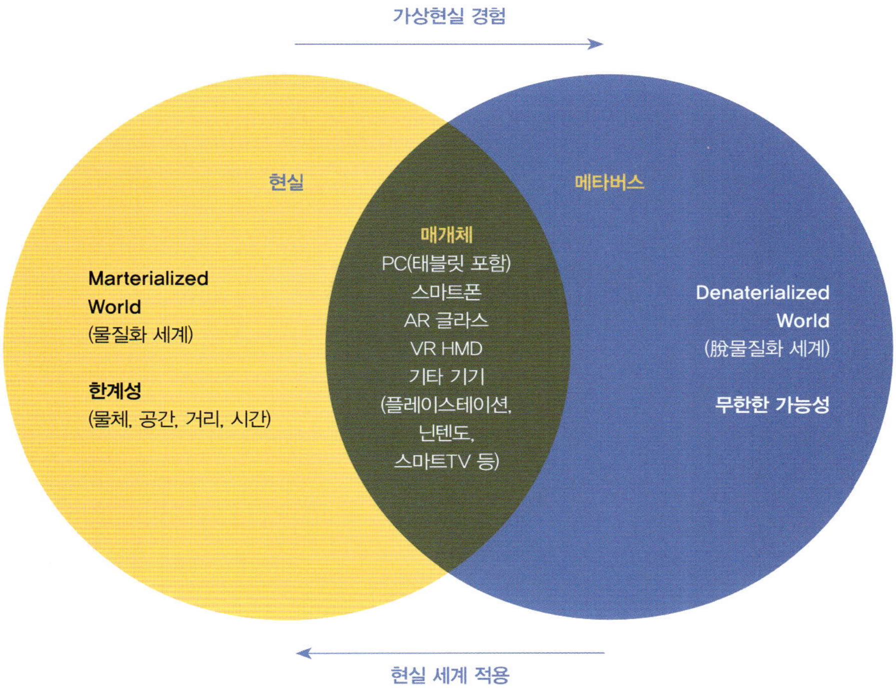

그림1-5 메타버스 개념도
출처: 메리츠증권 리서치센터

2
메타버스의 유형

비영리 기술연구 단체인 ASF(Acceleration Studies Foundation)는 메타버스를 증강현실, 라이프로깅, 거울세계, 가상세계 4가지로 구분했다. 각 유형은 개별적이고 독자적으로 발달했으나 서로 연계되어 사용자의 경험을 강화시키는 방향으로 발전하고 있다. 따로 또 같이 융합·복합되고 밀접한 관계를 가지며 상호 영향을 주는데, 이것을 구현하는 것이 바로 현재와 미래의 메타버스이다.

메타버스의 4가지 유형은 **그림1-6**과 같이 '증강과 시뮬레이션', '내적요소와 외적요소'라는 2개의 축을 기준으로 나누어지며, 유형의 정의와 개념은 다음과 같다.

① 증강현실(Augmented Reality, AR)

가상현실의 한 분야로 사용자가 실제로 보고 있는 현실에 이미지를 덧입히고 디지털 시각 요소, 소리, 기타 감각 자극을 통해 구현된다. 스마트폰의 GPS 정보와 네트워크를 활용해 가상세계를 구축한 '포켓몬 GO'가 대표적인 사례이다.

② 라이프로깅(Lifelogging)

삶을 뜻하는 'Life'와 인터넷 활동을 하며 사용자가 남기는 흔적인 'Logging'의 합성어로 자신의 삶에 관한 경험과 정보를 기록하여 저장하고 공유하는 기술이다. 우리가 흔히 사용하는 SNS 플랫폼 대부분이 포함된다.

③ 거울세계(Mirror World)

거울을 바라보듯 실제 현실세계의 모든 정보를 복사하여 메타버스에 만들어 낸 것이다. GPS, 모델링, 맵 등 현실세계에 효율성을 더해 만들어 진다. 똑같은 공간을 복사하여 가상세계에 구현하기 위해 트윈모션(Twinmotion)이라는 고퀄리티 시각화 툴을 사용하여 정보를 빠르고 쉽게 복사할 수 있다.

④ 가상세계(Virtual World)

디지털 데이터로 구축한 세계로 현실세계와 유사함을 바탕으로 구현된다. 가상세계 속 아바타들은 서로 상호작용하며 자신들의 자아를 마음껏 표출한다. 게임 형태와 비게임 형태 2가지로 나뉘며 메타버스로의 관심을 높여주는 요인으로 작용한다.

그림1-6 메타버스의 4가지 유형

VR, AR, MR, XR의 개념

한 차원 더 나아가야 할 메타버스는 현재 수준을 넘어서는 초월적인 가상 영역으로 확대·확장되려면 이미 많이 선보이고 있는 VR과 AR의 발전과 MR 및 XR을 실현할 하드웨어 플랫폼이 필요하다. 메타버스를 발전시키는 주력 정보기술인 VR, AR, MR, XR의 개념은 다음과 같다.

① 가상현실(Virtual Reality, VR)

컴퓨터 등을 활용한 인공적인 기술로 만들어 내어 시뮬레이션을 하는 현실이다. 실제와 유사하지만 실제가 아닌 어떤 특정한 환경이나 상황 혹은 기술 그 자체를 의미한다.

② 증강현실(Augmented Reality, AR)

가상현실(VR)의 한 분야로, 실제로 존재하는 현실의 환경에 가상의 사물이나 정보를 합성하고 덧붙여 마치 원래의 환경에 존재하는 사물처럼 보이도록 하는 컴퓨터 그래픽 기법이다.

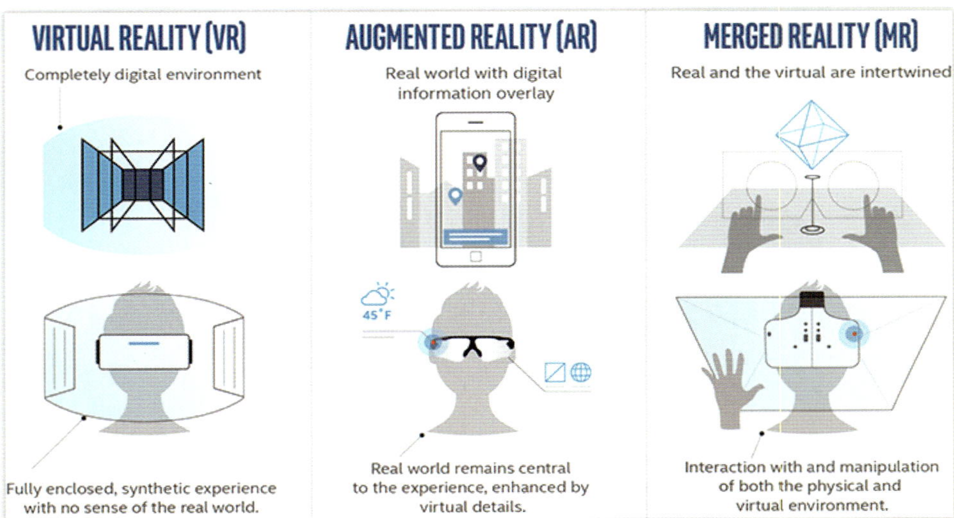

그림1-7 VR, AR, MR이란?

③ 혼합현실(Mixed Reality, MR)

VR과 AR을 합친 일종의 하이브리드 현실 개념이다. 실제 현실의 대상과 디지털의 객체를 한곳에 모아서 만들며, 영화 〈아이언맨〉 시리즈에서 인공지능 비서 '자비스'가 띄워주는 화면이 그 예이다. 현실 세계에서 증강현실을 보이게 하는 진보된 형태로 동시에 상호작용이 가능하다.

④ 확장현실(eXtended Reality, XR)

미래적인 요소를 갖춘 VR, AR, MR을 모두 통합한 개념이다. 새로 나올 모든 기술을 아우르는 상위 카테고리 격으로, 웨어러블 기기와 컴퓨터 기술에 의해 실제와 가상이 결합된 환경이 사람과 기계의 상호작용으로 이루어진다.

3
메타버스의 활용과 특성

메타버스 시대의 변화를 이해하고, 메타버스의 효과적인 활용 방법과 앞으로 메타버스가 어떻게 우리 사업과 사회 발전에 영향을 미칠지 아는 것이 무엇보다 중요한 요즘이다. 메타버스에 대한 이해를 높이기 위해 대표적인 산업군의 메타버스의 활용 사례를 살펴봄으로써 메타버스의 이해를 돕도록 하겠다.

일반기업

먼저 기업의 메타버스를 활용한 홍보 마케팅 사례에 대해서 살펴보자. 기업은 메타버스 플랫폼 서비스를 활용한 마케팅을 진행하고 있는데, 대표적인 플랫폼인 네이버Z의 제페토, SK텔레콤의 이프랜드, 해외 최다 사용자를 보유한 로블록스 등이 있다. 기업이 메타버스 플랫폼을 활용해 마케팅을 하는 이유는, 메타버스 플랫폼을 사용하고 있는 주된 사용자층이 MZ세대이기 때문이다. 기업의 미래 고객인 MZ세대와 소통할 수 있는 소통 창구로서 메타버스 플랫폼이 기업에게 효과적으로 사용될 수 있다. 기업은 메타버스 플랫폼을 통해서 자신의 브랜드와 제품을 홍보해 나갈 수 있다. 특히 비대면 소통을 통해서 잠재 고객과의 커뮤니케이션이 가능하다는 것이 기업이 메타버스 마케팅을 해야 하는 주된 이유이다. 기업 메타버스 마케팅 활용 사례 몇 가지를 살펴보자.

CU 제페토 한강공원점

BGF 리테일은 제페토에 CU 제페토 한강공원점을 오픈했다. 제페토의 CU 편의점 점포 안에는 실제로 편의점에서 판매하는 삼각김밥, 팝콘, 빵 같은 실제 아이템이 진열되어 있다. CU 제페토 한강공원점은 나의 아바타가 편의점에 방문해 제품을 직접 집어들어 계산대에 가져가 구매해 보는 경험을 제공한다. 또한 커피 머신, 즉석라면 제조기가 배치되어, 실제 편의점에서 라면을 사 먹는 경험을 제공한다. BGF 리테일은 알바생과 셀카를 찍으면 선물을 주는 이벤트를 진행하기도 했다. 또한 자신의 유튜브에 CU 제페토 한강점 알바생과 찍은 브이로그 영상을 올리도록 독려하는 등 메타버스 플랫폼 상에서 실제 CU 편의점에서의 재미있고 유쾌한 경험을 하도록 마케팅을 진행했다.

그림1-8 CU 제페토 한강공원점
출처: BGF 리테일

현대자동차

현대자동차는 제페토 이용자들이 다운타운과 드라이빙존에서 소나타 N라인을 시승해 보는 기회를 제공하고 있다. 또한 제페토의 비디오, 포토 부스에서 소나타를 활용해서 사진과 영상을 만들 수 있도록 서비스도 제공하고 있다. 현대자동차 역시 자신의 잠재고객인 MZ세대와의 소통을 위해서 제페토 상에 필요한 메뉴와 서비스를 제공한다. 현대자동차는 메타버스 플랫폼을 통해 브랜드의 하이테크 이미지를 강화하기 위해 노력하고 있다.

그림1-9 제페토 속 현대자동차 소나타 N
출처: 현대자동차 홈페이지

나이키(NIKE)

메타버스에서 행해지는 기업의 많은 활동들이 예전에는 하나의 이벤트로만 여겨졌다. 그러나 이제는 메타버스 내에서 자신의 브랜드를 홍보하고 샵을 런칭하는 것들이 활발해지고 있다. 특히 나이키는 로블록스와 파트너십을 맺고 '나이키 랜드'를 오픈했다. 나이키 랜드에서는 술래잡기도 하고, 다양한 게임을 즐길 수 있으며, 자신의 아바타에 컬래버 제품들을 입혀보고 구매할 수도 있다. 나이키 랜드는 오픈 이후 5개월간 약 195개국에서 670만 명이 다녀간 것으로 알려져 있다.

또한 나이키는 대체불가능 토큰인 NFT 시장에 뛰어들었다. 나이키의 첫 디지털 운동화를 다양한 디자인과 색상으로 선보였다. 운동화는 실물이 아닌 디지털 운동화

그림1-10 나이키 랜드
출처: NIKE Youtube

로, 해당 운동화를 소유하는 일종의 투자상품에 해당되는 나이키의 첫 NFT 운동화이다. 나이키의 버추얼 스니커즈는 글로벌 NFT 마켓 플레이스인 오픈씨(opensea)에서 판매하며, 구매는 가상자산 이더리움으로 가능하다. 나이키는 2019년 디지털 자산을 실제 제품과 페어링 할 수 있는 블록체인 시스템인 '크립토 킥스' 특허를 취득하였다. 디지털 세계에서도 나이키 영향력을 키우기 위한 작업을 가열차게 진행 중에 있다.

패션산업

패션 분야에서는 메타버스 상의 패션에 대해 많은 관심을 가지고 있다. 메타패션은 현실에서 구현하기 힘든 패션을 3차원 가상공간인 메타버스를 활용해 이미지와 동영상으로 제작하는 패션에 해당된다. 현실에서는 옷감의 재질이나 색감 등에 제약을 받기 쉽지만, 메타버스에서는 이런 제약과 상관없이 패션 상품들을 디지털 기술로 만들 수 있다. 메타패션 시장 규모는 2030년 550억 달러를 전망하고 있다. 섬유 패션 업계에서는 '제조의 서비스화'라는 의미로 메타패션에 대한 관심을 높게 가지고 있다. 메타패션을 통해서 디지털 의류를 사용자들이 구매하고 실제로 그 제품을 아바타가 입어 봄으로써 다양한 체험효과들을 경험해 볼 수 있다. 또한 증강현실을 통해서 매장에 직접 가지 않고 옷을 입어 볼 수 있는 경험을 제공함으로써 제품을 구매할 때 반품 비율을 줄이는 효과를 발휘할 수 있다. 메타버스 상의 주 고객층인 MZ세대들은 메타패션에 대해서 친환경 패션이자 확장현실(XR)의 경험으로 메타패션을 긍정적으로 인식하고 있는 것으로 보인다.

구찌(GUCCI)

구찌는 제페토와 협업해서 다양한 패션 아이템과 3D 월드 맵 등을 정식으로 출시하였다. 제페토 상에 구찌 빌라를 만들어서 자신의 아바타가 신상 패션 아이템을 착용해 볼 수 있는 기회를 제공하고 있다. 사용자들은 구찌 빌라에서 구찌 가방을 착용해 보고, 포즈도 취해보고, 셀카도 찍어 볼 수 있다. 또한 구찌 3D 월드에 미로 정원 탈출하기 등을 제공해서 다양한 퀘스트를 사용자들이 수행하면 구찌 패션 아이템을 획득할 수 있는 경험을 제공한다. 다양한 명품 브랜드 루이비통, 버버리 등도 바로 이 점에 주목하고 있다. 마케팅 에이전시 pmx는 2025년까지 명품시장 고객의 45% 이상

그림1-11 구찌 빌라
출처 : 구찌 홈페이지

이 MZ세대가 차지할 것으로 예상하고 있다. 이 때문에 많은 명품 브랜드들은 자신의 노숙한 이미지를 탈피하고 메타버스 플랫폼을 통해서 MZ세대와의 소통을 지속적으로 수행해 나갈 예정이다.

구찌는 또한 '스니커 개러지'라는 스마트폰 웹을 출시했다. 가상공간에서 신발을 구매한 뒤 카메라로 비치면 증강현실 기술로 자신의 발에 신발이 가상 피팅이 가능하도록 앱을 구성하였다. 이 외에도 구찌는 디스코드를 열고 샌드박스에 땅을 매입해 구찌 플레이스를 만들기도 했다.

자라의 메타버스 컬렉션(라임 글램)

자라는 2022년 3월 29일 라임 글램 컬렉션을 출시했다. 이것은 자라가 선보이는 첫 번째 메타 컬렉션으로, 자라의 공식 온라인 쇼핑몰과 매장 론칭과 함께 가상세계까지 확장되었다. 자라의 라임 글램은 개개인의 정체성과 개성을 함께 표현하는 MZ세대들을 겨냥해서 그들의 자유로움을 선보일 수 있는 컬렉션을 마련했다. 컬렉션에서는 의류, 액세서리, 뷰티 등 다양한 카테고리를 선보인다. 자라는 제페토에서 자신의

그림1-12 자라 라임 글램
출처: 자라

공간, 인테리어가 가능한 벽, 바닥, 포토 부스 같은 아이템으로도 만나볼 수 있다. 가상현실 속 페르소나인 아바타를 통해서 패션뿐만 아니라 라이프 스타일까지 다양하게 경험할 수 있다는 게 특징이다. 현실세계부터 가상현실인 메타버스까지 많은 기업들이 투채널로 자신의 브랜드와 제품을 선보이면서 사람들과의 소통을 적극적으로 나서고 있다.

채용 및 교육

채용과 교육 분야에서도 메타버스의 활용사례를 많이 발견할 수 있다. 코로나19로 인해 대학들은 학생들의 취업에 관심을 갖고, 여러 대학과 함께 컬래버레이션으로 메타버스 취업 박람회를 기획해 대기업과 다수의 유망한 기업들을 연결시켜 주는 노력을 하고 있다. 기업 또한 신입사원들이 채용 후 회사에서 자신의 역량을 키울 수 있도록 메타버스 공간을 활용한 교육을 시도하고 있다. 몇 가지 사례를 통해 더 자세하게 알아보도록 하겠다.

대학교 연계 메타버스 취업 박람회

수도권 대학인 연세대, 서울대, 고려대, 성균관대, 서강대, 한양대, 중앙대, 경희대 총 8개 대학이 함께 취업 박람회를 메타버스 상에서 진행했다. 이번 취업 박람회는 학교마다 별도의 입장 공간을 제작해서 해당 학교의 시그니처 디자인으로 구현하였다. 채용 상담회 장에는 기업들의 상담 부스가 줄지어 배치되어 있고, 오프라인상에서의 취업 박람회처럼 학생들은 직접 자신의 아바타를 움직이며 본인이 원하는 상담 부스에 입장해서 상담을 받을 수 있다. 기업별로 라이브 채용설명회가 각각 진행되고 1:1 채용 상담도 별도로 진행되었다. 학생들은 처음에는 낯설었지만, 시공간의 제약없이 다양한 기업과 채용 상담을 할 수 있는 기회들에 긍정적인 평가를 하고 있다.

그림1-13 메타버스 취업 박람회

롯데 메타버스 채용 상담 설명회

롯데는 네이버Z의 제페토에 '엘리크루타운'을 오픈했다. 엘리크루타운에는 롯데이커머스, 롯데정보통신, 롯데백화점 등 롯데의 21개 그룹사가 함께 참여했다. 이곳에서는 채용 정보뿐만 아니라 면접이 진행되고, 채용에 도움이 되는 교육까지 함께 진행되었다.

그림1-14 롯데 '엘리크루타운'

연세의료원 메타버스 신입직원 교육

연세의료원은 메타버스 플랫폼 중 게더타운을 활용해 신입직원 178명 대상으로 교육을 실시했다. 한 팀에 7~8명씩, 5개의 팀이 하나의 클래스를 이루어서 교육이 진행되었다. 주 교육장, 영상상영관, 체험활동, 휴식공간들을 만들어서 가상 공간이지만 실제와 비슷한 경험을 제공한다. 주 교육장과 영상상영관에서는 연세의료원의 역사, 현황, 윤리강령, 세브란스 정신과 나눔, 일의 의미에 대한 강의를 진행하였다. 참가자들의 발표와 토의를 통해서 결과물을 작성하고, 학습자 간의 상호 교류를 통해 학습 효과를 높일 수 있다. 체험 활동 공간에서는 5개의 팀이 함께 퀴즈, 순발력, 창의력, 단합력이 요구되는 팀 활동을 한다. 본 팀 활동을 통해 힌트를 찾고 방탈출을 하는 게임을 하면서 협력해서 게임에 참여하는 경험을 한다.

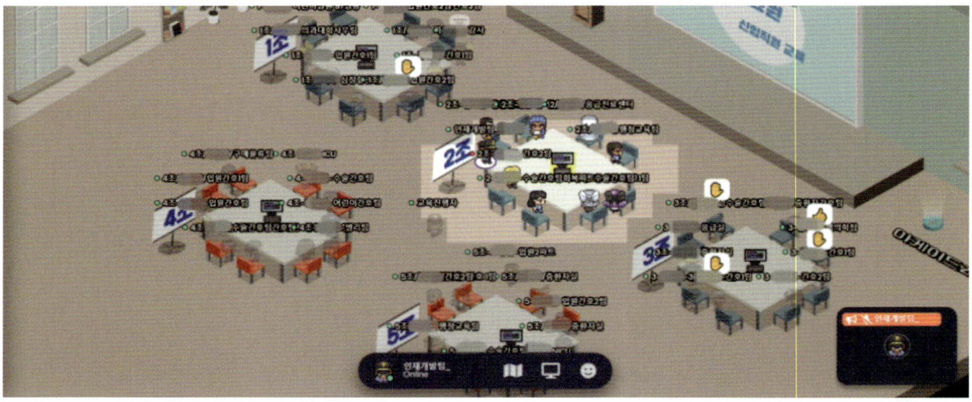

그림1-15 연세의료원 게더타운

이렇게 채용 시장과 기업 교육 시장에서는 시대의 흐름에 맞는 메타버스상의 새로운 채용과 교육 시스템을 시도해 봄으로써 지속적인 인재 양성을 위한 노력들을 하고 있다.

엔터테인먼트

코로나19로 가장 큰 타격을 입은 산업 중에 하나는 공연 산업이었다. 최근 공연 산업은 디지털 기술을 활용한 다양한 형태의 비대면 공연으로 대체되면서 새로운 기회의 장으로 변하기 시작하고 있다. 온라인뿐만 아니라 각종 메타버스상의 콘서트를 통해 시공간의 제약 없이 많은 사람들이 다양하고 차별화된 경험을 가질 수 있다.

포트나이트의 트레비스 스콧의 라이브 공연

대표적인 해외 메타버스 공연 사례는 미국 힙합 가수 트레비스 스콧의 라이브 공연이 포트나이트에서 펼쳐진 경우이다. 포트나이트는 원래 3인칭 슈팅게임 플랫폼으로, 기존 게임과 다르게 플랫폼에서 자신의 게임을 만들고 다른 사용자와 함께 게임에 참여할 수 있는 것이 특징이다. 콘서트가 열렸던 '파티로얄'은 싸우거나 게임을 하는 게 목표가 아닌 서로의 콘텐츠를 즐기고 소통하는 목적의 공간이다. 큰 스크린을 가진 원형 극장에는 메인 스테이지가 준비되어 있고 음악 공연이나 파티 같은 이벤트가 가능하다. 화려한 조명, 사운드와 함께 트레비스 스콧은 포트나이트에서 콘서트를 진

그림1-16 포트나이트 내 트레비스 스콧 라이브 공연

행했는데, 거대한 크기의 뮤지션 아바타가 등장해서 팬들과 함께 같은 공간에서 콘서트를 즐기는 경험을 제공하며 사람들의 호평을 받았다.

SM 엔터테인먼트의 에스파 그룹

SM 엔터테인먼트는 AI와 메타버스 기술을 전격 도입한 엔터테인먼트 회사이다. SM 엔터테인먼트는 SM 컬처 유니버스(SM Culture Universe)를 확장하겠다고 계획을 발표했고, 한국 최초 인공지능 콘셉트를 소유한 아이돌 그룹 에스파(aespa)를 론칭하였다. 에스파는 SM 컬처 유니버스 스토리를 영상으로 공개했는데, 첫 번째 에피소드 블랙맘바(Black Mamba)를 통해 자신의 다른 자아인 아바타 '아이'와 함께 하는 스토리를 보여주었다. 최근 두 번째 에피소드인 넥스트 레벨(Next Level)은 광야를 떠나 블랙맘바의 환각 퀘스트를 경험하게 된다는 한층 더 강렬한 스토리가 펼쳐질 예정이다.

그림1-17 에스파(aespa)
출처: SM엔터테인먼트

이처럼 엔터테인먼트와 메타버스가 연결되기 좋은 장점은 우선 시공간의 제약이 없다는 것이다. 메타버스에서의 확장성으로 다양한 부가가치를 생성할 수 있는 이점이 있다. 두 번째는 현실세계와 유사한 실제감을 느낄 수 있다는 부분이다. 세 번째는 메타버스의 주 이용층인 10~ 20대의 접근성이 용이하다는 것이다.

이제 엔터테인먼트사는 소속 연예인에 특화된 전용 가상공간을 만들거나, 소속 연예인의 아바타를 배치해 메타버스상에 공연 이벤트를 배치할 수 있다. 이처럼 시공간의 제약 없는 메타버스 공간에 연결되어, 브랜드와 뮤지션의 홍보뿐 아니라 부가가치 수익 창출이 가능하다는 점이 엔터테인먼트사의 새로운 기회로 여겨지고 있다.

많은 기업에게 메타버스는 자신을 브랜딩하고 마케팅 하는 데 있어서 새로운 기회로 작용될 것이다. 자신이 속합 산업군의 사례들을 이해하고, 앞으로 변화하는 메타버스 시장에서의 기회를 놓치지 않게끔, 이 책을 통해 메타버스의 실제 활용 방법을 확실히 얻기를 바란다.

1. 이프랜드 활용사례
2. 이프랜드 접속하기
3. 개설되어 있는 랜드 참여하기
4. 이프랜드 랜드개설을 통해 모임 및 행사 진행하기

2

이프랜드

SK텔레콤은 2013년부터 AR, VR 분야에서 기술들을 개발하면서 2021년 7월 '이프랜드(ifland)'라는 메타버스 플랫폼을 자체 개발하였다. 이프랜드는 모임에 최적화된 소셜 플랫폼으로서 '누구든 될 수 있고, 무엇이든 할 수 있고, 언제든 만날 수 있고, 어디든 갈 수 있는 곳'이라는 슬로건으로 모든 if가 현실이 되는 새로운 세상이라는 의미를 담은 공간이다. 슬로건에 걸맞게 1년이 지난 현재 이프랜드는 메타버스 SNS라고 할 수 있을 만큼 다양한 공간에서 교류가 이루어지고 있다.

이프랜드의 가장 큰 특징은 800여 종의 코스튬 소품으로 개성 있는 아바타를 제작할 수 있으며 특히 130명까지 한 공간(land)에서 소통이 가능하는 점이다. 국내에서 개발한 메타버스 플랫폼으로는 가장 많은 인원이 한 공간에서 교류가 가능하다. 또한 현재는 모바일에서만 가능하지만 접근성이 좋고 스마트폰을 사용할 수 있는 사람들이라면 누구나 쉽게 이용할 수 있는 것이 최대 장점이다. 신입생 환영회 및 신입사원 채용박람회 등 대형 모임 주최가 이루어지고, 이 밖에도 사내 동아리 혹은 팀방, 초중고 학생들의 반별 학급모임, 대학생 동아리 모임 등 이색 모임들이 다양하다.

그림2-1
출처: SK텔레콤 홈페이지

메타버스 공간에서 실제감을 증대하기 위해 다양한 감정 이모지 제공 및 자연스러운 몸짓, 다양한 춤 동작으로 사람들에게 즐거움을 주고 있다. 또한 PDF 문서 파일과 MP4 동영상 파일, JPG 이미지 파일을 호스트와 참여자 모두 공유할 수 있는 기능이 있기 때문에 공간 배너를 만들거나 PDF를 이용한 강연 및 학습이 가능하다.

다만, '랜드(land)'라고 불리는 공간을 개별 취향에 맞게 커스터마이징 할 수 없다는 점이 아쉽다. 이는 사용의 편리성으로 장점일 수 있으나, 개성 있고 행사 특성에

그림2-2 이프랜드 이모지들을 통한 다양한 동작들

그림2-3 이프랜드 베너 예제
출처: SK텔레콤 뉴스룸

맞는 개별 공간을 만들고자 하는 유저 입장에서는 한계점이다. 또한 지속적으로 템플릿을 업그레이드하고 있긴 하지만 그 수와 다양성에서는 한계가 있다.

그렇다고 커스터마이징이 전혀 안 되는 것은 아니다. SK텔레콤에 의뢰하여 제작이 가능하긴 하지만 비용적으로 상당히 비싸기 때문에 기업이나 기관 외에 일반인이 접근하기에는 어려움이 있다. 제작비로는 몇 천만 원에서 억대까지 알려져 있다. 또한 모임의 성격에 따라 템플릿을 이용한 공간을 개설하고 광고를 위한 배너를 걸기 위해서도 상당한 금액의 비용을 지불해야 한다.

향후 이프랜드는 글로벌 오픈 서비스로 진화·발전시키는 한편 국내 MR(Mixed Reality) 생태계를 구축하고자 하는 계획을 가지고 있다.

1
이프랜드 활용사례

현재 이프랜드는 다양한 분야에서 사용되고 있다. 사례를 통해 한 가지씩 살펴보자.

대학교

2022년 2월 28일 고려대, 순천향대가 이프랜드와 협력하여 이프랜드 메타버스 캠퍼스를 선보였다. 메타버스 캠퍼스는 오프라인 대학 캠퍼스를 그대로 구현한 곳으로 학교의 대표 건물이나 상징물 등을 생생하게 구현해 냈다.

이프랜드 대학 캠퍼스들은 기존 이프랜드가 제공하는 공간의 약 5배 정도 넓은

그림2-4 순천향대, 고려대 캠퍼스

넓이로 365일, 24시간 운영된다. 단순히 신입생을 위한 입학식 한 번의 행사를 넘어 실시간 영상 송출 및 강의, 조별과제, 대학축제 등 다양한 방식으로 이용되고 있다. 고려대의 경우 학과별 입학식을 진행하기도 했으며, 이프랜드의 아바타 모션을 적용한 실시간 라이브 스트리밍과 업그레이드 된 문제 채팅의 기능을 통해 고려대 응원 OT를 열기도 했다.

그림2-5 고려대학교, 응원전 OT 장면

SK텔레콤은 캠퍼스는 물론 블록체인 기반 모바일 학생증, 5G 기반 연구실까지 스마트한 캠퍼스 환경을 구축하기로 하는 협약을 맺음으로써 앞으로 이프랜드 캠퍼스에서 동아리, 국제교류, 사회봉사를 포함하여 실험이나 실습과 같은 교과목 등 다양한 학사일정을 제공할 예정에 있다.

기업 및 공공기관

기업 및 공공기관에서는 이프랜드를 이용하여 신입사원 채용, 직원교육, 간담회 홍보용 콘텐츠 송출, 팀 회의, 임직원 전략 회의 등을 진행하고 있다. 필자 또한 현재 기업의 HR 파트의 강사로서 이프랜드에서 실제 교육을 진행하고 있는 중이다.

하나은행의 경우 신입사원 수료식은 제페토에서, 교육은 이프랜드에서 진행하며 다양한 메타버스 플랫폼을 사용하고 있음을 보여주었다.

그림2-6 서울장애인종합복지관 직원 교육
출처: 서울장애인종합복지관

그림2-7 인크루트 신입사원 언택트 OJT 교육
출처: 신아일보, 송창범 기자, 2021년 7월 18일

그림2-8 하나은행 수료식(제페토)과 교육(이프랜드)
출처: FETV, 2021년 9월 29일

방송업계

SK텔레콤은 참여형 웹 드라마인 〈만약의 땅〉을 2021년 11월에 선보였다. 이 드라마는 최샬롯이 외모가 변하는 썸남 캐릭터를 만나는 이야기를 다루며 시청자가 직접 참여해 썸남의 외모를 바꾸는 것이 차별점이다.

그림2-9 이프랜드 웹 드라마 〈만약의 땅〉 홍보 유튜브 중

그림2-10 MBC 〈더 마스크드 탤런트〉 추석방송 특집
출처: SK텔레콤 뉴스룸

그림2-11 김미경 특강
출처: SK텔레콤 뉴스룸

그림2-12 영화제 속 심야 영화관 개봉
출처: SK텔레콤 뉴스룸

기타 적용사례

인기 아이돌 그룹 빌리는 이프랜드에서 팬들과 만남을 가지면서 케이팝 팬미팅을 선보이기도 했다. 또한 이프랜드는 국내 기업 처음으로 메타버스 공간에서 기자 간담회를 열고 '이프랜드'로 이끌어 갈 메타버스 대중화 시대의 청사진을 발표했다.

그림2-13 아이돌 빌리의 숙소 놀러가기
출처: SK텔레콤 뉴스룸

그림2-14 이프랜드 기자간담회
출처: 아시아 신문, 강민수 기자, 2021년 8월 19일

2
이프랜드 접속하기

자, 그러면 이제 이프랜드를 직접 사용해 보자. 이프랜드는 안타깝게도 국내 모바일 서비스에서만 가능하며(2022년 6월 현재), 구글 플레이스토어나 앱스토어를 통해서 이프랜드를 다운받을 수 있다.

이프랜드 가입 후 홈 화면 접속

그림2-15 이프랜드 설치 (1)

다음 순서에 따라 ①구글 플레이스토어 검색창에 '이프랜드'라고 검색한다. ②이프랜드 로고가 있는 것을 누르고 ③설치한 후 ④'열기'를 누른다.

그림2-16 이프랜드 설치 (2)

⑤접근권한에 대한 안내가 나오면 '확인'을 누른 후 ⑥앱 허용에 대해서는 그림과 같이 2가지 중 하나를 선택, ⑦기기 위치 파악이나 ⑧사진 및 미디어 사용에 대해 '허용' 혹은 '허용안함'을 선택한다.

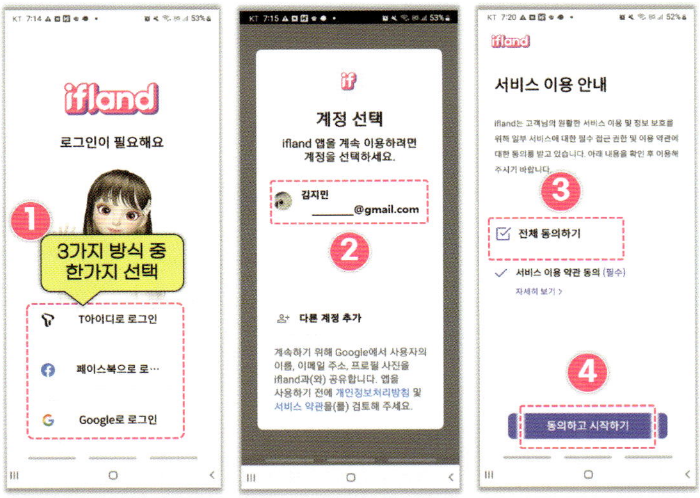

그림2-17 이프랜드 가입 (1)

로그인은 ❶3가지 방식 중 하나를 선택하면 되지만 구글 계정이 이미 모바일 상에 연동되어 있기 때문에 가장 편리하다. ❷계정을 선택하고 ❸동의하면 가입이 완료된다.

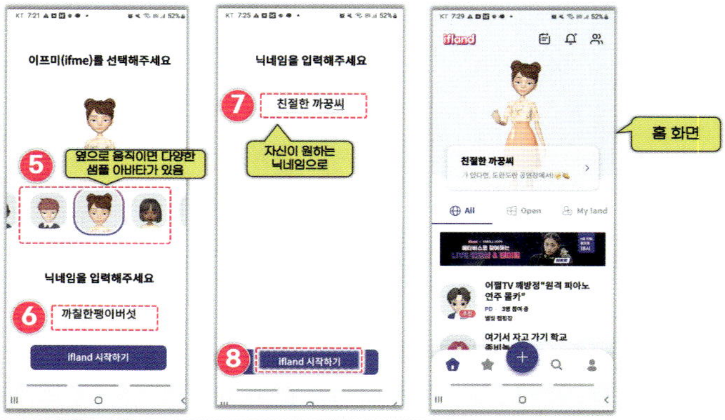

그림2-18 이프랜드 가입 (2)

❺몇 가지 샘플 아바타가 있으므로 자신의 성별에 맞는 아바타를 선택한다. ❻이름 또한 처음에는 랜덤으로 적혀 있으나 클릭하여 ❼자신이 원하는 닉네임으로 바꿀 수 있다. 이로써 홈 화면에 접속했다.

프로필 변경

이름은 프로필에서 얼마든지 수정 가능하다. 프로필에서는 개인의 실제사진 등록, 자신의 소개글 작성 및 다른 SNS 연결이 가능하며, 모바일 혹은 드라이브에 있는 사진으로 프로필을 꾸밀 수도 있다. 단, 태그는 3개까지 가능하며 이프랜드가 제공하는 것에서 선택해야 한다.

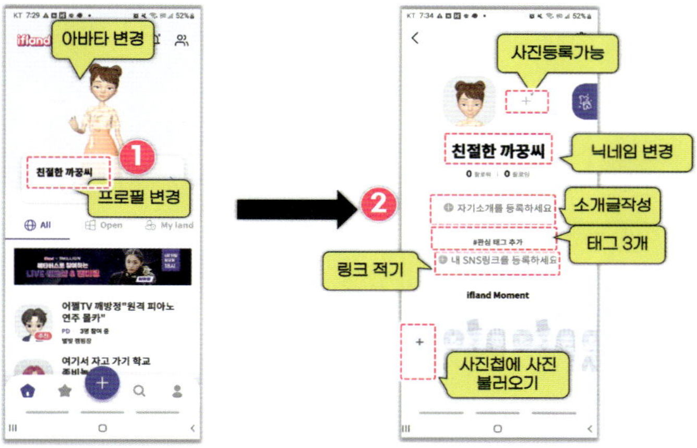

그림2-19 프로필 변경 화면 (1)

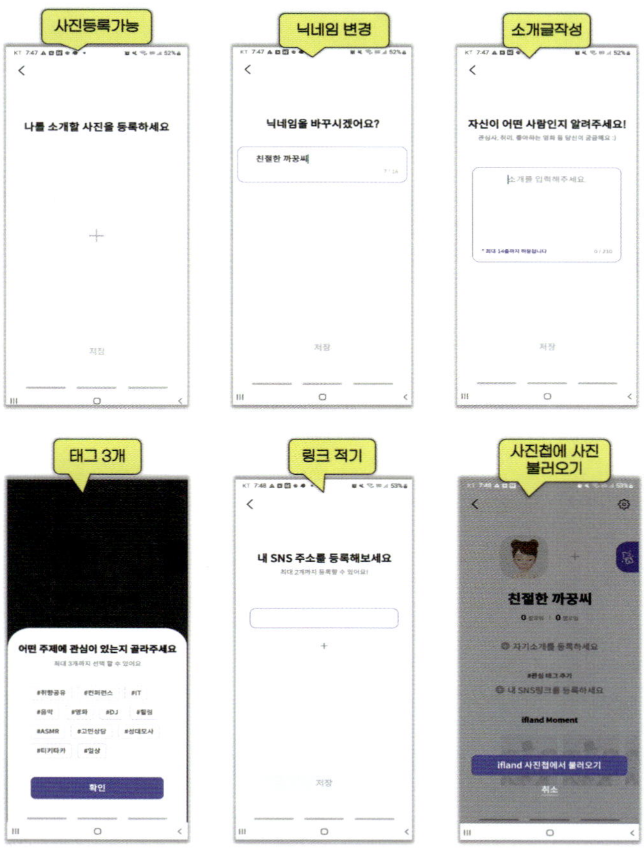

그림2-20 프로필 변경 화면 (2)

아바타 변경

아바타는 아래 화면에서 변경한다. 전신과 얼굴을 선택하여 이프랜드에서 제공하는 의상 및 액세서리로 아바타를 꾸밀 수 있으며, 얼굴 같은 경우 눈, 코, 입, 두상과 턱선, 눈 화장, 피부색 등을 다양하게 커스터마이징 할 수 있다. 아바타 꾸미기만으로도 몇 시간씩 지나가 버릴 만큼 재미가 쏠쏠하다.

그림2-21 아바타 변경 화면

3
개설되어 있는 랜드 참여하기

이프랜드에는 여러 참여자들이 각자의 특색에 맞는 모임 및 강연 등 이색적인 랜드를 개설해 두었다. 일단 이프랜드에 접속했다면 현재 만들어져 있는 오픈 랜드 아무 곳이나 들어가서 둘러 보는 것도 재미있는 경험이 될 것이다.

랜드에 참여하기에 앞서 홈 화면의 구성을 살펴보자. 홈 화면의 중간에 있는 All은 개설되어 있는 랜드 리스트를 보여준다. 두 번째 Open은 그 시각에 오픈되어 있는 랜드를 보여준다. 랜드가 모두 오픈되어 있는 것은 아니며, 방을 개설한 사람에 따라 비밀번호를 걸어두기도 하기 때문이다. 참여 경험을 위해 Open을 통해서 방의 이름을 확인하고 흥미가 가는 랜드에 참여해 보자.

그림2-22 홈 화면 구성

개설된 랜드 종류들

다음 그림은 2022년 6월 18일 현재 참석 가능한 랜드들로, 필자가 가장 좋아하는 랜드도 있다. '마보'라는 명상어플 회사가 개설한 방은 마음챙김 명상을 언제라도 함께 할 수 있다. 금요일 밤에는 심야 영화관도 있으며, 김미경 강사가 좋은 강연을 하기도 한다. 또한 개인이 자신의 콘서트를 열기도 하며 학생들이 자신들만의 방을 개설해 두기도 하고, 이 외에 연령과 관련된 방, 취미, 혹은 스트레칭을 하는 방도 있다.

그림2-23 개설되어 있는 랜드 리스트

랜드 화면 구성

마음에 드는 랜드에 참여하면 자신이 만든 아바타와 함께 랜드가 보인다. 아래 그림은 운동장 랜드에 참여한 것이다.

우선 가장 중요한 것은 아바타의 움직임이다. 평소 게임을 많이 즐기는 독자라면 굳이 이 부분을 읽지 않더라도 감으로 알 수 있겠지만, 게임에 익숙하지 않은 독자를 위해 하나씩 짚고 넘어가 보자.

그림2-24 이프랜드 참여 랜드 화면 구성

① 아바타 움직임

화면 왼쪽 하단에 '조그셔틀'이라고 불리는 동그란 원이 있다. 조그셔틀 흰색 원은 아바타의 방향을 나타내며, 흐린 선의 테두리 쪽으로 갈수록 아바타가 걷는 속도가 빨라진다. 처음 사용하는 사용자는 조그셔틀 사용이 원활하지 않아 가고 싶은 방향으로 가기가 어렵기 때문에, 운동장에서 트랙을 벗어나지 않고 뛰는 연습을 한다.

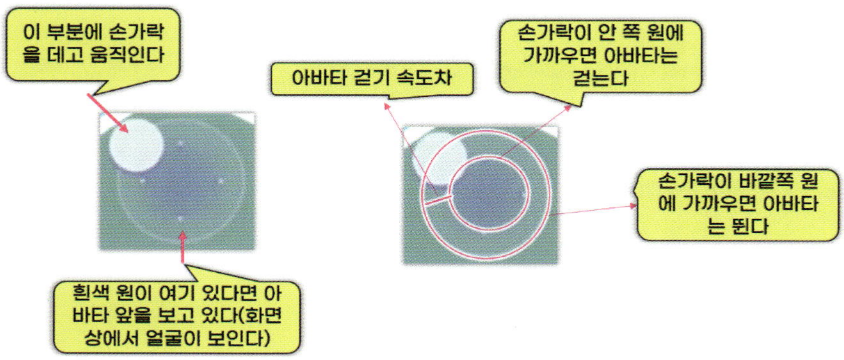

그림2-25 이프랜드 참여 시 조그셔틀 사용법

② 이모지 사용

화면 오른쪽 하단에는 표정, 포즈, 춤 종류 등 다양한 이모지들이 있다.

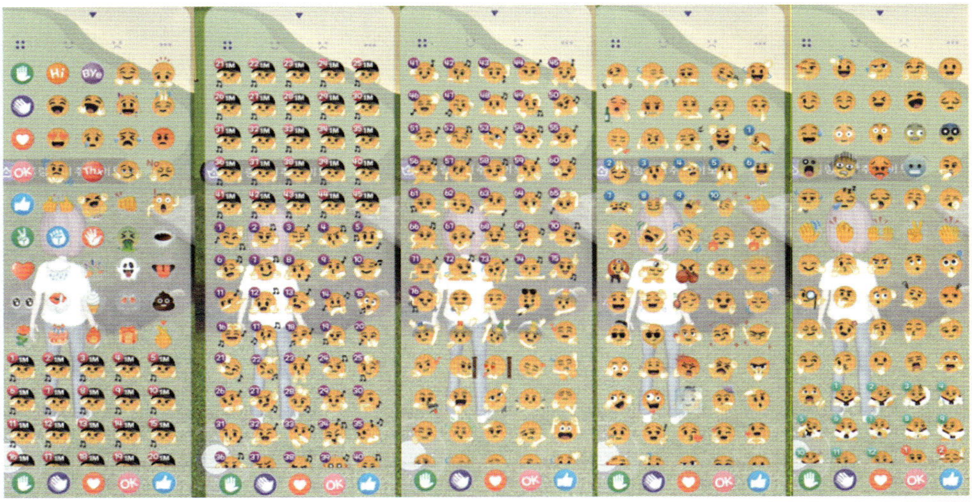

그림2-26 이모지들 종류

③ 화면 왼쪽 상단에는 참여 인원 확인 및 채팅창, 랜드 정보, 카카오톡과 문자를 이용한 초대문자 보내기 등이 있다.

그림2-27 참여자 보기

그림2-28 채팅창

그림2-29 랜드 정보

채팅창의 경우 채팅창 화면의 아이콘을 클릭하면 자판이 나타난다. 랜드 정보에서는 공유할 URL을 클릭하고 공유를 누르면 **그림2-31** 과 같은 카카오톡, 문자 등 SNS 창이 나타난다.

그림2-30 다른 랜드 탐색

그림2-31 초대하기

④ 자료 공유하기

이프랜드에는 ZOOM이나 게더타운, ZEP처럼 자료를 공유할 수 있는 기능이 있다. 현재 공유 가능한 자료는 PDF, MP4 동영상, 이미지 파일이며 최근에는 화면 공유 기능이 베타테스트로 추가되었다.

자료를 공유하기 위해 하단의 자료 공유 를 클릭하면 다음과 같은 화면이 나타난다. 자료는 모바일 내 저장되어 있는 자료 혹은 동기화되어 있는 드라이브에 있는 파일만 공유 가능하며, 이미지는 모바일 내 폴더에 있어야 한다.

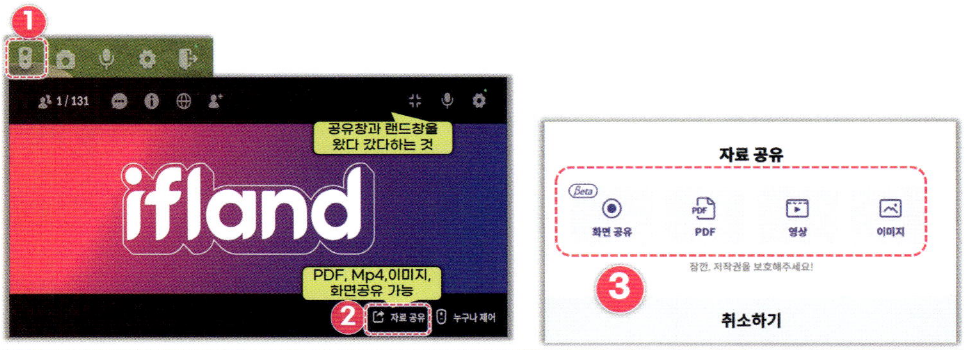

그림2-32 자료 공유하기

- 화면 오른쪽 상단에 아이콘을 통해 화면을 크게 하거나 작게 할 수 있다.
- 마이크 는 참여자뿐 아니라 호스트의 마이크도 꺼지게 된다.
- 누구나 제어 누구나 제어 는 참여자들이 자료를 공유할 수 있게 권한을 주는 것이다. 한 번 더 클릭하면 내가 제어 로 바뀐다.

Tip!

PDF 파일을 이용하여 강연 혹은 강의, 발표를 할 경우 동영상은 사용할 수 없기 때문에 자료화면과 동영상 파일을 미리 분류해 두어야 한다. 필자의 경우 강의를 진행할 경우 동영상이 많다면 파일 이름에 '01 파일명.ppt', '02 파일명.ppt', '03 동영상01.mp4' 등과 같이 앞에 숫자를 붙여 둔다. 실제 강의할 때 혼돈되는 경우가 있기 때문이다.

⑤ 랜드 설정하기

랜드 설정을 통해 랜드의 시간을 조절할 수 있으며, 오픈 랜드를 비공개 랜드로 바꿀 수도 있다. 또한 공지글을 올리고, 마이크의 권한을 호스트만 가지고 있을 것인지 전체에게 줄 것인지 선택할 수 있다.

호스트가 랜드에서 나가게 될 경우 랜드에 다른 참여자가 있다면 다른 참여자에게 호스트 권한을 넘겨주고 나와야 한다. 그렇지 않을 경우 랜드가 없어진다.

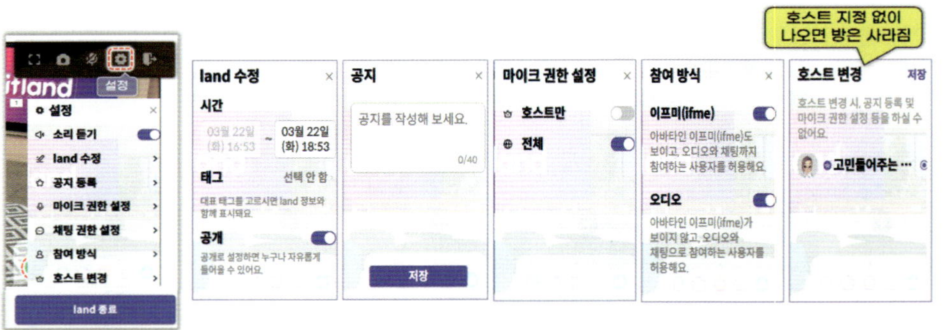

그림2-33 랜드 설정화면의 하위 요소들

Tip!

5명 이상의 참여자가 모인 랜드라면 일단 랜드를 개설하고 나서 바로 마이크 권한은 호스트로 설정하자. 그렇지 않고 서로 막 이야기 하다보면 정신이 없어질 수 있기 때문이다. 말을 할 수 있는 권한을 호스트가 지정해 주는 방식이 서로 의사소통이 겹치지 않는 방법이다. 그리고 채팅창을 통해 소통할 것을 미리 알려주는 것이 좋다.
랜드 개설을 하고 난 후에 참여자들이 모이기 시작하면 활동을 개시하기 전 '참여자 공지사항 및 주의사항'을 만들어 화면 공유를 하거나, 공지에 띄우거나, 말로 이야기 해 주는 것을 권한다.

그림2-34 랜드안에 전광판을 이용한 참여자 진행 가이드

자, 이렇게 하면 이프랜드에 참여해서 즐기는 것은 충분히 할 수 있다. 이제는 직접 나만의 이프랜드 랜드를 개설해 보자.

4

이프랜드 랜드개설을 통해 모임 및 행사 진행하기

이프랜드 랜드개설의 경우 메타버스 플랫폼 중에 가장 간단하지 않을까 생각될 정도로 간편한 것이 큰 장점이다. 이프랜드는 제페토처럼 개인이 공간을 커스터마이징 할 수 없게 해 두었다. 그렇기 때문에 이프랜드에서 제공하는 31개의 템플릿 중 하나를 사용하여 랜드의 이름, 시간 등을 지정하여 개설하기만 하면 된다.

①홈 화면 하단에 + 를 이용하여 개설할 수 있다. ②랜드 제목은 영문, 한글 모두 가능하다. ③제공하는 템플릿에는 랜드의 분위기를 조금 바꾼 ④하위 랜드들이 있다. ⑤시간은 바로 생성도 가능하며, 예약도 가능하다. 예약해 둔 랜드의 경우 10분 전에 입장해야 하며, 그렇지 않을 경우 예약해 둔 랜드가 사라진다. 예약한 랜드의 정보를 수정하기 위해서는 홈 화면의 My land 를 이용한다. ⑤태그는 이프랜드가 미리 지정해 둔 태그 중 3개까지 선택 가능하며 선택하지 않아도 랜드는 개설된다.

만약 방을 비공개로 할 경우에는 입장코드가 생성되는데, 코드는 커스터마이징 할 수 없다. 랜드 화면에서 참여자 공유 버튼을 누르면 링크가 복사될 때 자동적으로 입장코드까지 모두 복사되어 참여자에게 공유된다.

그림2-35 이프랜드 랜드 개설 방법

그림2-36 예약 생성 후 화면

그림2-37 카톡에서 공유된 링크 화면

많은 메타버스 플랫폼들이 하루가 다르게 업그레이드를 진행하고 있다. 이프랜드 역시 B2B 사업을 통해 만들어진 랜드들을 오픈하여 사용되는 경우가 있다. 순천향대와 고려대 캠퍼스, 아이돌 그룹 빌리의 랜드가 그렇다. 커스터마이징 할 수 없는 대신 더욱 많은 템플릿들이 만들어지고 있다. 이는 누구나 메타버스를 활용할 수 있다는 점에서는 나쁘지 않은 전략이 아닐까 생각한다. 물론 우리만의 개성을 살릴 수는 없지만.

유료로 커스터마이징이 가능하나 그 비용이 너무 비싸며, 호스트가 랜드에서 나올 경우 랜드가 유지되지 못하게 해 둔 것 또한 이프랜드만의 전략이다. 정말 유지가 필요한 경우 유료로 전환하거나 아니면 스마트폰을 1개 더 구매하여 항상 접속해 있는 방법이 있을 것이다. 랜드 유지를 위해서는 최소 1명은 랜드 안에 있으면서 들어오는 참여자들과 소통을 해야 하기 때문이다.

SK텔레콤은 다음 단계를 준비하고 있으며, PC 버전을 만들겠다고도 하였지만 아직 나오지 않았고 최근에는 VR과 AR 버전을 테스트 중이라는 소식이 전해지고 있다. 처음 이프랜드가 나왔을 때는 자료 공유가 PDF와 동영상 2가지뿐이었는데, 공유 콘텐츠의 개수를 늘리면서 동시에 스마트 캠퍼스를 위한 기술들을 발전시키고 있는 것으로 보아서는 SNS 소셜 메타버스 플랫폼으로서 자리매김하기 위한 발전을 하고 있다고 생각된다.

1. 전 세계 3억 명이 사용하는 제페토
2. 제페토 설치하기
3. 제페토에서 나만의 캐릭터 만들기
4. 제페토에서 신나게 놀기
5. 제페토 활용하기

3

제페토 시작하기

제페토(Zepeto)는 현재 국내 메타버스 플랫폼에서 가장 활발하게 운영되고 있는 메타버스 플랫폼 서비스이다. 전 세계 3억 명이 사용하는 제페토는 MZ세대들이 가장 많이 사용하고 있다. MZ세대들은 자신을 대표하는 아바타를 꾸미고, 그 속의 사람들과 만나 놀고, 사진을 찍고, 친구를 사귀면서, 메타버스 내에서 커뮤니케이션을 즐기고 있다.

메타버스 시장을 공부하고 경험하는 데 있어, 국내 플랫폼 중에서는 무엇보다 제페토라는 플랫폼을 먼저 경험해 볼 것을 추천한다. 이 장에서는 왜 MZ세대들이 자신의 분신인 제페토 아바타에 집중하는지, 플랫폼 사용자인 소비자로서의 역할뿐만 아니라, 아이템을 제작하고 판매하는 공급자로서의 역할이 제페토라는 메타버스 플랫폼의 성장과 지속 가능성에 어떤 영향을 미치는지에 대해 알 수 있다.

제페토 플랫폼을 경험해야 하는 필요성을 인식하고, 제페토 설치와 회원가입부터 제페토의 전체 화면 이해, 제페토 안에서 자신의 아바타와 방 꾸미기까지 익혀보자. 신나게 게시물을 올리고 메타버스 상의 사람들과 소통하는 경험들을 할 수 있도록 친절하고 자세하게 모든 단계를 차곡차곡 담았다. 또한 제페토의 다양한 월드맵 중에 가장 인기 있는 맵을 선별하여, 월드맵의 화면 구성을 이해하고 제페토 월드에서 신나게 놀 수 있는 기본적인 기능들을 익힐 수 있도록 본 장을 구성하였다.

1
전 세계 3억 명이 사용하는 제페토

제페토는 2018년 8월 네이버Z에서 출시되었다. 현재 전 세계 3억 명 이상의 사용자를 보유하고 있으며, 한국, 중국, 일본, 미국 등 전 세계 200여 곳에서 서비스를 하고 있는 글로벌 메타버스 플랫폼이다. 제페토가 여느 메타버스 플랫폼과 달리 높은 성장세를 보이는 이유를 살펴보자.

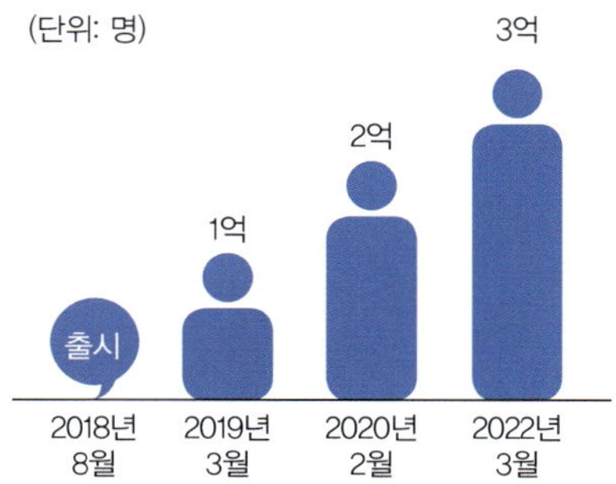

그림3-1 제페토 가입자 수

MZ세대들의 분신, 제페토 아바타

제페토에서는 아바타를 통해 가상세계에서 친구를 사귀고, 사진을 찍고, 게임을 하고, 이야기하며 여행도 즐길 수 있다. 여러 가지 메타버스 플랫폼이 있지만, 제페토의 특별한 점은 이용자다. 전체 사용자의 90%가 해외 유저이며, 다른 플랫폼이 남성 유저 중심인데 반해, 제페토는 10대·20대 여성이 많은 부분을 차지하고 있다.

10대·20대 여성들이 제페토에 열광하는 이유는 자신의 취향을 반영한 아바타를 꾸밀 수 있다는 점이다. 한창 외모에 관심이 많은 나이에 자신의 분신인 아바타를 꾸미고, 친구와 비교하며 예쁘다고 칭찬을 주고 받는 것은 여성 유저들을 제페토 세상에 머무르게 한다.

그림3-2 제페토 아바타
출처: 제페토 홈페이지

아이템 제작과 판매가 가능한 제페토 스튜디오

제페토에는 5천만 개 이상의 아이템들이 등록되어 있고, 매월 새로운 아이템이 등록된다. 제페토는 소비자로서 플랫폼을 이용하는 것뿐만 아니라, 제페토 스튜디오를 통해 복잡한 툴 없이 누구나 쉽게 원하는 아이템을 제작하여 다른 이용자에게 판매할 수 있는 공급자가 될 수 있다. 또한 제페토 빌드잇을 활용해 월드맵을 제작하는 제작자도 될 수 있다.

제작한 아이템은 2주에서 한 달 정도의 심사를 거치면, 판매 및 수익 창출이 가능하다. 누구나 제페토 스튜디오를 통해 크리에이터가 되어 독창적인 패션 아이템을 만들고, 수익을 얻을 수 있다. 실제로 아이템을 팔아서 월 1,500만 원 이상의 수익을 내는 크리에이터도 있다.

그림3-3 제페토 아이템 거래
출처: 제페토 홈페이지

공간 제약을 초월하는 제페토 '월드'

제페토는 공간적인 제약을 초월한 가상 공간의 '월드'가 존재한다. 월드에서는 다양한 사람들이 만나 소통하고 즐길 수 있으며, 친구를 사귀는 것도 가능하다. 한밤중에도 전 세계 친구들을 만나 제트 스키를 타고, 놀이공원에서 놀 수 있다. 한강공원 월드에서는 실제 강변에 온 것처럼 무지개 분수와 남산타워를 감상하며, 편의점에서 라면을 끓여 먹을 수도 있다.

그림3-4 제페토 월드
출처: 제페토 홈페이지

제페토 월드에서 무궁무진한 콘셉트로 공간의 제약 없이 비대면 행사를 할 수 있다는 점은 기업의 마케팅에 유용하게 사용되고 있다.

기업의 컬래버레이션 마케팅

제페토는 크리스찬 루부탱, 구찌, MLB 등 유명 패션 브랜드와 컬래버레이션 마케팅을 진행했다. 루부탱은 제페토에 '루비 월드'를 만들어, 아바타들이 루부탱 옷과 신발을 신고, 사람들과 셀카를 찍으면서 브랜드와 친해지고, 브랜드를 인식하게 만들었다.

구찌는 제페토에서 60여 종의 의상과 신발, 가방 등의 신제품을 선보였다. 자신의 아바타로 단돈 몇 천원에 신상품을 입어보는 경험을 제공하면서, 젊은 잠재 고객이 늘어나는 효과를 볼 수 있다. 이렇게 제페토 플랫폼에서 기업은 여러 가지 새로운 시도를 하면서 브랜드 홍보 효과를 가져올 수 있고, 사용자들은 현실에서 경험해 보지 못한 명품 브랜드 옷을 입어보며 높은 만족감을 보이면서 패션 브랜드들의 제페토 마케팅 활용이 증가하고 있다.

엔터테인먼트 사업에 있어서도 YG 엔터테인먼트는 제페토에서 블랙핑크 아바타를 선보였고, 'ICE CREAM'이라는 신곡 발표와 함께 버추얼 팬 사인회를 진행해 화제가 됐다. 4,600명의 이용자가 방문했고, 뮤직비디오는 유튜브에서 한 달만에 7,200만 뷰를 돌파했다. 엔터테인먼트는 제페토 플랫폼을 마케팅 전략에 사용함으로써 아티스트들의 홍보 활동, 굿즈 판매의 수익을 낼 수 있고, 제페토는 사용자 증가 효과를 볼 수 있다.

이외에 다른 기업들도 제페토의 주 사용자층인 MZ세대를 공략하기 위해, 제페토 월드를 이용한 마케팅을 진행했다. 하나은행은 카드사 최초로 제페토 하나카드 월드를 오픈해, 제페토 월드에서 자신의 상품 및 서비스를 선보임으로써 브랜드 인지도를 높였다. 또한 MZ세대들의 니즈를 반영해, 음악을 들으며 캠핑을 체험하거나 보물 배지 인증샷 이벤트 등 MZ세대를 타겟팅하여 마케팅을 진행하고 있다.

2
제페토 설치하기

설치 및 회원가입

먼저 제페토를 설치하기 위해 안드로이드는 구글 플레이스토어에, 아이폰은 앱스토어에 접속한다. 검색창에 '제페토'를 검색하면 다음과 같은 제페토 어플을 발견할 수 있다. 다운로드 버튼을 누르고 제페토 어플을 설치한다.

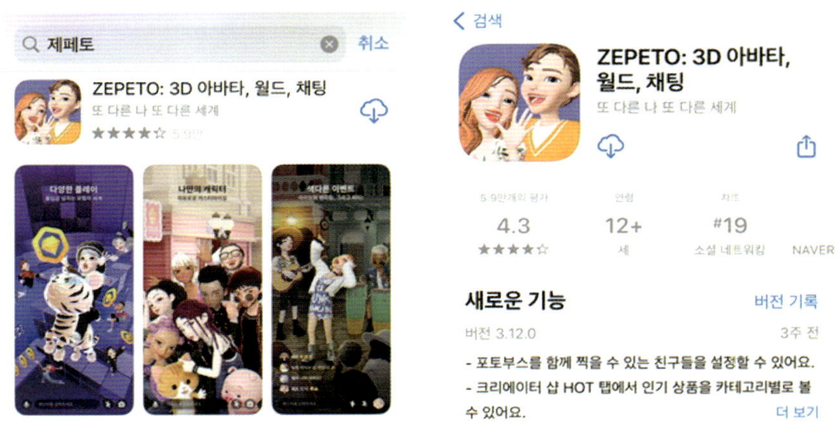

그림3-5 제페토 설치

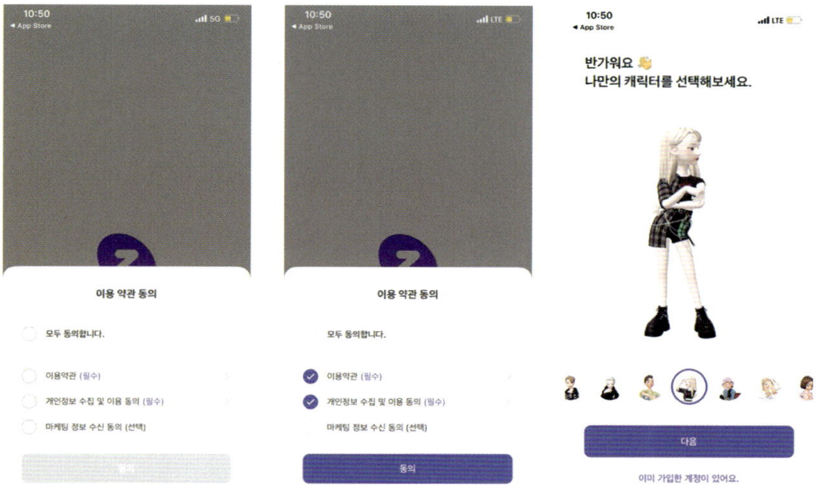

그림3-6 제페토 회원가입 (1)

제페토 어플이 설치되면 가장 먼저 약관 동의 사항을 묻는다. 필수로 체크되어 있는 곳에 체크를 한 후, 동의를 하면 나만의 캐릭터를 선택할 수 있다.

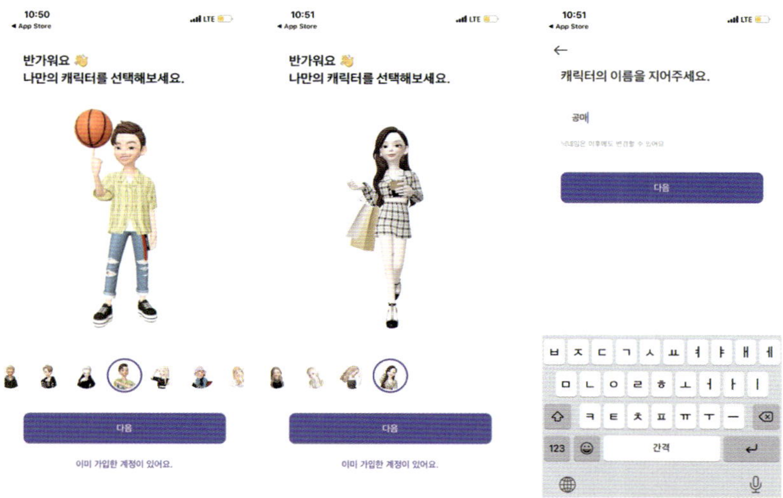

그림3-7 제페토 회원가입 (2)

캐릭터는 하단에 보이는 몇 가지 캐릭터 중에서 우선 하나를 선택한 다음, 이름을 지어준다. 실제 캐릭터는 로그인 후에 꾸밀 수 있다.

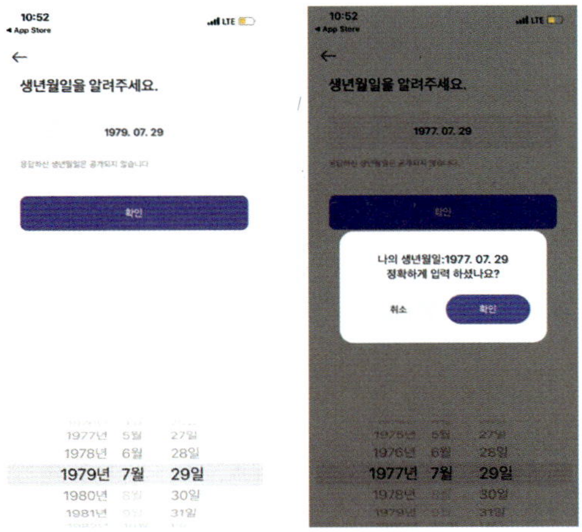

그림3-8 제페토 회원가입 (3)

다음으로 생년월일을 선택하면 회원가입이 본격적으로 시작된다. 회원가입은 기본적으로 카카오톡, 애플, 구글 계정 중에서 선택할 수 있다. 이외에 다른 방법을 보기 위해서는 하단에 '다른 옵션 보기'를 누른다.

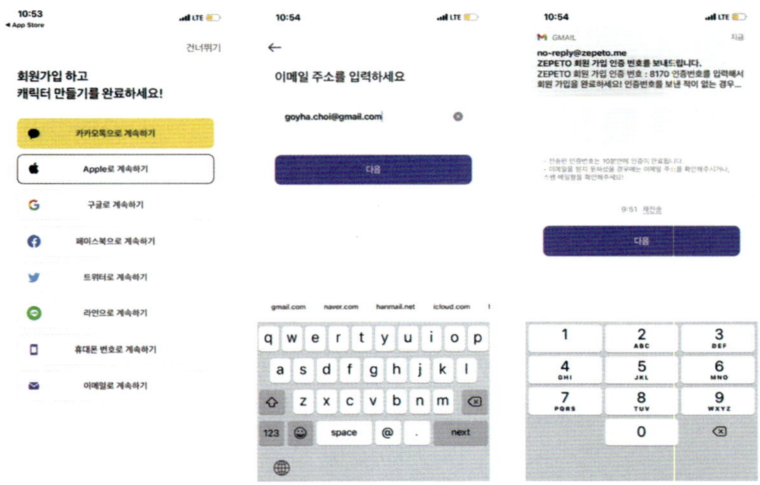

그림3-9 제페토 회원가입 (4)

페이스북, 트위터, 라인, 휴대폰 번호로 계속하기, 이메일로 계속하기 등 여러 가지 방식 중에 여러분이 선호하는 방식으로 회원가입을 진행한다. 여기서는 이메일 주소를 넣었다. 이메일 주소를 넣고 '다음' 버튼을 누르면 해당 이메일로 인증 번호가 발송된다. 도착한 인증 번호 숫자 네 자리를 빈 칸에 넣고 '다음' 버튼을 누르자.

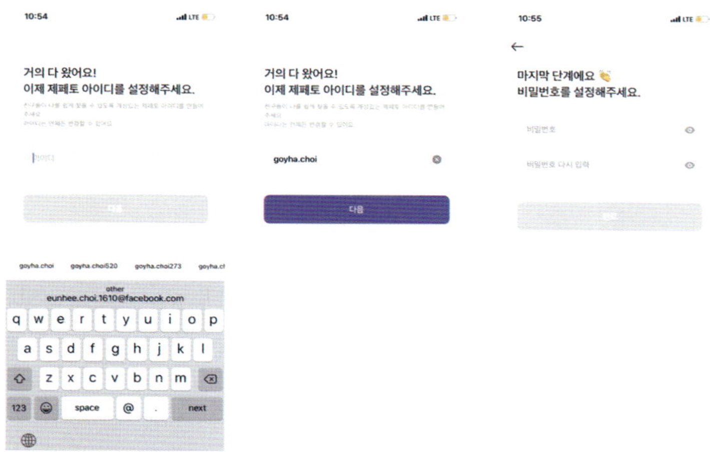

그림3-10 제페토 회원가입 (5)

이제 제페토 아이디어와 비밀번호를 설정한다. 아이디는 한글을 제외한 영문, 숫자, 기호로 만들 수 있다.

비밀번호 설정을 마치면 제페토의 홈 화면에 도착하는데, '아이템에 대한 할인 소식 알림을 받으시겠어요?'라는 알림창에서 '확인'을 누르면 제페토 가입이 완성된다.

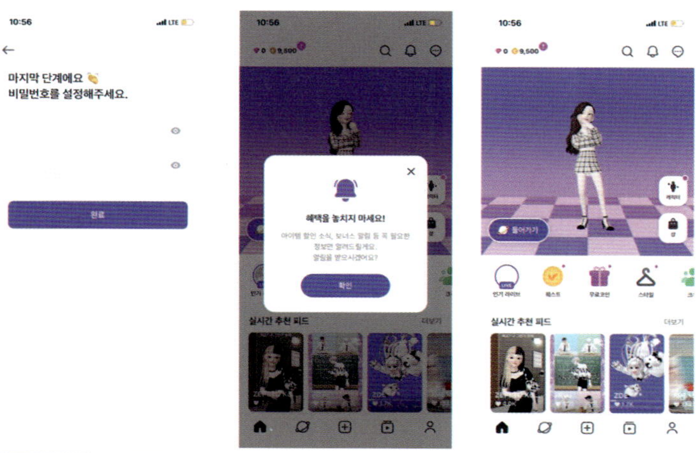

그림3-11 제페토 회원가입 (6)

홈 화면

제페토를 열자마자 보이는 홈 화면을 함께 살펴보자. 제페토의 홈 화면은 상당히 길기 때문에 캡처 이미지를 총 3단으로 나눠서 보자. 제페토의 홈 화면에는 제페토의 모든 메뉴들이 총망라되어 소개되어 있다.

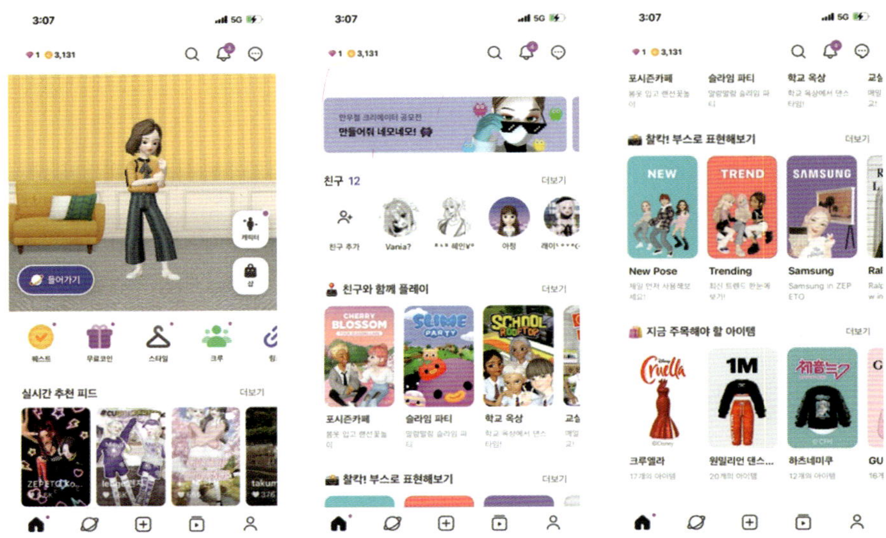

그림3-12 제페토 홈 화면 (1)

가장 오른쪽 상단에는 검색, 알림, 메시지 아이콘이 있다. 검색에서는 다른 계정이나 내가 발행한 콘텐츠에 들어갔던 아이템 등을 검색할 수 있다. 알림 메뉴에서는 나의 제페토 계정과 연관된 팔로워들의 행동을 볼 수 있다. 메시지에서는 다이렉트로 제페토 팔로워들과 메시지를 주고 받을 수 있다.

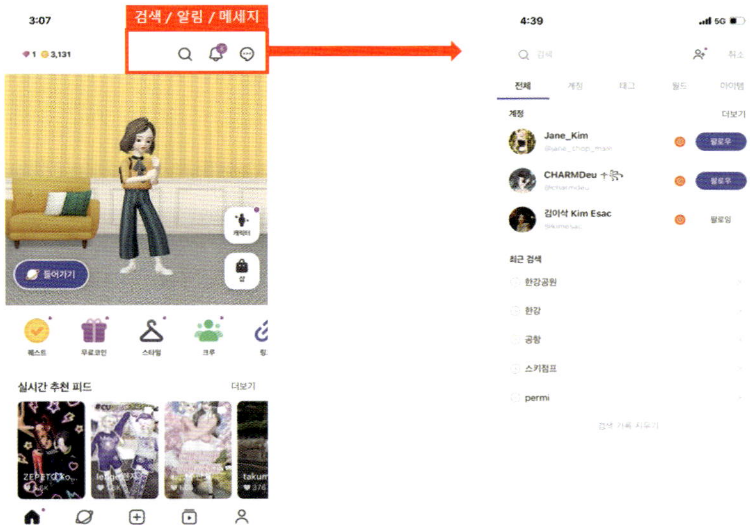

그림3-13 제페토 홈 화면 (2)

그리고 중앙 오른쪽 부분에서는 캐릭터 설정과 아이템들을 구매할 수 있는 샵 아이콘이 있다. 내가 원하는 얼굴과 의상부터 크리에이터 아이템, 방 인테리어까지 모든 아이템들은 젬과 코인으로 구매할 수 있다. 샵에는 '콜라보레이션샵'이라고 하는 각종 기업의 브랜드들이 입점되어 있다.

그림3-14 캐릭터

화면 중앙에는 슬라이드 메뉴로 총 9개의 메뉴가 있다. '퀘스트'와 '무료코인' 메뉴를 통해 아이템을 사는 데 필요한 코인을 받을 수 있는 활동들을 하면, 무료로 코인을 얻을 수 있다.

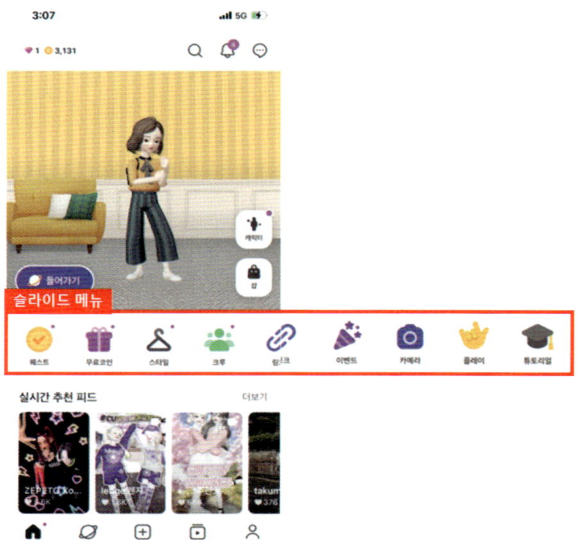

그림3-15 슬라이드 메뉴

스타일은 제페토를 꾸몄던 하나의 콘셉트에 들어갔던 의상, 헤어스타일을 모두 함께 모아 정리하여 보여주는 곳이다. 크루는 길드의 개념인데, 같은 취향을 가진 사람들끼리 모여서 단체 채팅방을 만들 수 있다. 링크는 인스타그램에 웹사이트 링크를 입력하는 것처럼, 우리가 원하는 링크들을 한 페이지 안에서 볼 수 있는 부분이다. 이외에도 이벤트, 카메라 등이 있다.

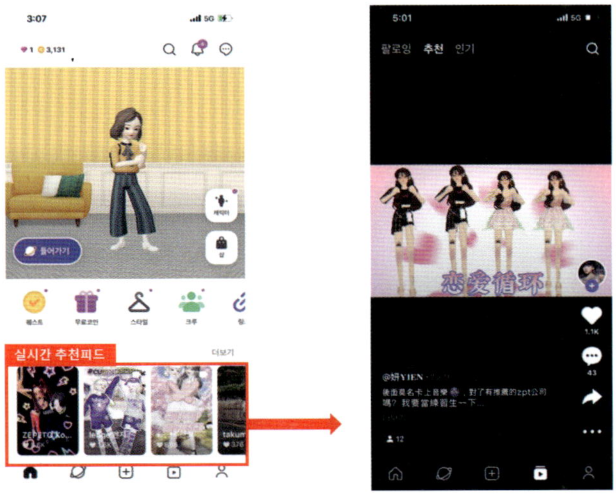

그림3-16 실시간 추천피드

슬라이드 메뉴 아래에는 실시간 추천피드라고 해서, 내 계정 성향에 맞는 팔로워들의 콘텐츠 또는 추천피드 콘텐츠들을 볼 수 있는 영역이 있다.

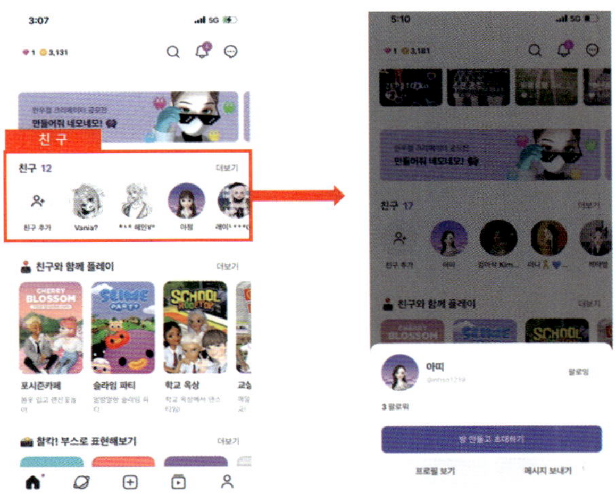

그림3-17 제페토 친구

홈 화면 두 번째 단에는 제페토 상의 친구들이 보인다. 내 친구들을 클릭해서 친구들을 내가 원하는 방에 초대할 수도 있고, 그들의 프로필 페이지로 넘어갈 수도 있고, 메시지도 보낼 수 있다.

그림3-18 친구와 함께 플레이

그 아래 '친구와 함께 플레이'라는 영역은 누르자마자 바로 해당 월드로 바로 입장할 수 있는 메뉴이다.

홈 화면 세 번째 단의 '찰칵! 부스로 표현하기'에서는 제페토 상에서 콘텐츠를 만들 수 있는 페이지로 바로 이동한다.

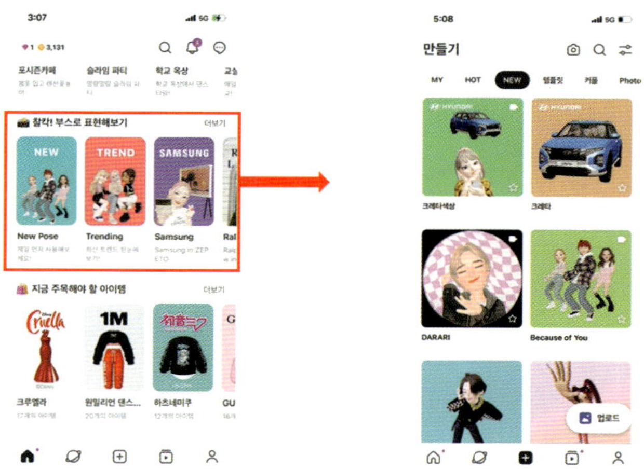

그림3-19 찰칵! 부스로 표현해보기

그 아래 '지금 주목해야 할 아이템'에서는 브랜드 아이템 컬래버레이션으로 바로 이동이 가능하다.

그림3-20 지금 주목해야 할 아이템

제페토 크게 둘러보기

지금까지 제페토의 모든 메뉴들이 총망라되어 있는 홈 화면을 살펴보았다. 홈 화면에는 제페토에 있는 모든 메뉴들이 연결되어 있다. 이제는 제페토를 크게 둘러보도록 하겠다. 제페토는 화면 하단에 5개의 대메뉴가 존재한다. 하단 맨 왼쪽 '홈 화면'에 이어서 두 번째 메뉴로는 월드가 있다. 자신이 관심 있어 하는 월드에 입장해서 함께 즐기고 이야기하며 소통할 수 있다. 월드에는 공식 월드와 크리에이터 월드 등이 있으며, 지속적으로 새로운 월드들이 개발되고 있다. 제페토는 다양한 브랜드 기업들이 입점되어 있어서 자신의 브랜드를 홍보하는 월드 또한 활성화되어 있다.

세 번째의 주요 메뉴는 만들기이다. 만들기는 제페토 내의 게시물을 만드는 곳이다. 아바타를 직접 촬영하거나, 여러분이 말하는 것을 아바타가 대신 말하는 영상 제작이 가능하다. 또한 제페토에서 제공하는 다양한 포즈를 선택해 사진 또는 영상의 형태로 손쉽게 콘텐츠를 만들 수 있다. 월드를 탐험하며 월드 안에서 셀카나 화면 캡처를 통해 게시물을 올릴 수도 있다.

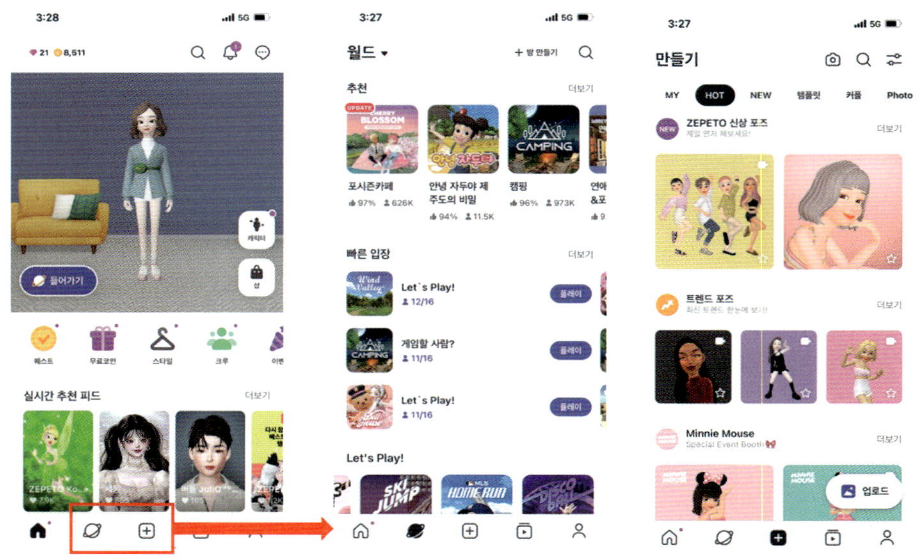

그림3-21 제페토 하단 메뉴

제페토의 네 번째 주요 메뉴는 피드이다. 여러분이 팔로잉한 유저들의 새로운 글이 올라올 때마다 피드에 새로운 글이 배달된다. 제페토 상의 다양한 사람들과 월드에서 놀고, 팔로잉을 통해 여러분의 게시물을 통해서 서로 소통할 수 있는 즐거운 SNS 활동이 가능하다.

마지막 다섯 번째 메뉴는 프로필이다. 프로필은 여러분의 홈페이지와 같이 여러분의 게시물들이 모두 모여 있는 곳이다. 프로필 편집, 캐릭터 추가 또는 친구 추가 등의 기능과 함께 여러분이 태그된 게시물을 통한 프로필 페이지를 통해 한 번에 볼 수 있다.

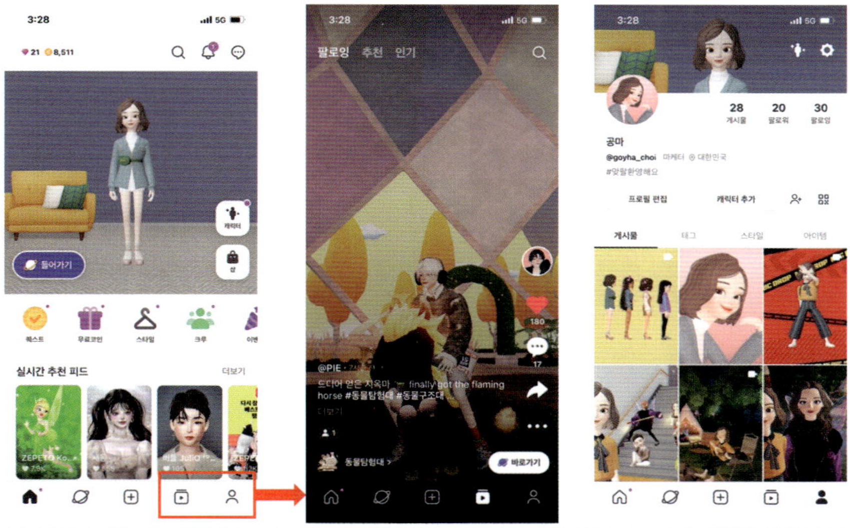

그림3-22 제페토 하단 메뉴

3
제페토에서 나만의 캐릭터 만들기

캐릭터 얼굴 꾸미기

이제 제페토 세상에서 신나게 놀기 위해서 나의 캐릭터를 꾸며보자. 홈 화면 중간 오른쪽에 캐릭터와 샵 아이콘이 있다.

캐릭터는 나의 캐릭터를 꾸미는 메뉴이고, 샵은 캐릭터를 꾸밀 수 있는 아이템들을 소개하는 메뉴에 해당된다. 캐릭터를 클릭하고 들어오면 오른쪽 상단에 얼굴 버튼이 있다. 그 버튼을 클릭하면 캐릭터의 얼굴과 상반신이 크게 나타난다.

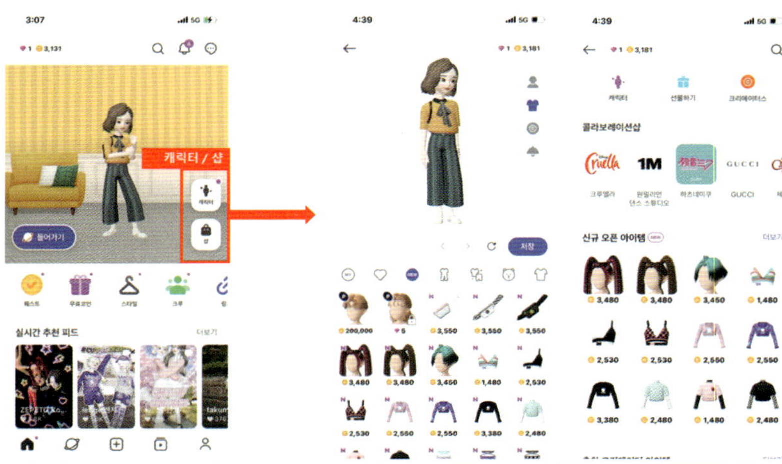

그림3-23 제페토 얼굴 꾸미기 (1)

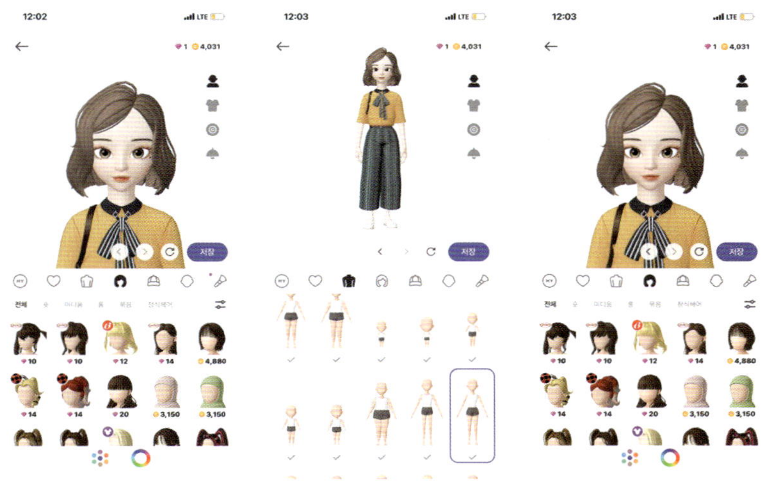

그림3-24 제페토 얼굴 꾸미기 (2)

화면 중간을 보면 다양한 메뉴들을 발견할 수 있다. 마이 메뉴, 위시리스트, 체형, 헤어스타일, 액세서리, 얼굴 등 하나씩 메뉴를 살펴보자. 체형(👕)을 클릭하면 캐릭터의 체형 유형을 선택할 수 있다. 기존에 기본으로 세팅되어 있던 체형보다 조금 더 키가 크고 날씬한 체형으로 바꿔 보았다. 헤어스타일(🎧)에서는 숏, 미디엄, 롱, 묶은 머리, 장식 헤어 등 취향에 맞는 헤어스타일을 고를 수 있다.

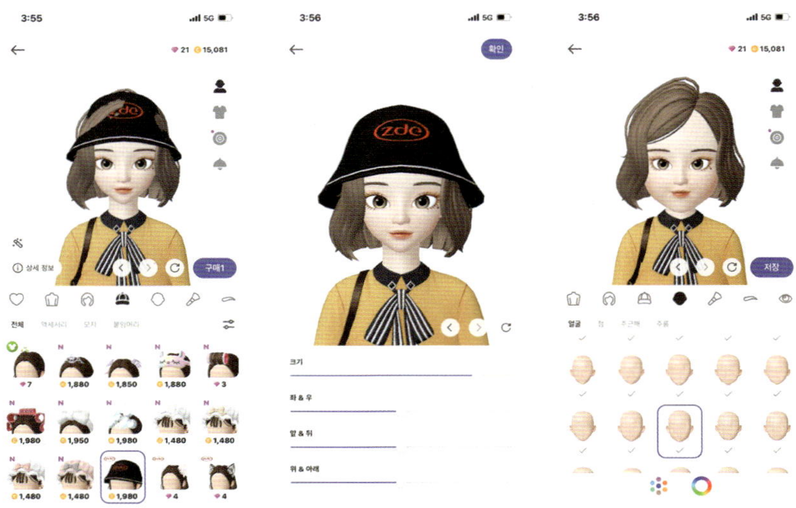

그림3-25 제페토 얼굴 꾸미기 (3)

액세서리( )는 머리 위에 모자, 액세서리, 붙임머리 등을 꾸밀 수 있다. 두상보다 모자가 작을 경우, 편집봉( ) 아이콘을 클릭해 액세서리 사이즈와 위치를 이동할 수 있다. 다음으로는 얼굴형(●)을 선택할 수 있다. 얼굴이 갸름한 스타일인지, 달걀 모양인지, 각져 있는지 여러분의 얼굴 특징을 캐릭터에 적용함으써 나와 똑닮은 모습으로 꾸밀 수 있다.

그림3-26 제페토 얼굴 꾸미기 (4)

얼굴형에는 커스텀이라는 세부 메뉴가 있어, 아바타를 상당히 정교하게 만들 수 있다. 여러분의 캐릭터를 여러분의 니즈에 맞게끔 세부적으로 맞춤 설정할 수 있다. 커스텀을 누른 경우는 여러분의 얼굴 형태를 여러분이 원하는 만큼 움직이고, 이동시키고, 볼륨감을 주는 것이 가능하다. 또한 3D 캐릭터이기 때문에 앞모습에 변형과 옆모습에 변형까지 함께 보면서 수정할 수 있다. 얼굴형 다음으로는 화장 아이템이 있어 블러셔, 컨투어링, 페인팅, 메이크업 세트, 타투 등 개성을 반영할 수 있는 다채로운 메이크업 타입을 결정할 수 있다. 이렇게 실제보다 더욱 디테일하게 나만의 캐릭터를 꾸밀 수 있는 것이 제페토 캐릭터 꾸미기의 장점이다.

캐릭터 의상 꾸미기

의상 꾸미기 버튼을 클릭하면, New 최신 아이템 탭이 먼저 열린다. 각각의 아이템 하단에는 보라색 보석 모양인 '젬(Zem)'과 노란색 c 아이콘인 '코인(Coin)'을 볼 수 있다. 해당 아이템을 구매하기 위해서는 '젬' 또는 '코인'이 필요하다. 오른쪽 상단 21 15,081 을 클릭하면, 젬과 코인을 구매할 수 있는 크레딧샵에 도착한다. 모바일에 연결된 계정과 통신사 결제수단을 통해 구매 가능하다.

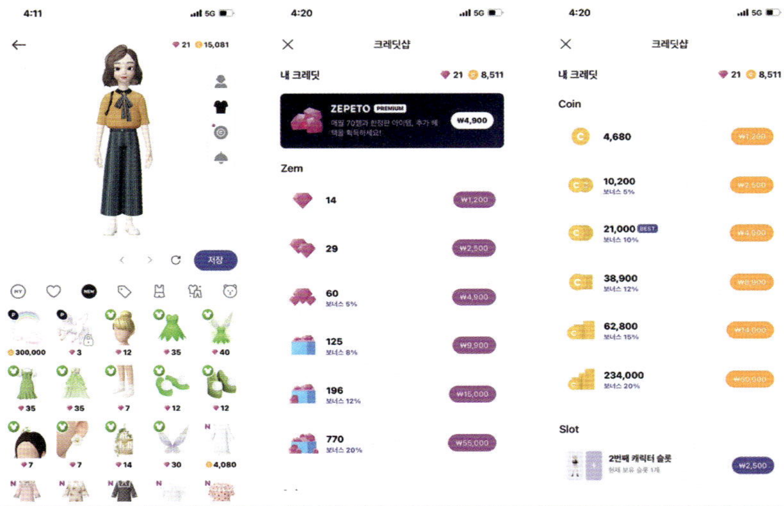

그림3-27 제페토 의상 꾸미기 (1)

화면 중간 메뉴 맨 왼쪽에는 MY라는 '내 코디' 탭이 있다. '내 코디'에서는 내가 구매한 아이템들의 코디를 저장해 둘 수 있다. 오른쪽으로 차례차례 탭을 눌러 보며, 마음에 드는 의상을 아바타에 입혀볼 수 있다. 그중 마음에 드는 의상 아이템이 있다면, 해당 아이템을 길게 꾸욱 누른다. 화면 중간에 하트 아이콘이 나왔다 사라지면서, 위시리스트 메뉴에 해당 아이템이 저장된다. 저장된 아이템들은 화면 중간의 위시리스트(♥) 탭에서 모아 볼 수 있다.

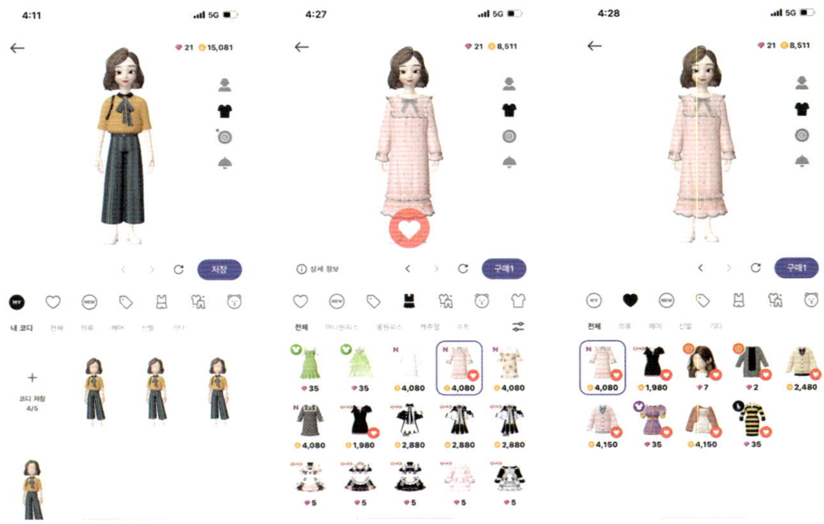

그림3-28 제페토 의상 꾸미기 (2)

이번에는 구매할 의상을 선택해 보자. 드레스, 양말, 신발을 선택한 후 구매 버튼을 누르면 아이템을 구매하는데 6,570코인이 필요함을 알 수 있다. 구매 버튼을 클릭하면 아이템이 적용된다.

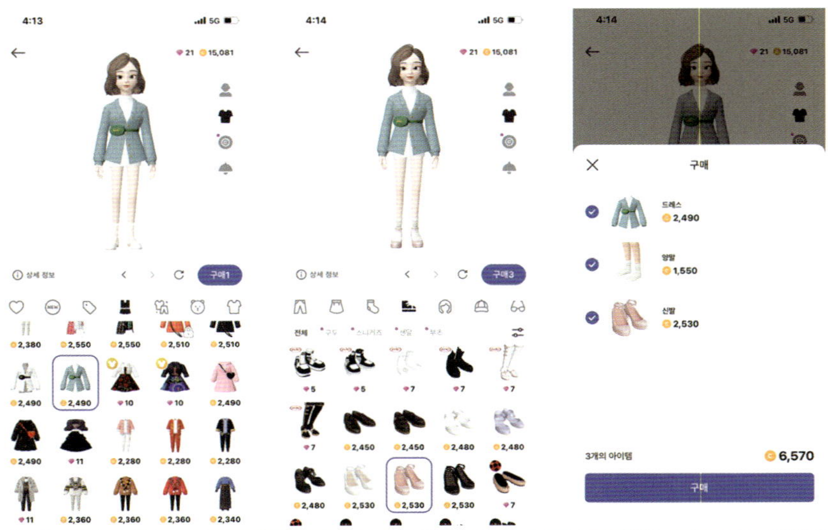

그림3-29 제페토 의상 꾸미기 (3)

캐릭터 방 꾸미기

의상 꾸미기 아래에 있는 조명 아이콘을 클릭하면 캐릭터 방을 꾸밀 수 있다. 캐릭터 방에 도착하면 변경 가능한 요소들이 플러스 버튼(+)으로 보이는 것을 확인할 수 있다. 각각의 플러스 버튼을 클릭하면 하단에서 원하는 아이템을 선택할 수 있다.

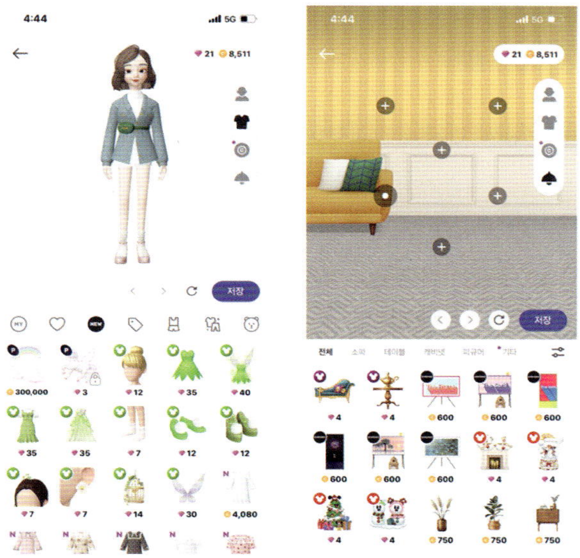

그림3-30 제페토 방 꾸미기 (1)

벽 주변의 플러스 버튼을 누르면, 화면 중앙의 탭을 통해 패턴, 그래픽, 장식, 타일 등 다양한 벽 아이템을 선택할 수 있다. 노란색 소파를 누르면, 다른 가구 아이템으로 변경이 가능하다. 방 꾸미기도 마찬가지로 젬과 코인을 사용해야 하는 유료 아이템이 있지만, 맨 하단으로 내려가면 무료 아이템도 존재하니 무료 아이템으로 먼저 방을 꾸며 보는 것을 추천한다.

그림3-31 제페토 방 꾸미기 (2)

4
제페토에서 신나게 놀기

원하는 모습으로 아바타를 꾸몄으니 이제 제페토에서 신나게 놀아보자.

제페토 게시물 올리기

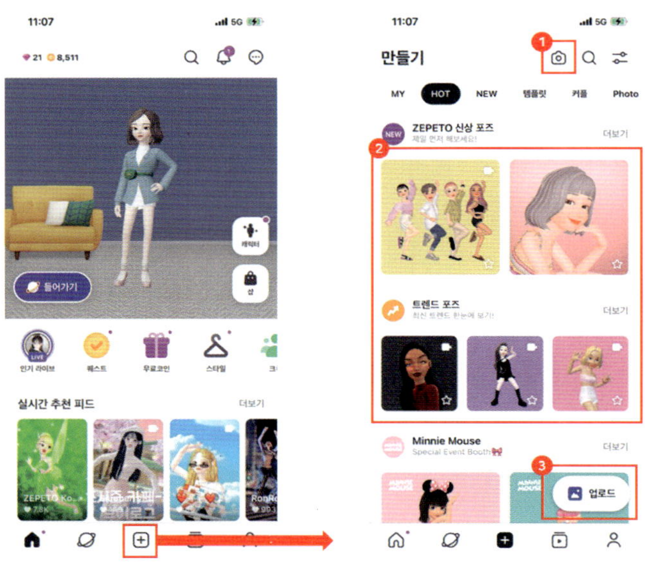

그림3-32 제페토 게시물 올리기

홈 화면 하단 대메뉴 중앙에 플러스 버튼이 게시글을 올리는 메뉴이다. 버튼을 누르면 '만들기'라는 페이지가 나타난다. 게시물을 만드는 방법은 총 세 종류이다. 첫 번째로 오른쪽 상단에 카메라 아이콘이 있다. 두 번째는 화면의 많은 곳을 차지하고 있는 다양한 포즈들, 신상 포즈, 트렌드 포즈 그리고 화면 스크롤을 내리면 브랜드별 포즈들을 볼 수 있다. 세 번째로 하단 오른쪽에 업로드 버튼을 통해서 스마트폰에 있는 사진과 동영상을 게시물로 올릴 수 있다.

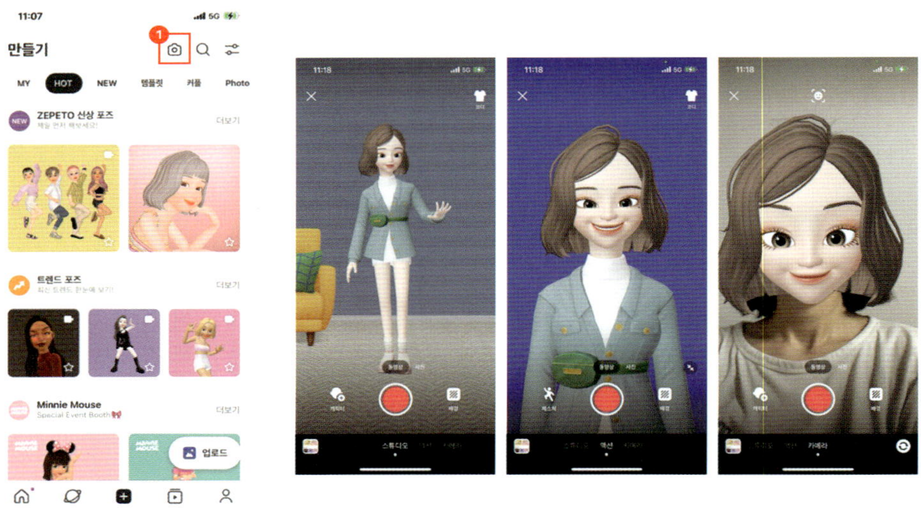

그림3-33 제페토 액션

우선 상단 ❶카메라 버튼을 눌러서 세부 메뉴를 살펴보도록 하겠다. 하단의 주요 메뉴로 스튜디오, 액션, 카메라 3가지가 있다. 첫 번째 '스튜디오'는 앞서 캐릭터 꾸미기에서 보았던 방에 아바타 캐릭터를 등장시켜 사진 또는 동영상 콘텐츠를 제작할 수 있다. 녹화 버튼(◉) 왼쪽의 캐릭터 버튼을 클릭해서 제페토에서 제공하는 다양한 포즈들을 적용할 수 있고, 녹화 버튼 오른쪽의 배경 버튼을 통해서 제페토에서 제공하는 다양한 배경 이미지와 컬러를 배경으로 사용할 수 있다. 물론 여러분이 원하는 모바일 상에 있는 사진도 배경으로 선택할 수 있다.

두 번째 '액션'에서는 제페토 아바타가 여러분의 입모양을 그대로 따라한다. 동영상 촬영 같은 경우, 여러분이 말하는 음성과 함께 입모양이 고스란히 녹화되어 영상

편지로 활용할 수 있다. 마찬가지로 녹화 버튼 왼쪽에는 제스처 버튼이 있어서 처음 기본 자세인 차렷 자세에서 다른 다양한 형태의 자세를 선택할 수 있고, 오른쪽 배경 버튼을 통해서 원하는 배경화면을 넣을 수도 있다.

마지막 세 번째 '카메라' 버튼은 실제 카메라 메뉴이다. 카메라에 인물이 나타날 경우 인물의 얼굴이 아바타 캐릭터로 바뀌는데, 상단에 AR 마스크를 오프(off) 처리하면 캐릭터 얼굴이 사라진다.

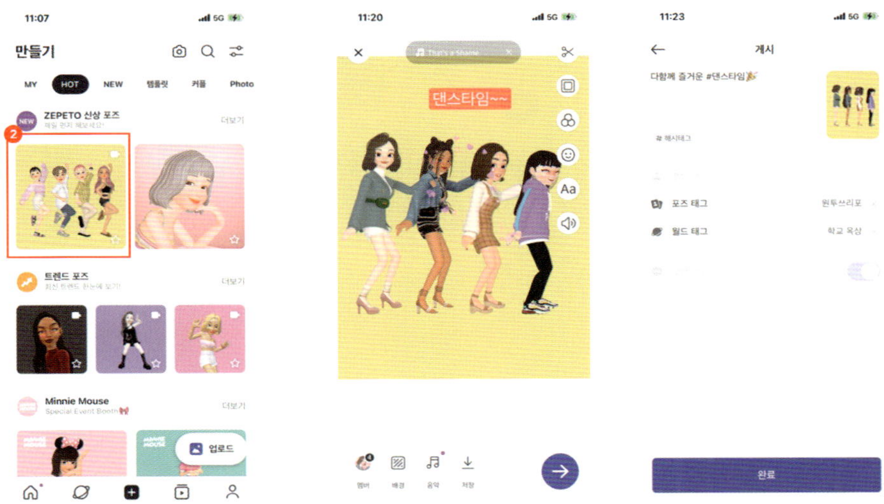

그림3-34 제페토 신상 포즈

이번에는 제페토와 브랜드에서 제공하는 다양한 포즈를 적용해 게시물을 만들어 보자. 먼저 상단에 ②제페토 신상 포즈를 클릭할 경우, 여러분의 제페토 팔로워들이 소환되어서 함께 영상의 주인공으로 출연한다. 해당 영상은 편집이 가능하고, 화면 비율 변경, 필터, 스티커 추가, 텍스트 입력, 볼륨 조절 등도 가능하다. 화면 오른쪽 하단에 화살표 버튼을 통해서 콘텐츠 게시를 위한 텍스트와 해시태그를 입력한다. 하단에는 해당 포즈 태그가 추가되며, 월드에서 촬영된 경우 해당 월드 태그가 추가된다.

영상뿐 아니라, 정지된 포즈의 이미지 콘텐츠 또한 같은 방식으로 올릴 수 있다. 최종적으로 게시물이 발행되면 대메뉴 맨 오른쪽의 프로필 메뉴를 클릭하면 게시된 게시물들을 확인할 수 있다.

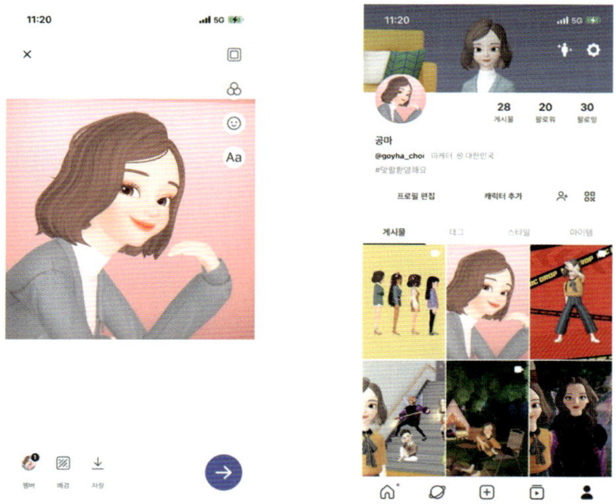

그림3-35 제페토 게시물 올리기

제페토 프로필

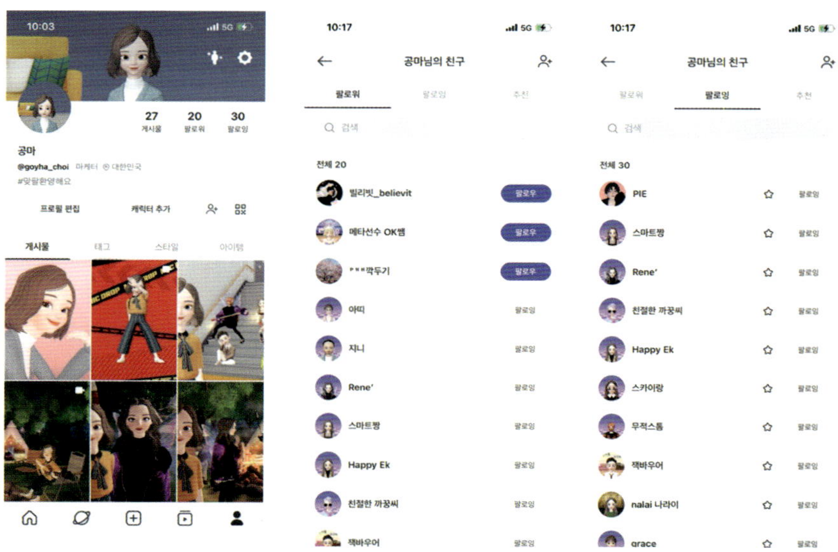

그림3-36 제페토 프로필

홈 화면 하단 대메뉴 중 가장 오른쪽에 있는 프로필은 제페토에서 여러분의 게시물을 담는 SNS 채널에 해당된다. 인스타그램 사용자라면 각각의 메뉴들이 익숙할 것이다.

프로필 사진 오른쪽에는 게시물 수, 팔로잉 수가 나타난다. 인스타그램과 같이 팔로워는 나의 게시물을 구독한 계정 수이고, 팔로잉은 여러분이 상대방을 구독 신청한 계정 수에 해당한다.

그림3-37 제페토 프로필 편집

다음으로는 화면 중간에 있는 ①프로필 편집과 ②캐릭터 추가, ③친구 추가 메뉴를 살펴보자.

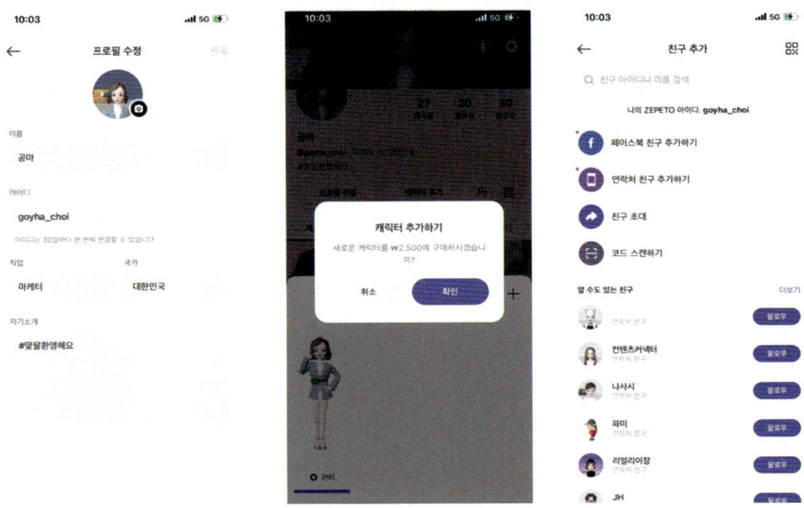

그림3-38 제페토 프로필 편집

'프로필 편집'에서는 먼저 프로필 이미지 변경이 가능하다. 포즈를 선택해 캐릭터의 포즈를 변경할 수 있으며, 이름, 아이디, 직업, 국가, 자기소개란을 작성할 수 있다. '캐릭터 추가'에서는 자신의 캐릭터를 초기화하거나 성별을 바꿀 수 있다. 또한 유료로 새로운 캐릭터 추가도 가능하다. '친구 추가'에서는 기존 페이스북 친구나 모바일에 연락처가 저장된 친구를 추가할 수 있다. '알 수도 있는 친구'에서는 여러분의 팔로워의 팔로워들로 관계도를 계산해서 새로운 친구를 추천해 준다.

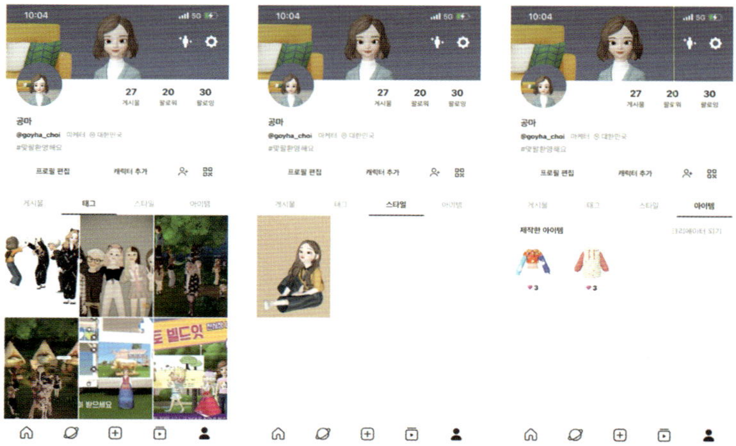

그림3-39 제페토 프로필 둘러보기

게시물 오른쪽 '태그' 탭에서는 여러분이 태그된 다른 사용자들의 게시물들을 한눈에 볼 수 있다. 세 번째 '스타일' 탭에서는 마음에 드는 스타일을 적용한 것들을 저장할 수 있고, 마지막 '아이템' 탭에서는 자신이 크리에이터 스튜디오에서 제작한 아이템들을 볼 수 있다.

제페토 피드에서 놀기

제페토는 메타버스 SNS 플랫폼으로 팔로워들의 새로운 게시물들이 여러분에게 배달된다. 홈 화면 하단 네 번째 대메뉴는 팔로워들의 새로운 게시물이 배달되는 '피드'이다. 제페토 알고리즘이 팔로워들과 여러분의 관계도를 계산해서 여러분과 관계도가 높은 팔로워의 새로운 게시물을 보여 준다. 여기에는 다른 SNS와 같이 좋아요, 댓글, 공유 버튼이 있다. 다만 제페토 월드에서 게시물이 만들어진 경우에는 해당 월드를 소개하고 월드로 바로 갈 수 있는 메뉴가 추가된다.

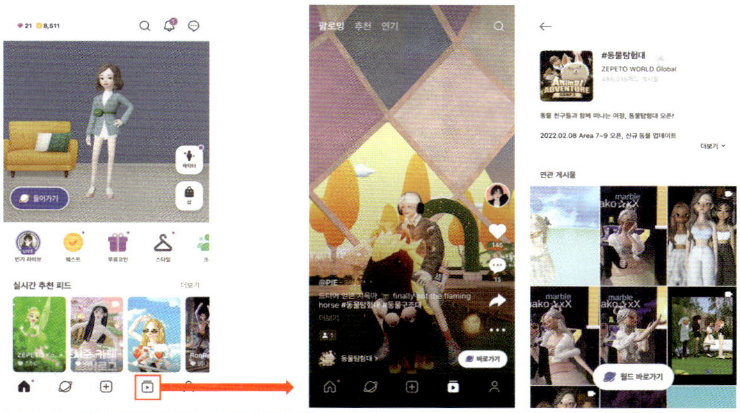

그림3-40 제페토 피드

상단 '추천' 탭에서는 여러분의 팔로워는 아니지만 여러분과 성향이 비슷한 사용자들의 게시글을 추천하고 있다. '인기' 탭에서는 인기 있는 사용자들을 소개하면서 그들의 최신 게시물과 프로필 링크, 팔로우를 신청할 수 있는 버튼이 보여진다.

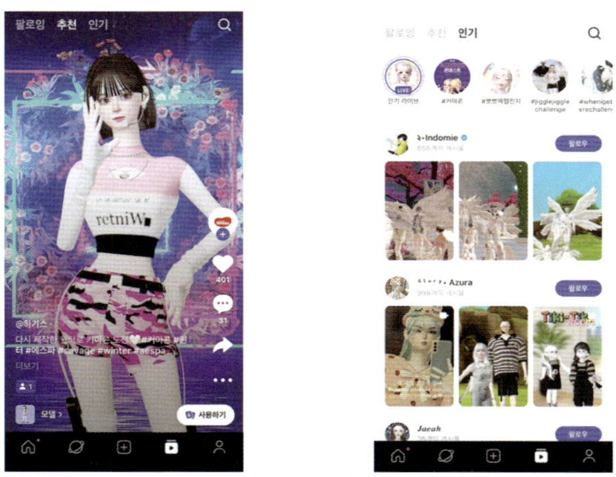

그림3-41 제페토 피드

5
제페토 활용하기

제페토 월드 만들기

이번에는 제페토 월드에 입장해 보자. 화면 하단 두 번째 대메뉴인 ①행성 아이콘 버튼을 누르고 월드 만들기로 들어간다. 월드에 입장하는 방법은 자신이 직접 월드를 만들거나, 다른 사람이 만든 월드에 입장하는 방법이 있다. 우선은 직접 방을 만들어

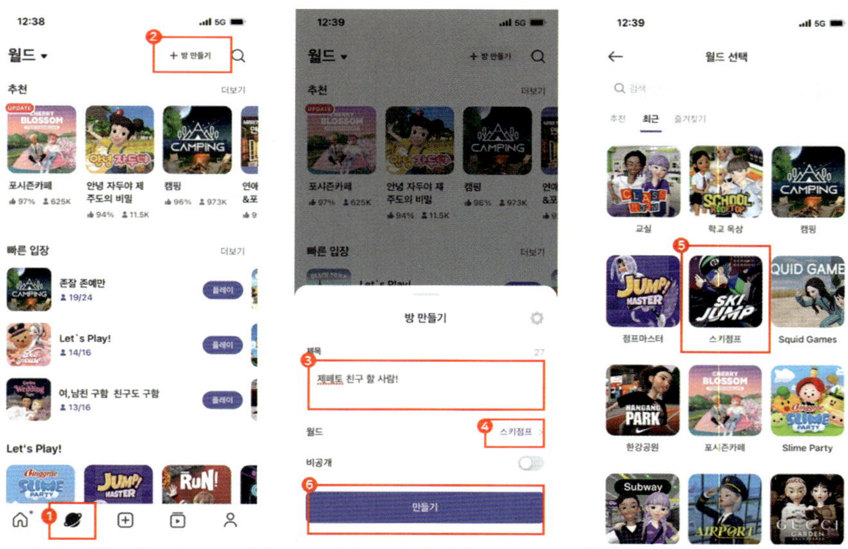

그림3-42 제페토 월드 만들기

월드에 입장해 보자. 오른쪽 상단 ②+방만들기 버튼을 클릭하면 방에 제목을 짓고, 월드를 선택할 수 있다. ④월드는 추천 월드, 최근에 들어간 월드, 즐겨찾기 월드 탭에 있는 다양한 월드 중에 ⑤원하는 월드를 선택한다. 마지막으로 ⑥만들기 버튼을 클릭해서 월드로 접속한다.

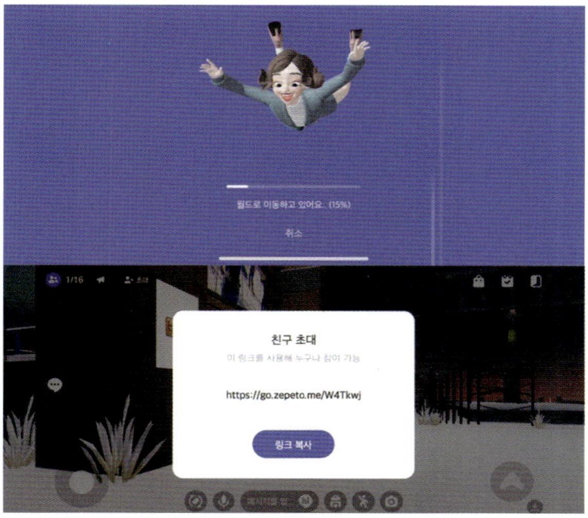

그림3-43 제페토 월드 입장하기

이때 월드 맵 파일을 스마트폰에 다운받는 데 시간이 조금 소요될 수 있다. 월드에 도착하면 가장 먼저 사람들을 초대할 수 있는 월드 접속 URL 링크 복사창이 뜬다. 해당 URL은 친구에게 카카오톡이나 메시지를 통해 전달할 수 있다.

제페토 월드 화면 구성 이해하기

스키점프 월드에 도착했다. 월드 화면 구성을 이해하기 위해서 각각의 메뉴를 살펴보도록 하겠다.

그림3-44 제페토 월드 화면 구성 (1)

먼저 상단 메뉴의 왼쪽부터 ①참가자 목록, ②공지사항을 확인할 수 있다. ③친구 초대 버튼을 클릭하면 여러분의 팔로워와 팔로잉 리스트가 보인다. 제페토에서 팔로잉 관계에 있는 사용자들을 직접 초대할 수 있다.

그림3-45 제페토 월드 화면 구성 (2)

그림3-46 제페토 월드 화면 구성 (3)

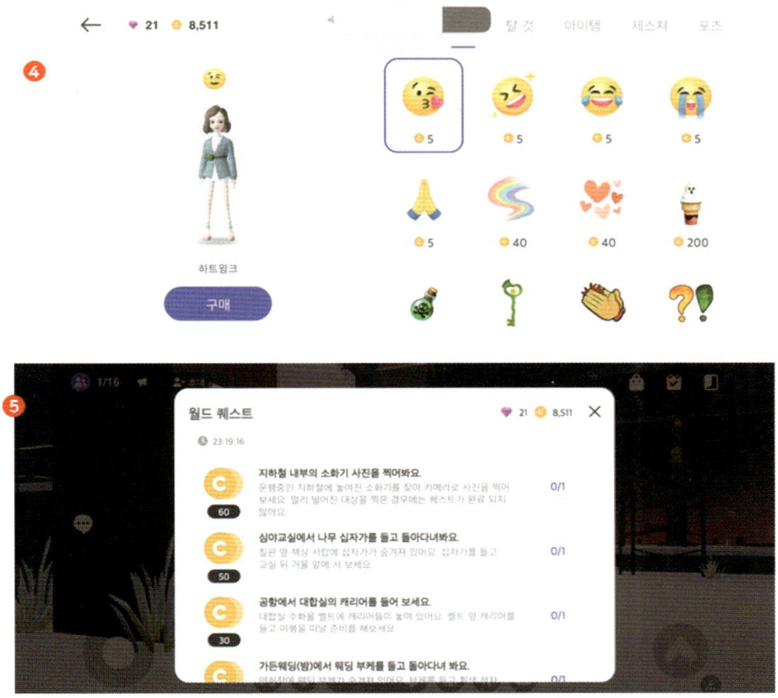

그림3-47 제페토 월드 아이템 구매

다음 오른쪽의 ④'아이템 구매'에서는 탈것, 아이템, 제스처, 포즈 등의 아이템을 구매할 수 있다. ⑤'월드 퀘스트'에서는 월드에서 미션이 주어지고, 미션 수행 시 코인을 지급하는 안내문을 볼 수 있다. 마지막 오른쪽의 열린 문 아이콘은 ⑥'월드 나가기' 버튼이다.

그림3-48 제페토 월드 조작 기능

그림3-49 제페토 월드 화면 구성 (1)

월드의 하단 왼쪽 메뉴에는 아바타의 이동을 담당하는 ①'휠' 메뉴가 존재한다. 아바타는 시선 방향으로, 앞, 뒤, 옆으로 360도 움직임이 가능하다. 휠을 왼쪽 손으로 조작하면서 동시에 오른쪽으로 ②'점프' 버튼을 누를 수 있다. 방향과 점프를 동시에 조작하며 역동적인 움직임이 가능하다.

하단 중앙에는 가로세로 ③'전환 모드'가 있다. 해당 메뉴를 클릭하면 화면을 세로로 전환해서 월드를 볼 수 있다. 다음 ④'음성 입력'을 클릭하면 여러분의 음성이 맵에 전해진다. 중앙에 ⑤'메시지 입력창'을 클릭하면 아바타 위로 작성한 메시지가 노출되어 인근 사용자들이 볼 수 있다.

그림3-50 제페토 월드 화면 구성 (2)

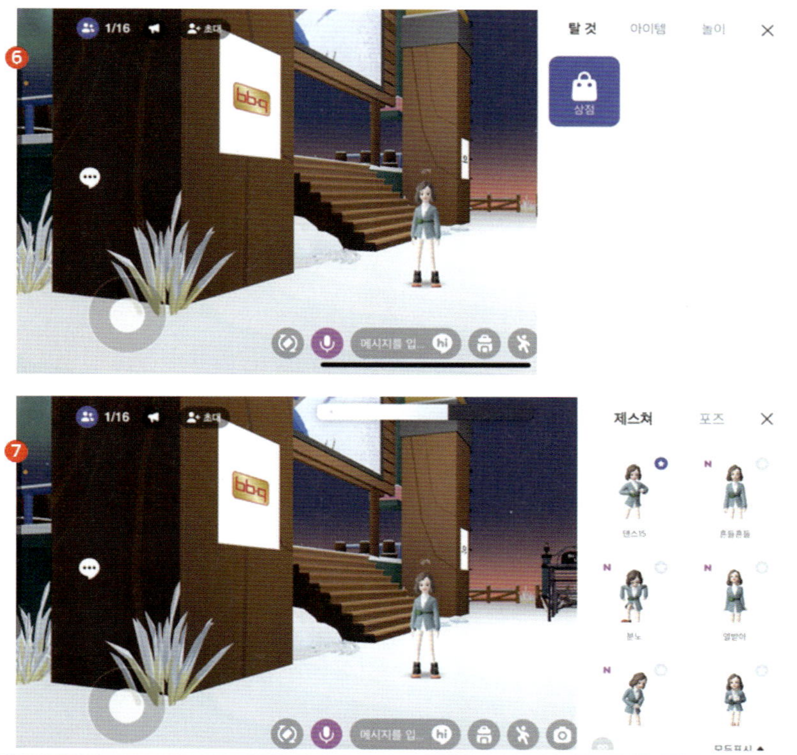

그림3-51 제페토 월드 화면 구성 (3)

⑥'상점'에서는 해당 월드에서 사용할 수 있는 탈것, 아이템, 놀이 등을 구매할 수 있다. 그 옆에 ⑦'사람' 아이콘을 클릭하면 아바타에게 적용할 수 있는 제스처와 포즈가 다양하게 준비되어 있어, 사람들에게 감정이나 의사를 효과적으로 전달할 수 있다.

그림3-52 제페토 월드 화면 구성 (4)

⑧'카메라' 버튼은 이미지 사진 촬영 또는 동영상 촬영에 쓰이는 메뉴로, 왼쪽 상단에서 셀카 모드나 전경 모드로 전환할 수 있다. 또한 배경을 없앤 상태로 이미지·동영상 촬영도 가능하다. 마지막으로 ⑨점프 버튼 하단에 아래로 향하는 화살표 버튼을 클릭하면 자주 쓰는 제스처 5가지를 저장해 놓고 손쉽게 원하는 제스처를 취할 수 있다.

제페토 월드에서 신나게 놀기

제페토에는 다양한 월드가 존재한다. 인기 월드, 공식 월드, 크리에이터 월드뿐 아니라 취향별 다양한 월드를 체험해 보면서 자신에게 맞는 월드를 선택해 보기 바란다. 여기서는 3가지 월드를 소개하며 함께 즐겨 보겠다.

월드에서 놀기 – 스키점프

그림3-53 제페토 스키점프 월드 (1)

첫 번째는 스키점프 월드로, 참가자와 스키점프 게임이 가능하다. 동시에 둘이서 함께 경기를 할 수 있으며, 전체 점수가 산정되어 해당 맵에 최우수 기록을 갱신할 수 있다.

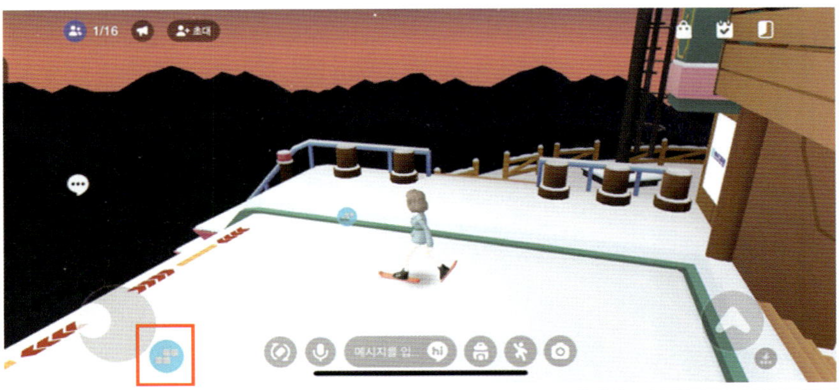

그림3-54 제페토 스키점프 월드 (2)

그림3-55 제페토 스키점프 월드 (3)

스키 점프대에 올라 출발선 근처 아이콘( )을 마우스로 클릭하면, 카운트다운이 시작되며, '5, 4, 3, 2, 1, 땡!'하고 아래로 스키를 타고 내려가다 마지막 부분에서 점프를 한다.

그림3-56 제페토 스키점프 월드 (4)

이때 우리는 하늘 높이 나는 느낌을 가상으로 느낄 수 있고, 마지막에는 시작부터 착지까지의 모든 과정이 점수화되어 자신의 스코어를 확인할 수 있다. 근처에 파란색 포털을 통해 스키점프대로 바로 이동한 후, 다시 스키점프를 탈 수도 있다.

두 번째는 인기 월드인 교실 월드로, 제페토의 주된 사용층인 MZ세대들이 즐겨 찾는 월드이다.

교실 월드

교실

그림3-57 제페토 교실 월드 (1)

클래스 201호에 입장해 자리에 앉아있는 유저들과 함께 셀카를 찍었다. 교실 월드 지하 1층에는 CU 편의점이 입점되어 있으며, CU 편의점에서 파는 다양한 먹거리를 직접 집어 들어 계산대에서 계산을 해 가지고 나올 수 있다. CU 편의점 앞 계단에서 사람들과 함께 춤추며, 셀카도 찍어 보자. 제페토 세상에서 사람들과 함께 하는 경험, 가상공간이지만 사람들과의 시간이 똑같이 추억이 되고 기억에 남는다.

그림3-58 제페토 교실 월드 (2)

세 번째는 캠핑 월드로, 가운데 캠프파이어를 할 수 있게끔 모닥불을 피워놓아 '불멍'을 할 수 있고 귀뚜라미 소리 같은 배경 음악이 나와 제페토 월드 중 가장 감성 충만한 월드이다.

캠핑 월드

캠핑

그림3-59 제페토 캠핑 월드 (1)

누군가는 기타를 치고, 누군가는 캠프파이어 앞에서 진솔한 자신의 이야기를 나눈다. 캠프파이어 인근에 있는 해먹에서는 감미로운 음악을 들으며 쉴 수 있고, 물가로 나가면 낚싯대로 물고기를 잡을 수도 있다. 캠핑 월드에서는 오프라인에서 느꼈던 캠핑 여행을 그대로 경험할 수 있다. 오프라인에서 만나지 못하는 지인들을 제페토 월드로 초대해서 캠핑하며 불멍하고, 이야기도 나눠보자.

그림3-60 제페토 캠핑 월드 (2)

이렇게 제페토라는 메타버스 플랫폼에서 나를 대신하는 아바타를 꾸미고, 월드에 입장해 새로운 친구를 사귀고, 셀카도 찍으며, '반모'(반말모드)로 이야기 해보는 경험도 해보기 바란다. 현실에서 일어나는 다양한 일이 가상공간에서도 이루어지는 것, 메타버스 세상을 경험하는 것, 가상공간이지만 실제감이 느껴지는 경험. 지금 우리는 메타버스 세상이 빠르게 확장하는 시대의 입구에 서 있다. 창조의 주인공으로 제페토를 경험하며 메타버스 시대를 맞이하기 바란다.

1. 제페토 아이템 크리에이터 준비하기
2, 제페토에서 스튜디오 시작하기
3. 아이템 관리하기

4

제페토 아이템 크리에이터

4차 산업혁명과 코로나19 사태로 인한 비대면 상황으로 '가상공간'에 관한 관심과 수요가 높아졌다. 특히 모바일과 SNS에 익숙한 MZ세대는 가상공간에서 자신을 상징하는 또 다른 '나'인 아바타를 만들고, 현실세계에서의 경험을 가상세계에 재구성함으로써 가상과 현실의 경계를 허물고 상호 연결된 메타버스(metaverse)라는 세계를 경험하고 있다.

국내 대표적인 메타버스 플랫폼인 제페토(Zepeto)는 3억 명이 넘는 글로벌한 이용자를 보유하고 있으며, 아바타를 중심으로 한 게임과 동시에 컬래버레이션 샵을 따로 지정해두고 다양한 브랜드와 협업하여 각종 패션 아이템과 포토 부스, 월드 맵, 동영상 콘텐츠 등을 선보이며 뛰어난 홍보 효과와 파급력을 불러일으키고 있다. 그리고 이것은 기업의 잠재적 고객 유입과 경제적 이득을 창출하며 눈앞으로 다가온 4차 산업시대에 패션산업의 판도를 뒤바꿀 매우 중요한 핵심 흐름으로 여겨지고 있다.

실제로 제페토 스튜디오를 통해 가상패션 아이템을 개발하여 경제적인 활동을 하는 아바타 아이템 크리에이터가 있으며, 가상패션 아이템 개발을 전문적으로 하는 디자이너 강좌 및 메타버스 플랫폼과 협업하는 패션 브랜드도 증가하고 있다.

본 장에서는 메타버스 플랫폼인 제페토 스튜디오를 활용하여 패션 아이템을 제작해보고, 아바타와 패션 아이템을 3D 시뮬레이션하면서 가상 및 현실과 소통할 수 있는 기술을 구현하는 등의 경험을 통해서 '크리에이터 이코노미(창작자 경제)' 영역을 들여다본다.

1
제페토 아이템 크리에이터 준비하기

제페토 아바타 패션 아이템

제페토는 네이버제트(Z)가 운영하는, 3D 아바타를 기반으로 꿈꾸어 왔던 것들을 만들어 낼 수 있는 가상세계 플랫폼이다. 3D로 구현되어 표정과 움직임이 생동감 있는 아바타를 통해 메타버스 속에서 성별, 인종, 나이와 상관없이 전 세계 이용자들과 소통한다.

가상세계에서 아바타가 착용하고 있는 패션 아이템은 가상세계 속 나를 대신하여 개성을 드러내기 때문에 아바타를 더 돋보이게 하기 위한 가상패션 상품을 구매한다. 자신을 표현하고 드러내는 것에 익숙한 MZ세대들은 패션 아이템 구매의 주요 소비자이다. 최근에 여러 패션 브랜드들은 아바타 가상패션과 패션상품을 접목시켜 아바타와 브랜드 이미지를 동일시하고 아바타에 브랜드 이미지를 부여함으로써 오프라인 구매까지 유도한다.

실제로 제페토에서는 일찍이 글로벌 패션인 브랜드인 구찌, 크리스찬 루부탱, 나이키, MLB 등이 가상 매장에서 그래픽으로 만든 자사 제품을 선보이고 있으며, 패션 및 뷰티 업계에서도 메타버스에 이색 매장과 전용 아이템 출시와 같은 차별화된 서비스로 MZ세대를 겨냥한 마케팅을 진행 중이다.

2021년 1월에는 이탈리아 피렌체를 배경으로 한 '구찌 빌라'에서 제페토 가상 매장을 운영하여 아바타를 통해 구찌 아이템을 착용하고 포토존에서 사진을 촬영하며 구매까지 가능하도록 서비스를 제공하였다. 현실에서는 200만 원이 넘는 가방을 제페토에서는 불과 3,000원 정도에 구매할 수 있는 등 명품 브랜드의 패션 아이템으로 머리끝에서 발끝까지 꾸미는데 1만 원 정도면 충분하기 때문에 MZ세대들의 반응이 폭발적이었다.

구찌는 '2021년 S/S 신상품'과 '도라에몽X구찌 컬렉션' 등 총 60여 종 아이템을 선보였는데, 구찌 버추얼 컬렉션이 일부 선공개가 되자마자 제페토 내부에서는 구찌 IP를 활용한 2차 콘텐츠가 열흘 만에 40만 개 이상이 생성되고, 구찌 빌라에서 앞서 선보인 의상과 액세서리 60여 종은 오프라인 매장에도 출시되어 완판 행보를 이어갔다.

이처럼 현실과 가상세계에서의 소비에 관한 구분이 점차 흐려지고 있고, 제페토 스튜디오에서는 패션 전공자가 아니더라도 누구나 쉽게 패션 아이템을 제작하고, 이를 통해 수익을 창출할 수 있어 제페토 크리에이터라는 새로운 직종 및 관련 서비스, 콘텐츠가 파생되고 있다.

그림4-1 구찌와 MBL의 제페토 콜라보

제페토 아이템 크리에이터

제페토에는 직접 3D 모델링을 통해서 제작하는 크리에이터 시스템이 존재하는데, 아바타나 패션 아이템뿐만 아니라 '맵'이라고 불리는 3D 월드까지 제작 가능한 것이 바로 제페토 스튜디오이다. 제페토 크리에이터는 제작한 아이템을 판매하기도 하며 제작한 월드를 사람들에게 공개하여 그곳에서 마음껏 메타버스 세상을 누릴 수 있게 한다. 제페토 아이템 크리에이터는 모자부터 신발까지 다양한 아이템 제작과 판매가 가능하며, 유명 크리에이터가 되면 인플루언서 역할이 가능해서 콘텐츠 제작을 통해서 다양한 수입을 얻을 수 있다.

제페토에서 패션과 연관성이 높은 크리에이터 렌지, 클라우드, 하리 등은 상황에 맞는 여러 개의 '부캐'를 창조하기 위해 아바타의 가상패션을 커스트마이징 하며 여러 가지 모습으로 업로드하고 공유하는 대표적인 제페토 크리에이터이다.

렌지는 제페토 1세대 크리에이터로 국내 메타버스 플랫폼인 제페토에서 팔로워가 가장 많은 버추얼 인플루언서이다. 인어, 강아지, 요정 날개, 거북이 등에서 아이디어를 얻은 독창적이고 유니크한 디자인의 패션 아이템으로 큰 호평을 받으며 최고 월 천만 원 이상의 순수익을 올리기도 하였다.

클라우드는 제페토에서 주목할 만한 크리에이터들 중 팔로워가 두 번째로 많은

그림4-2 제페토 크리에이터 렌지의 패션 아이템
출처: 제페토 크리에이터 렌지

버추얼 인플루언서이다. 클라우드는 아바타의 데일리 룩 게시물을 업로드하는데, 가상패션 아이템을 이용하여 상황에 맞는 여러 개의 부캐 패션을 창조하고 스타일링하면서 현실에서도 입을 법한 패션 아이템으로 아바타를 연출하며, 자신의 아바타를 이용해 홍보하여 아이템을 판매한다.

하리는 제페토에서 주목할 만한 크리에이터들 중 팔로워가 세 번째로 많은 버추얼 인플루언서이다. 하리는 아바타를 이용해 라이브 방송을 하는 크리에이터로 유튜브에서도 많은 활동을 하며 팔로워들과 소통하고 있다. 하리는 상황에 따라 다양한 아바타 가상패션을 창작하는데, 템플릿으로 자신이 직접 디자인한 가상패션 아이템을 판매하며 자신의 패션스타일을 팔로워와 공유한다. 하리는 렌지와 클라우드처럼 많은 패션 아이템을 제작하고 판매하지는 않지만 정장 스타일을 다자인하며 자신만의 뚜렷한 스타일을 보여준다.

그림4-3 한국의 전통 문화를 체험해보는 시대극 설정 콘텐츠
출처: 제페토 크리에이터 하리

그림4-4 딩고뮤직의 킬링보이스를 재해석한 패러디 콘텐츠
출처: 제페토 크리에이터 하리

제페토에서 아이템 만들기

제페토는 사용자가 맵을 만들 수 있는 '빌드잇'과 아바타 의상 및 아이템을 제작할 수 있는 '스튜디오'를 제공한다. 제페토 의상 및 아이템은 3가지 방법으로 만들 수 있다. 제페토 스튜디오에서 제공하는 2D 템플릿을 활용하거나, 3D 모델링 프로그램을 활용하여 패션 아이템을 제작하거나, 이미 만들어진 3D 모델링을 활용하여 만들 수 있다. 제페토 스튜디오의 판매 승인이 나면 사용자들과 사고 팔 수 있다. 판매되는 아이템의 평균 가격은 3~6젬으로, 1젬이 86원인 점을 고려하면 패션 아이템 하나당 200~500원인 셈이다.

(1) 템플릿

가장 간단한 방법은 제페토 스튜디오에서 제공하는 템플릿을 다운받아 사용하는 것이다. 템플릿을 이용해서 평면(2D)에 색칠을 하거나 무늬나 질감을 수정해서 입체(3D)로 구현할 수 있다. 하지만 템플릿은 제페토에서 올려주는 것만 사용할 수 있고 종류가 제한적이다. 심사 제출은 동시에 최대 3개까지만 가능하다.

그림4-5 템플릿 에이터
출처: 제페토 스튜디오

(2) 3D 모델링

3D 모델링이나 리깅(rigging) 등의 3D 작업을 통해서도 아이템을 만들 수 있다. 3D 모델링은 다양한 디자인 제작이 가능하고 템플릿에 없는 유니크한 아이템을 만들 수 있다. 블렌더(Blender), 유니티(Unity), 마야(Maya) 등과 같은 3D 모델링 프로그램을 활용하여 아바타가 입을 수 있는 새로운 형태의 패션 아이템을 제작한다. 3D 모델링으로 만든 아이템은 개수 제한없이 제출이 가능하다.

그림4-6 3D 모델링

출처: 렌지

(3) 유니티(Unity)엔진 활용

마지막은 다른 3D 모델러가 만든 아이템을 활용하여 무늬나 질감을 수정하는 방법이다. 템플릿을 이용하여 아이템을 만드는 방식과 비슷해 보이지만 템플릿에는 없는 아이템을 만들 수 있다는 점이 다르다. 게임 엔진인 유니티(Unity)를 컴퓨터에 설치하고 3D 모델러가 만든 아이템 파일과 파일을 등록한다. 그 다음 원하는 소재의 질감이나 이펙트값 등을 추가하면 새로운 아이템을 만들 수 있다.

그림4-7 3D 모델링
출처: 제페토 크리에이터 소담쌤

2
제페토 스튜디오 시작하기

제페토에서는 제페토 스튜디오를 이용해서 직접 아이템을 만들어 판매할 수 있는데, 스마트폰으로 접속해서 만드는 방법과 PC로 접속해서 만드는 방법이 있다.

스마트폰으로 아이템 만들기

(1) 스마트폰으로 제페토 스튜디오 시작하기

스마트폰으로 아이템을 만들 때는 '앱'을 사용해서 만든다. 제페토 앱을 실행하고, 화면 오른쪽 하단에 있는 프로필을 선택한다. 화면 오른쪽 상단에 톱니바퀴 모양의 아이콘을 눌러서 설정창에 들어간다.

주황색 아이콘 '크리에이터 되기' 메뉴 선택 후 아이템을 등록하기 위해 프로필을 작성한다. 이름, 국가는 '대한민국', 계정 타입은 '개인 무료로 시작하기'를 선택하고 사업자의 경우 문의하기를 선택한다. 이전에 아이템 크리에이터로 등록했을 경우 이 단계는 생략된다.

인증코드를 받을 이메일과 전화번호를 입력하고 제페토 스튜디오 약관에 동의한 후 '다음'을 누른다. 본인 명의의 전화번호가 아니더라도 인증코드를 받을 수 있는 전화번호를 입력하면 된다.

그림4-8 프로필 선택

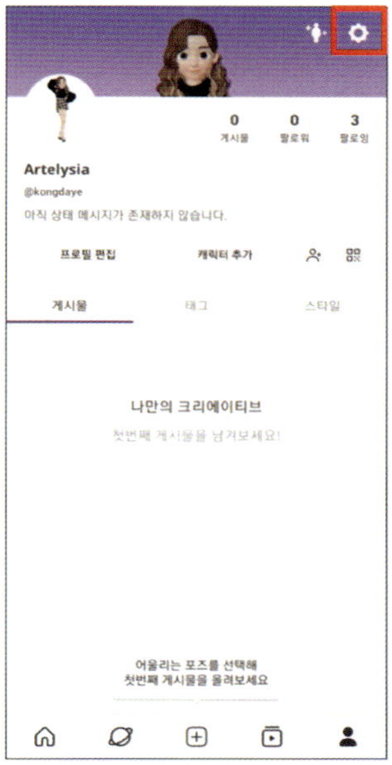

그림4-9 설정 모양 선택

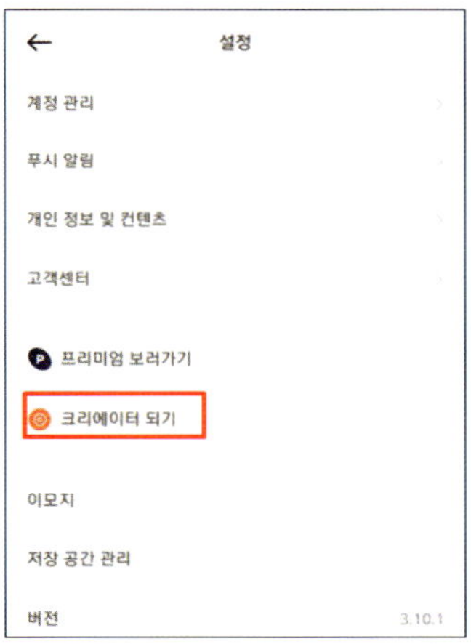

그림4-10 프로필 작성

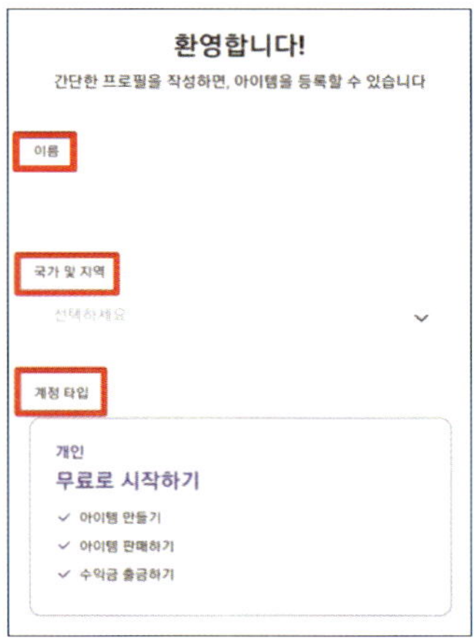

그림4-11 크리에이터 되기

인증코드가 문자로 전송되면 4자리 코드번호를 입력한다. '확인'을 누르면 아이템을 만들 수 있는 템플릿이 화면에 나타나고 제페토 스튜디오를 사용을 할 수 있다. 템플릿은 평면에 색칠이나 질감 등의 디자인을 해서 입체적인 아이템을 표현하기 위한 도면이라고 생각하면 된다. 여기서는 여러 템플릿 아이템 중에서 마스크를 선택해 보았다.

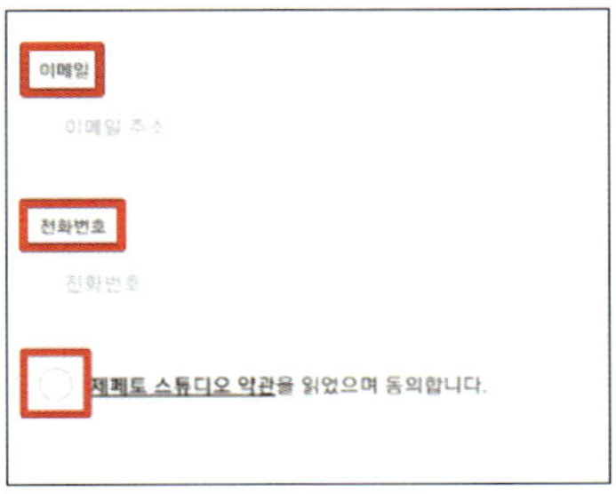

그림4-12 이메일과 전화번호 입력

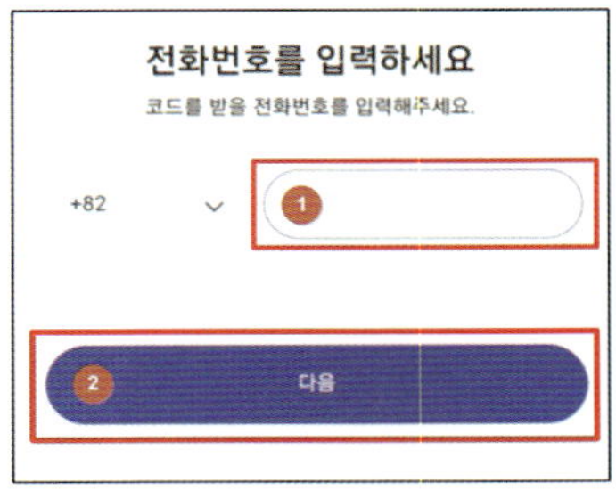

그림4-13 인증코드를 받을 전화번호 입력

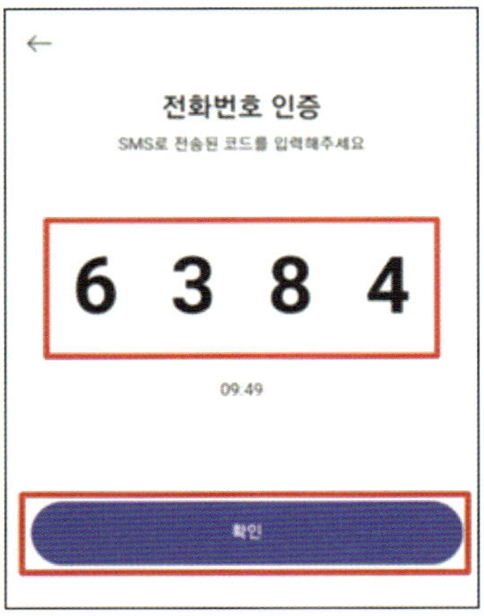

그림4-14 코드번호 4자리 입력

그림4-15 마스크 아이템 선택

(2) 이미지 편집 '이비스페인트 X'로 아이템 디자인하기

아이템을 디자인하기 위해서 사용할 앱은 '이비스페인트 X'이다. '이비스페인트 X'는 아이템을 색칠할 때 주로 사용하는 드로잉 어플이다. 앱 스토어나 구글 플레이 스토어에서 '이비스페인트'를 검색하면 유료버전과 무료버전이 있는데, '이비스페인트 X'가 무료버전이다. 유료버전은 광고가 안 나오고 추가 브러시를 사용할 수 있다.

'이비스페인트 X' 앱은 모바일 전용 그래픽 툴이다. 앱을 열면 '이비스페인트 X'의 설명이 나오는데, 화면 오른쪽 위의 '완료'를 누르고 앱의 첫 화면에서 나의 갤러리를 누른다.

그림4-16 '이비스페인트 X' 앱 검색

그림4-17 '이비스페인트 X' 앱 설치

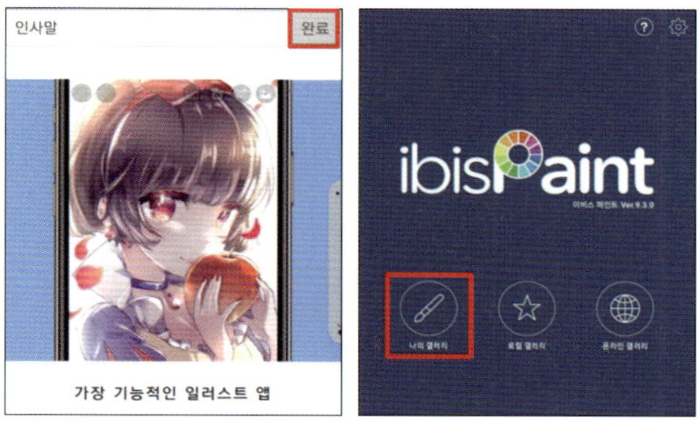

그림4-18 '이비스페인트 X' 앱 설치 완료

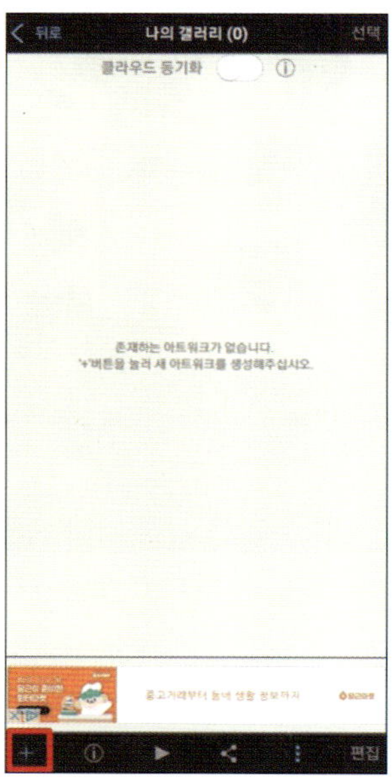

그림4-19 새 캔버스 생성

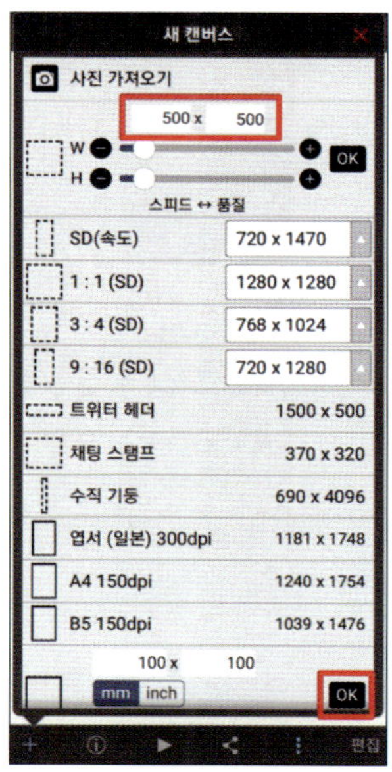

그림4-20 캔버스 크기 지정

처음에는 아무것도 없이 비어있는 갤러리 화면이 나타나는데, 화면 왼쪽 아래 + 모양 버튼을 누르면 그림을 그릴 수 있는 새 캔버스가 만들어진다. 제페토 아이템을 등록하기 위해서 최소 256×256(픽셀), 최대 512×512(픽셀)로 선택하고 OK를 누른다.

빈 화면이 나타나면 오른쪽 상단에 ①사진을 눌러서 여러 가지 템플릿을 확인하고 ②패턴을 선택한다. '이비스페인트 X'는 아이템을 넣을 여러 종류의 템플릿을 기본으로 제공하고 있으며, '이비스페인트 X'에 있는 이미지와 폰트는 저작권에 문제가 없다. 가장 안전한 방법은 직접 그려서 사용하는 것이지만, 그리는 것이 어려울 경우에는 색상 등을 변형해서 사용하는 것이 좋다. 많은 사람들이 사용하는 이미지일 경우 중복사용으로 심사 거부가 될 수 있으니 주의해서 사용해야 한다. 선택한 패턴은 ③과 같이 엄지와 검지를 그림처럼 오므리고 벌리면서 패턴의 크기를 확대·축소하면서 조절할 수 있다. 알맞은 크기가 정해졌으면 ④오른쪽 하단 '√'를 누른다.

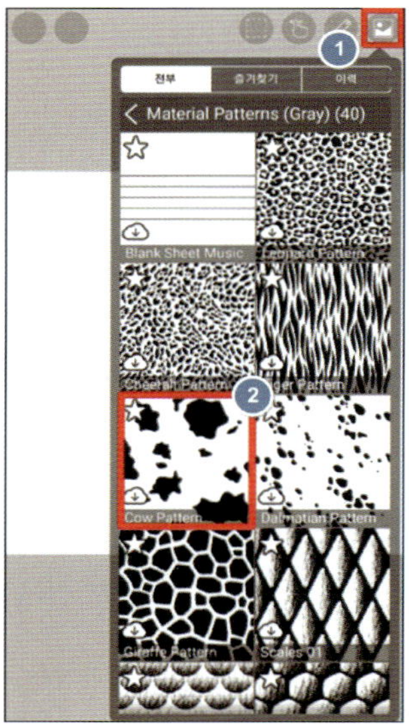

그림4-21 패턴 선택

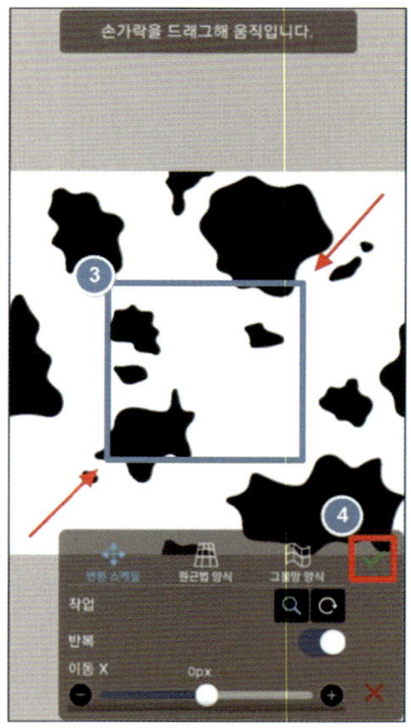

그림4-22 패턴 크기 조절

현재 이 패턴 이미지는 마스크 템플릿 전체를 덮고 있어서 마스크가 보이지 않는다. 패턴 크기 설정이 끝났다면 ①화면 하단 오른쪽에 '화살표(←)' 아이콘을 눌러서 ②PNG로 저장하기를 눌러준다. 이때 사진을 이용할 수 있도록 '기기의 사진 및 미디어에 액세스하도록 허용하시겠습니까?'라는 팝업 창이 뜨면 ③'허용'을 누르는데, 최초 한 번만 하면 된다. 이렇게 사진첩에 이미지가 저장되었다.

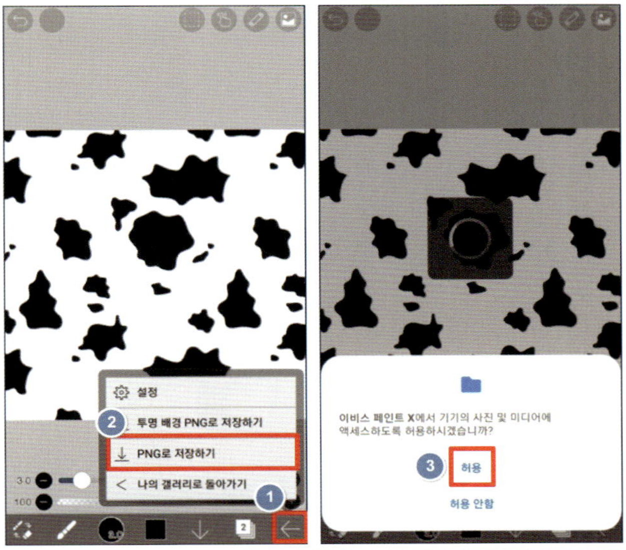

그림4-23 그림파일 저장

'이비스페인트 X' 앱에서 나와 제페토 앱을 열어준다. ①편집-②업로드하기-③이미지 순서대로 눌러준다.

방금 전에 저장한 이미지를 선택하고 '다음'을 눌러서 이미지를 업로드하면 아바타가 마스크를 쓴 모습을 확인할 수 있다. 이미지 패턴 크기 조절이 필요할 경우, '이비스페인트 X' 앱으로 돌아가서 수정·저장하고 다시 업로드를 반복하면서 확인한다. 확인이 끝나면 상단 '다음' 버튼을 누른다.

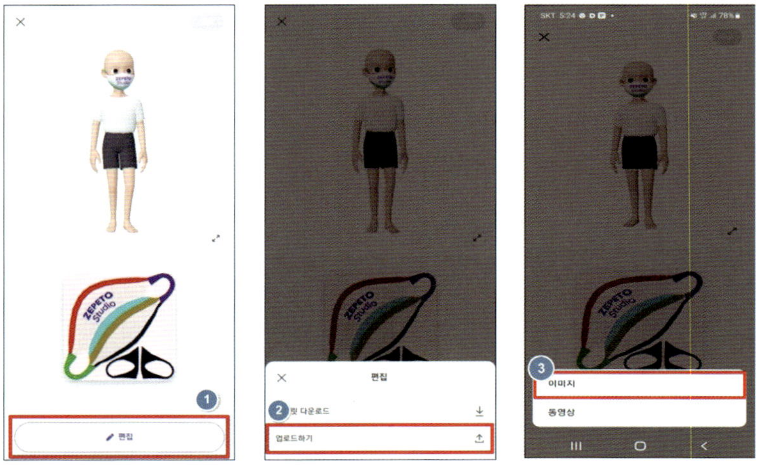

그림4-24 이미지 업로드

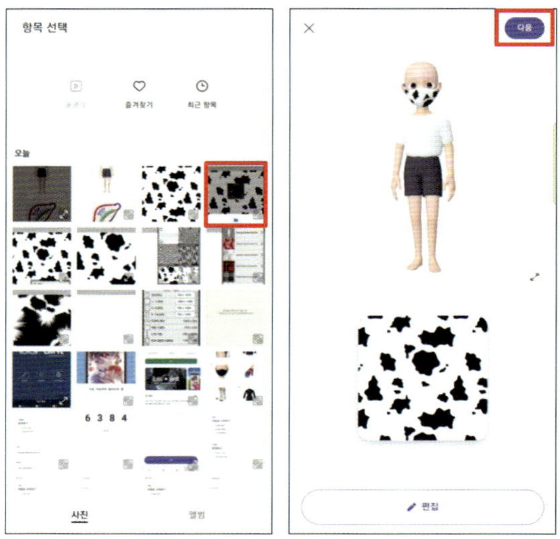

그림4-25 이미지 선택

(3) 내가 만든 아이템 등록하기

아이템을 판매하기 위해 등록을 해야 한다. 아이템 ①이름은 최대 100자까지 가능하다. 제페토는 전 세계인들이 사용하는 플랫폼이기 때문에 한글과 영어를 함께 사용하도록 한다. ②태그는 최대 5개까지 입력할 수 있다. 다음은 ③가격을 입력한다. 제페토에서 사용하는 단위는 '젬(ZEM)'으로 1젬이 약 85.7원이다. 아이템에 따라서 최저 금액은 달라질 수 있고 평균 1젬에서 50젬까지 설정이 가능하다. 마스크의 최저 금액은 3젬이다.

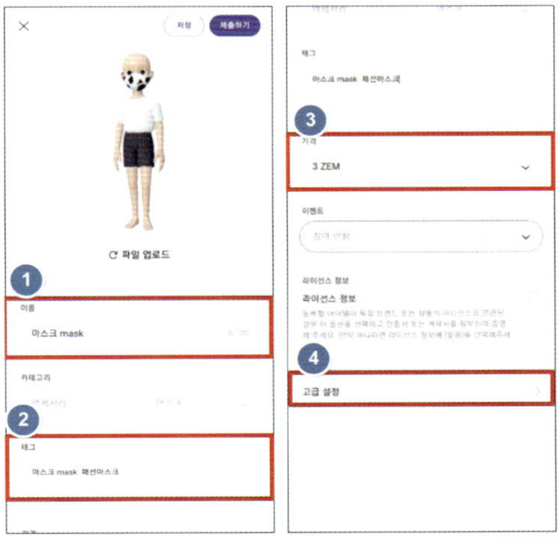

그림4-26 아이템 판매 정보 입력

④고급 설정에서 '일정'은 ⑤'승인되면 바로' 배포를 선택하고 전 세계에 판매하기 위해 '위치'는 ⑥'모든 국가'를 선택하고 ⑦'저장'을 누른다.

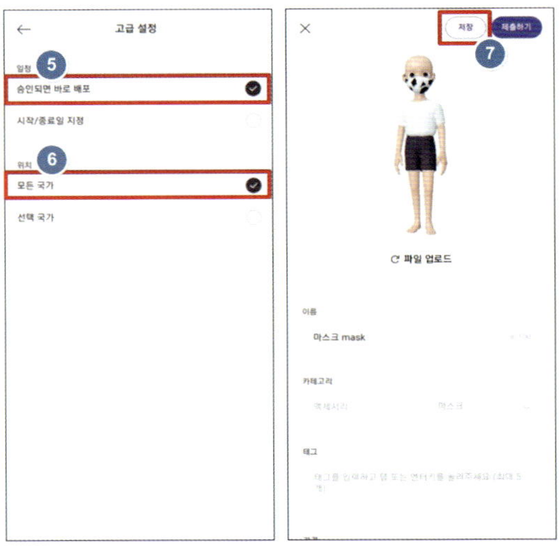

그림4-27 아이템 고급 설정 정보 입력

아이템이 제대로 만들어졌는지 확인한다. ❶내 아이템 버튼을 누르면 저장한 이미지들을 모두 볼 수 있다. 확인하려고 하는 이미지의 ❷오른쪽 점 3개 아이콘을 눌러 ❸휴대폰에서 미리보기를 선택하고, 제패토 홈 화면 오른쪽 상단의 ❹종 모양의 알림 창을 누른다. ❺'아이템을 미리 보기 하시려면 여기를 누르세요'라는 안내문을 누른다.

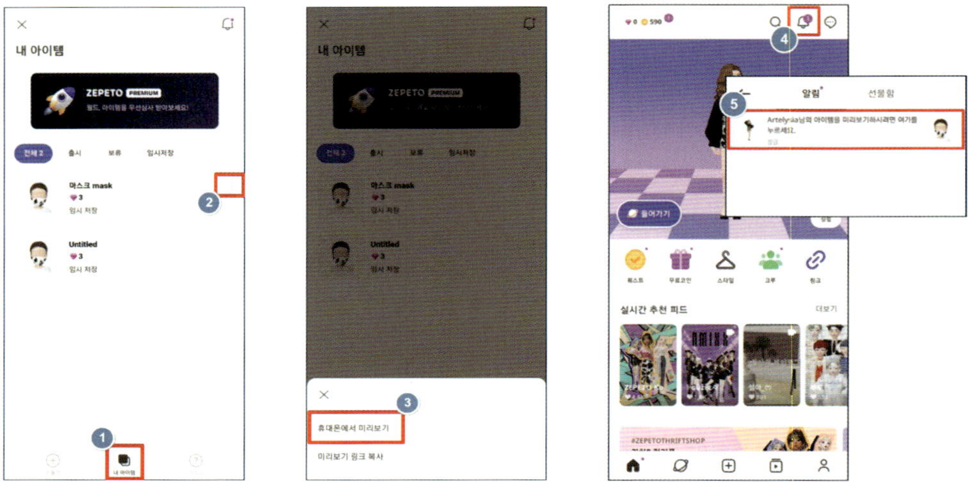

그림4-28 아이템 미리보기 설정

안내문을 누르면 내가 만든 아이템인 마스크를 쓴 모습을 볼 수 있다. 화면 하단의 제스처 변경 기능을 살펴보면서 여러 가지 포즈도 확인해 보고 좌우로 돌리면서 360° 모습도 확인한다. 심사에서는 앞뒤 모두 확인하므로 이상이 있는지 확인하는 습관이 필요하다.

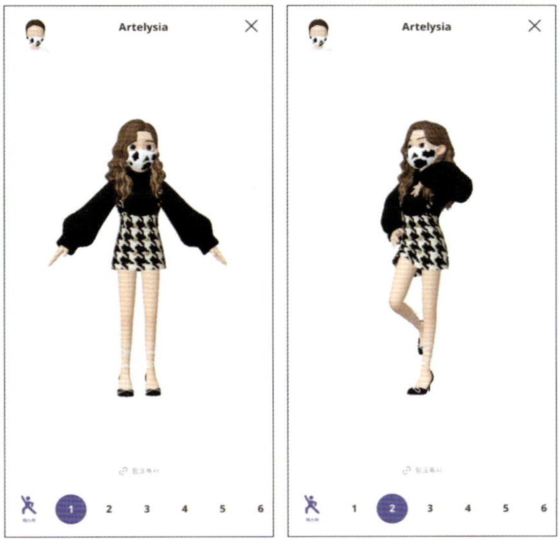

그림4-29 아이템 360˚ 확인

미리보기에서 확인을 마쳤으면 제출 신청을 한다. ①내 아이템을 누르고 ②아이템 이름(마스크 mask)을 선택한다. 화면 오른쪽 상단에 ③제출하기를 누른다. 제출하기가 끝나면 그림처럼 ④'임시 저장' 되었던 아이템이 '제출됨'으로 바뀌었다. 이제 심사 결과만 기다리면 된다. 참고로 심사일은 최대 2주 소요된다.

그림4-30 아이템 제출

템플릿으로 제페토 아이템 만들기

(1) PC로 제페토 스튜디오 시작하기

제페토 스튜디오 클라우드 서비스를 이용해서 PC에서도 아이템을 만들 수 있다. 만드는 순서는 휴대폰과 비슷하다. 제페토 스튜디오는 크롬 브라우저에서 열어야 오류 없이 작업할 수 있고, 이미지 편집은 PC에서 가능하다.

크롬 브라우저에서 ①'제페토 스튜디오'를 검색하고 ②시작하기 버튼을 누른다. 휴대폰으로 계정을 입력하고, 로그인 할 때 QR 코드로 인증을 받기로 한다.

그림4-31 제페토 스튜디오

휴대폰의 제페토 앱을 열어 화면 오른쪽 하단에 있는 ①프로필을 선택한 후 화면 오른쪽 중간에 ②QR 버튼을 누르고 ③스캔하기를 누른다.

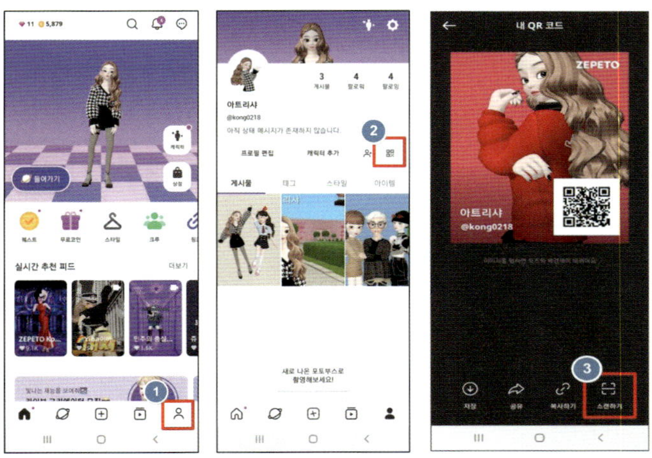

그림4-32 계정 인증

카메라로 PC 화면을 ①스캔하고, 휴대폰에서 ②로그인 버튼을 누르면 PC에서 로그인이 된다.

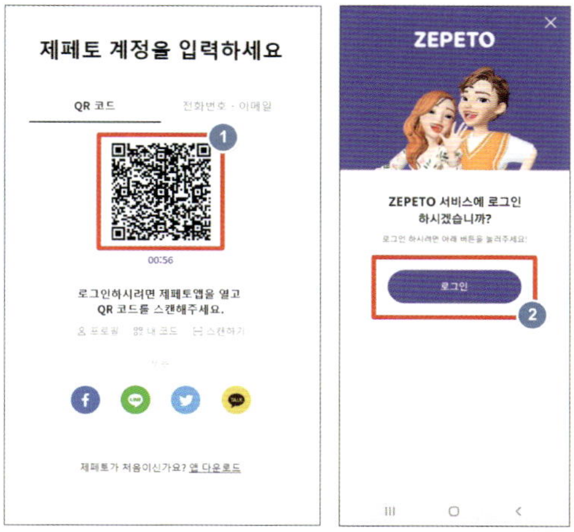

그림4-33 계정 로그인

우선 상단 왼쪽 ①만들기 버튼을 눌러 만들고 싶은 콘텐츠에서 ②아이템을 선택한다. 화면에 보이는 여러 템플릿 아이템 중에서 ③'미들넥 니트 원피스'를 선택하여 ④'템플릿 다운로드'를 눌러 파일을 저장하고 ⑤다운받은 파일의 압축을 풀어준다.

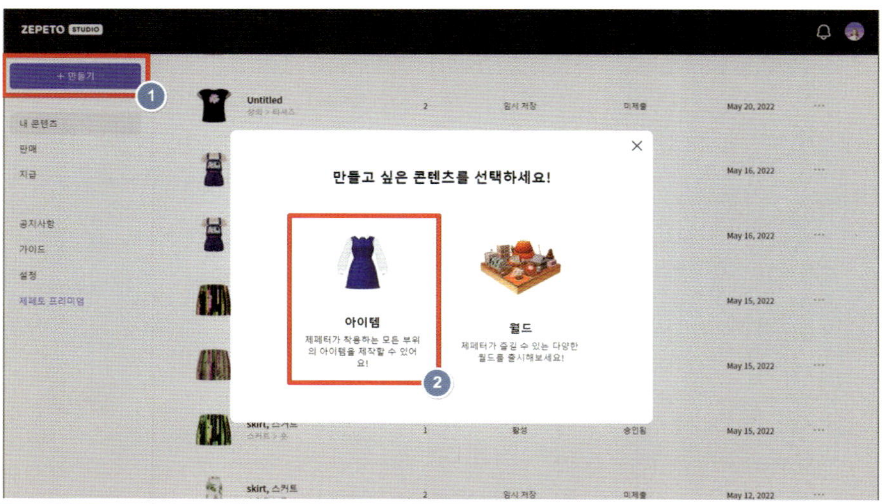

그림4-34 만들기 아이템 선택

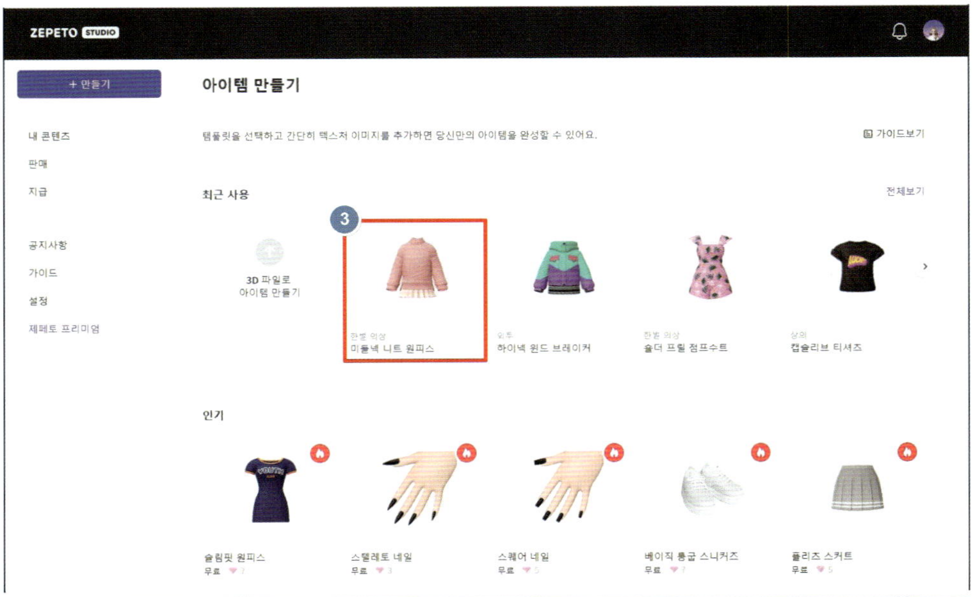

그림4-35 아이템 선택

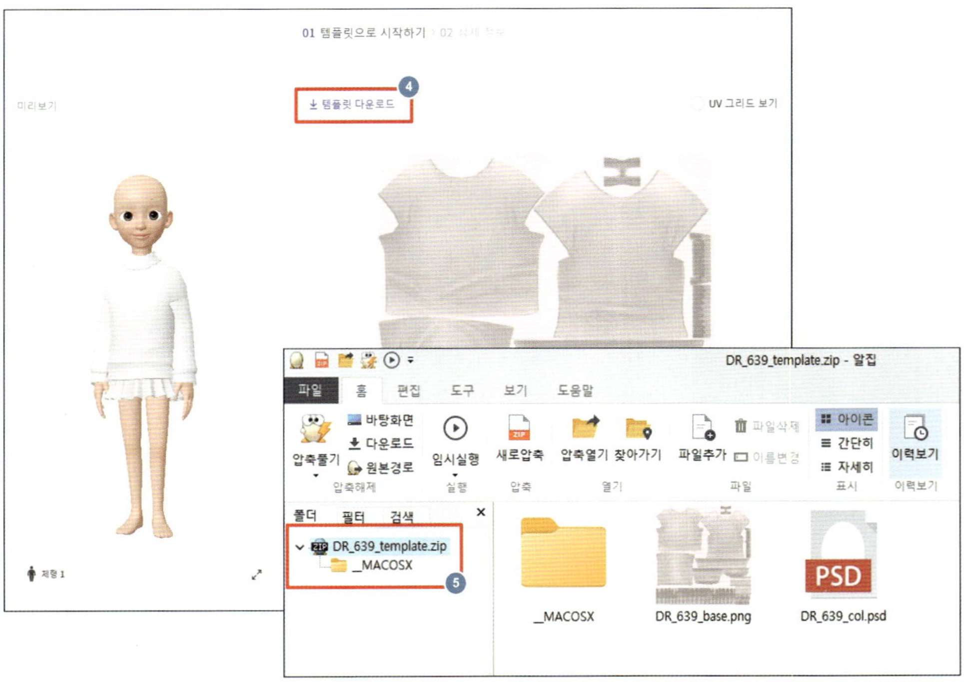

그림4-36 템플릿 파일 다운로드

(2) 포토피아로 아이템 디자인하기

PC로 이미지를 편집하기 위해서 다시 크롬 브라우저 검색창에서 ❶'포토피아'를 검색한다. '포토샵'은 유료 프로그램이기 때문에 온라인 포토샵이라고 불리는 '포토피아'를 사용한다. 포토피아 파일을 열고 상단 메뉴 ❷파일 〉 열기에서 ❸PSD 확장자를 가진 파일을 선택한다.

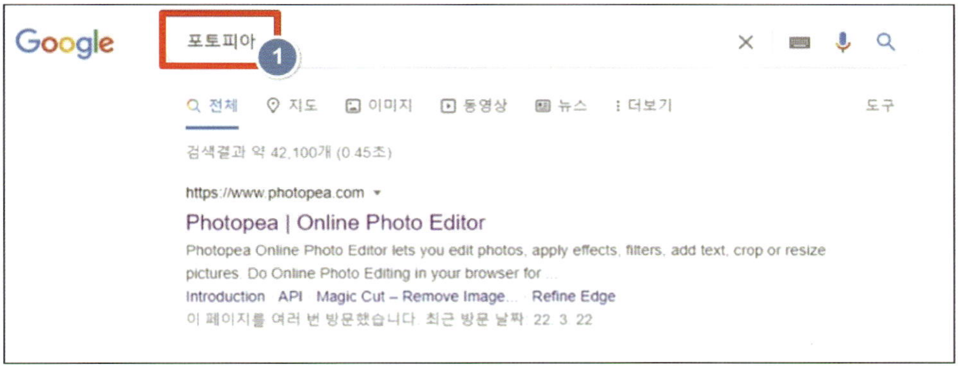

그림4-37 포토피아 검색

그림4-38 포토피아 열기

이미지를 성공적으로 불러온 것을 확인할 수 있다. 파일을 열면 ❶3개의 레이어가 있다. 'UV(자외선)레이어'는 와이어 프레임이라고도 하는데 그물망처럼 표현되어 있다. 네모 한 칸에 한 면을 나타내는데 면이 많을수록 섬세하다. 'OCC 레이어'는 노말 맵과 비슷한 방식으로 주름이나 옷의 질감, 재질 등을 표현해주며 음영이미지로 표현되어 있다. '베이스 컬러 레이어'는 옷의 기본적인 컬러를 말한다. 작업할 때는 이 중에서 음영이미지로 표현된 ②OCC 레이어만 켠다.

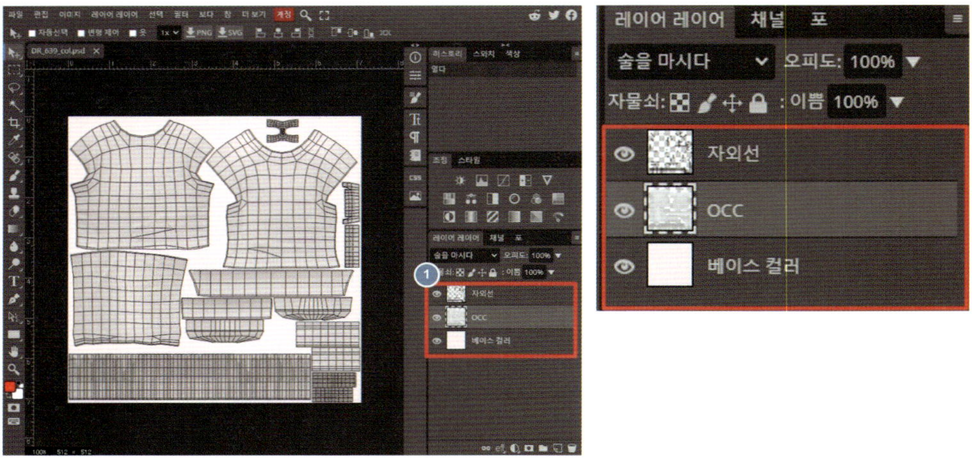

그림4-39 템플릿 열기

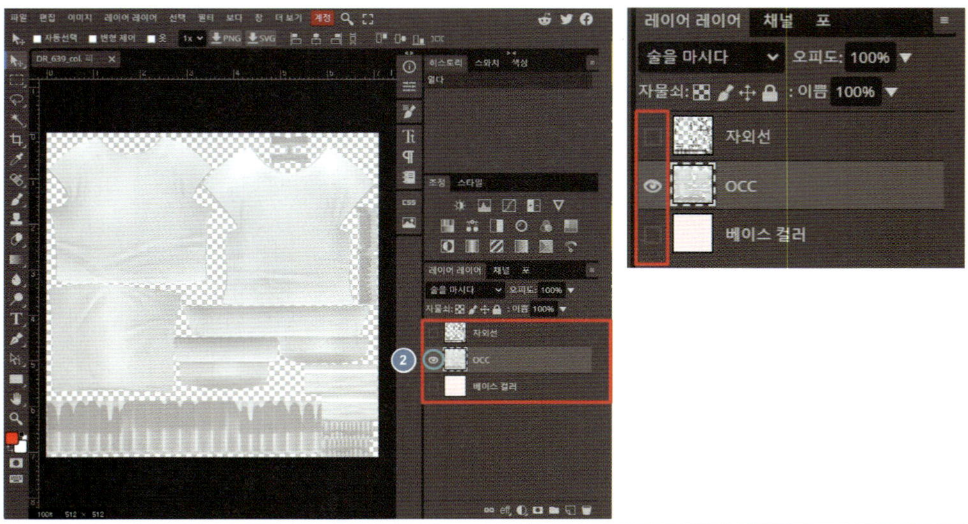

그림4-40 템플릿 레이어 구성

원단감이나 재질을 표현할 수 있는 작업을 하기 위해서 니트 원단 이미지를 활용할 것이다. 이미지를 찾기 위해 구글에서 '니트 패턴'으로 검색해서 저작권에 문제가 없는 사진을 선택한다. 여기서는 직접 편직(knitting)한 밀라노 편조직 시료를 활용하여 작업을 하기로 한다. 이왕이면 직접 그리거나 제작한 이미지를 이용해서 작업하길 권한다.

그림4-41 니트원단 검색

원피스 상의를 작업할 니트 원단 이미지를 불러오기 위해서 상단 메뉴 바에서 ①파일을 선택하고 ②열기를 해서 저장한 ③이미지를 불러온다.

그림4-42 이미지 열기

이미지가 크기 때문에 사용할 이미지의 일부만 선택하기 위해 왼쪽 도구상자에서 ❶사각 선택툴을 선택하고 원하는 영역만큼 ❷클릭+드래그한 후 ❸Ctrl+C를 해서 복사한다.

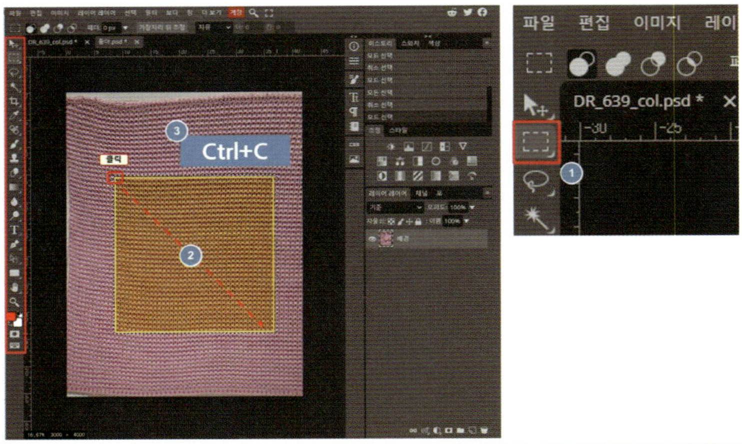

그림4-43 선택영역 복사

❶템플릿 창으로 돌아가서 ❷Ctrl+V하여 붙여넣기를 하면 이미지가 복사되면서 ❸새 레이어가 만들어진다.

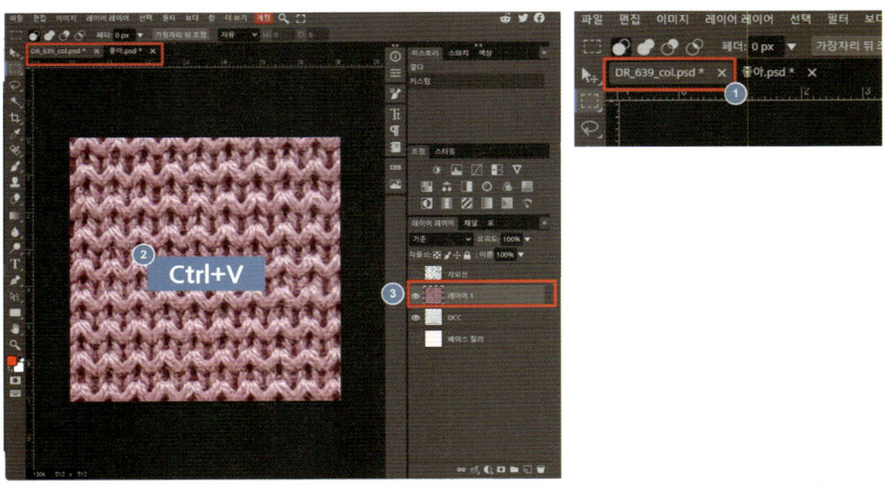

그림4-44 선택영역 붙여넣기

복사된 이미지가 너무 크기 때문에 템플릿 이미지에 맞도록 줄여준다. 우선 도구 상자의 ①돋보기를 선택 후 ②축소 돋보기 도구로 ③창을 클릭해서 화면창의 크기를 줄여준다.

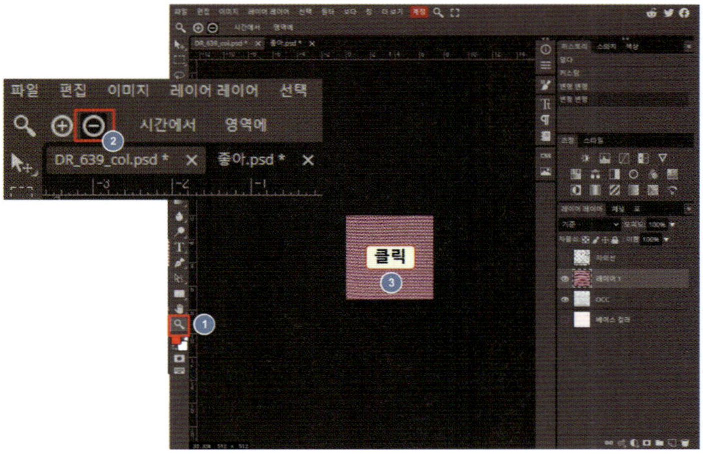

그림4-45 화면 창 크기 조절

①Ctrl+Alt+T를 하면 이미지를 선택할 수 있는데 크기를 조절할 수 있는 바운딩 박스가 생긴다. 모서리 조절점으로 사이즈를 줄여서 창에 맞춘다. 이때 ②일정한 사이즈로 줄이기 위해서 Shift키를 누르면서 줄인 후 Enter키를 누른다.

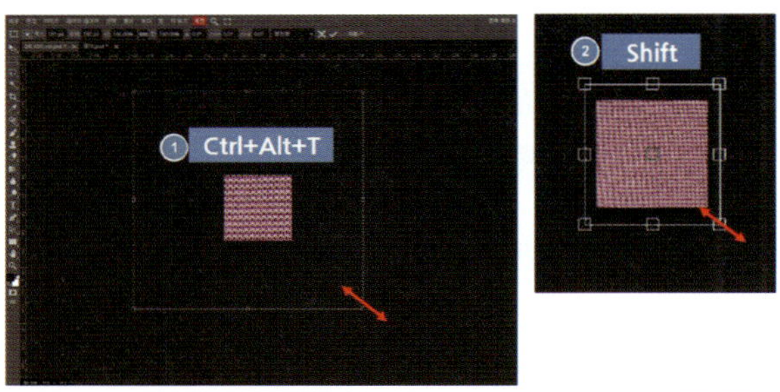

그림4-46 이미지 크기 조절

여기까지 한 후 이 상태에서 상단 메뉴바 ①파일 〉 내보내기 형식 〉 PNG 파일로 지정하고 이때 ②파일 크기는 최소 256px에서 최대 512px로 입력하고 ③저장한다.

④업로드하기를 통해 저장한 이미지를 제페토 스튜디오에서 니트 패턴이 입혀진 현재 상태를 확인해 본다.

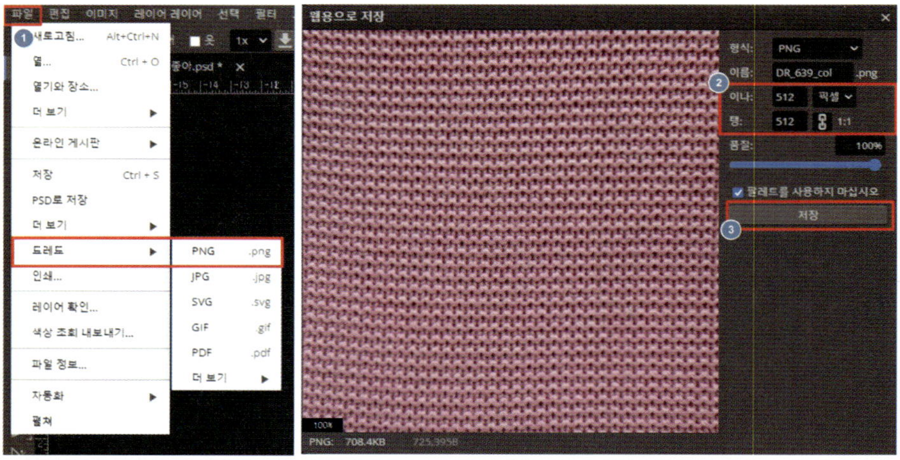

그림4-47 이미지 저장

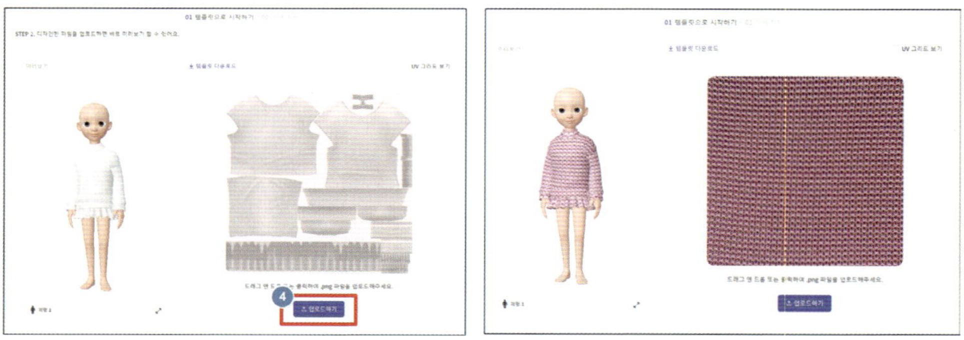

그림4-48 템플릿에 이미지 적용

다시 '포토피아'로 돌아온다. 이번에는 네크라인과 소매단의 색상을 다르게 해보기 위해서 필요한 영역을 선택해서 색상을 바꿔본다. 먼저 니트 원단 이미지의 레이어가 템플릿 OCC 레이어 위에 있기 때문에 ①니트 원단 이미지 레이어 눈을 꺼둔다. 왼쪽 도구상자에서 ②'사각형 선택 윤곽 도구'를 선택하여 상단에 선택하는 영역을 합해주는 ③'선택 영역의 추가'를 선택하고 소매와 네크라인 영역을 드레그하여 지정해준다.

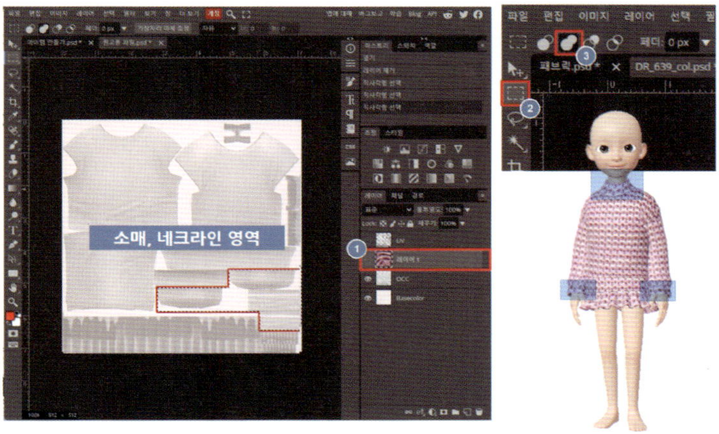

그림4-49 색상변경 영역 선택

①니트 원단 이미지 레이어를 선택한 상태에서 레이어 눈을 켠 후 ②Ctrl+J를 하면 선택한 영역만큼 ③새로운 레이어가 생긴다. 이 새로운 레이어가 색상을 바꿀 소매와 네크라인 영역이다.

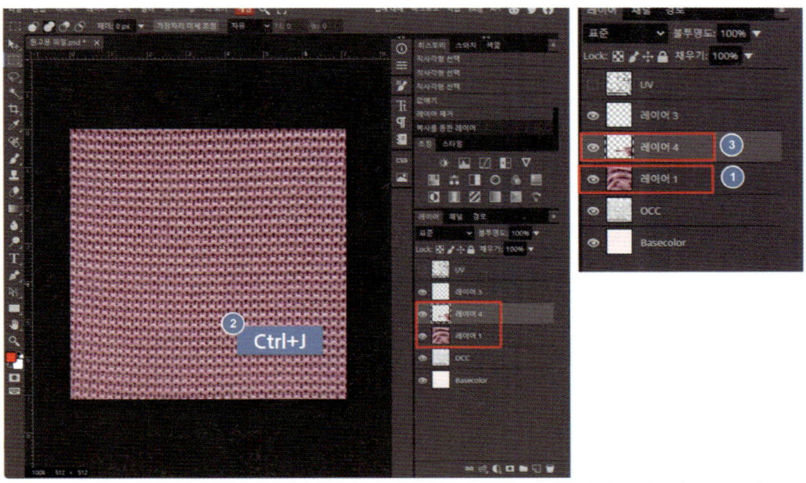

그림4-50 소매와 네크라인 레이어 분리

상의의 색상보다 조금 진한 색으로 바꿔주기 위해서 상단 메뉴의 이미지 〉 조정에서 이미지의 색상, 명도, 채도를 보정할 수 있다. 색조/채도 및 곡선, 레벨값을 조절 바를 통해서 조절해 주면서 원하는 색상으로 바꾼다.

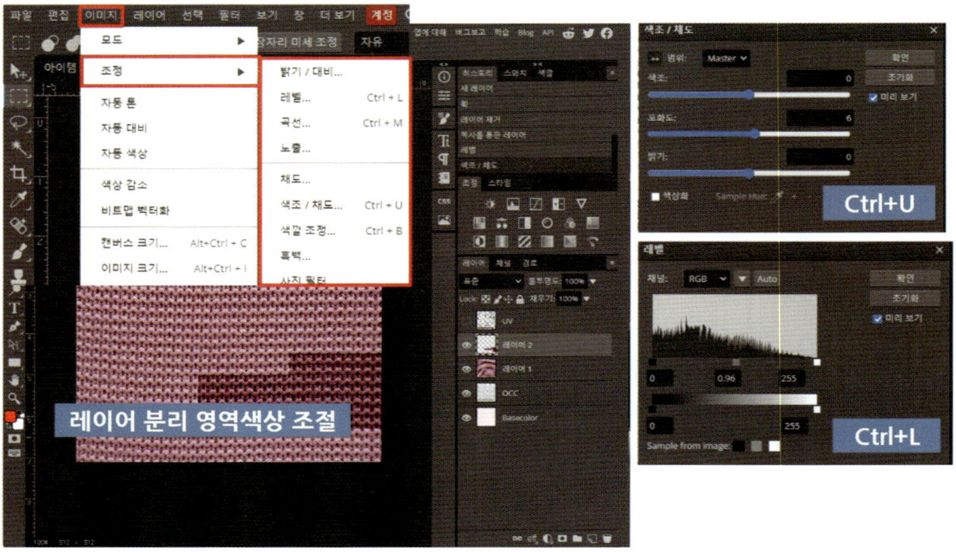

그림4-51 소매와 네크라인 레이어 색상 조절

색상을 바꾼 후 이미지를 저장하고 '업로드하기'를 하면 제페토 스튜디오에서 네크라인과 소매부분의 색상이 바뀐 것을 확인할 수 있다. 제페토 스튜디오에서 보이는 색상은 실제 작업한 색상보다 밝게 보이기 때문에 이 부분을 고려해서 작업한다. 원하는 색상을 표현하기 위해서는 많은 작업이 필요하다.

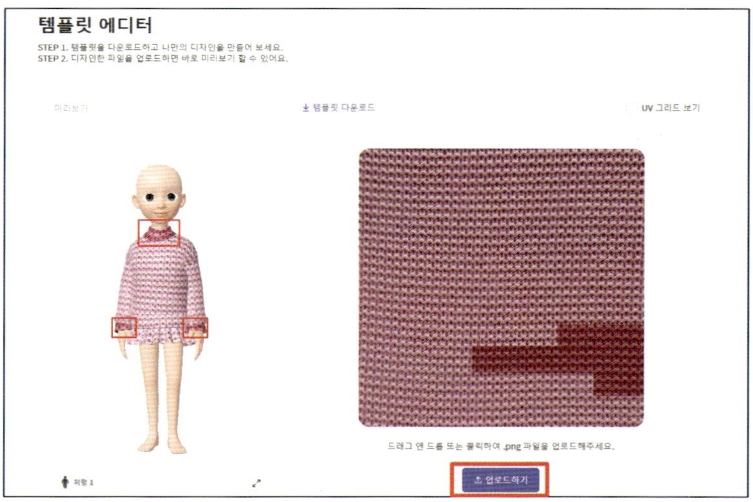

그림4-52 소매와 네크라인 색상 확인

다음은 스커트 부분을 만들기 위해 상단 메뉴의 파일 〉 열기를 통해 니트 소재와 다른 텍스처의 원단 이미지를 불러온다. 원하는 질감을 나타내기 위해 여러 이미지를 적용해보자.

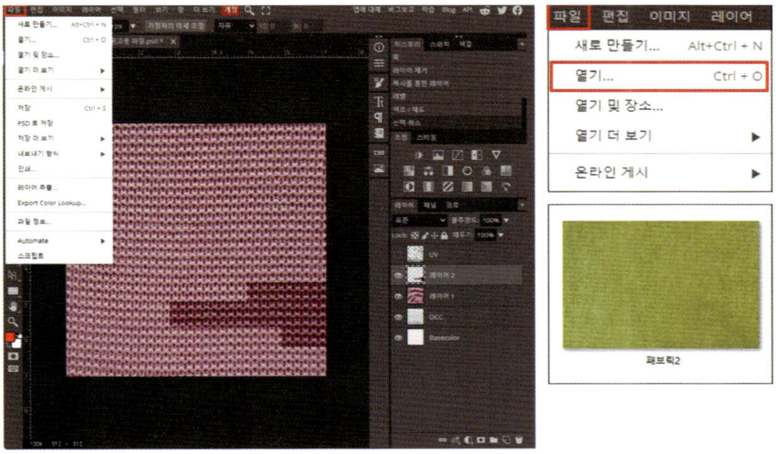

그림4-53 스커트 이미지 불러오기

이미지를 불러오면 상단에 새로운 탭이 열린다. 이번에는 Ctrl+A로 전체 선택을 하면 선택 영역으로 바뀌고 Ctrl+C를 해서 선택한 영역 전체를 복사한다.

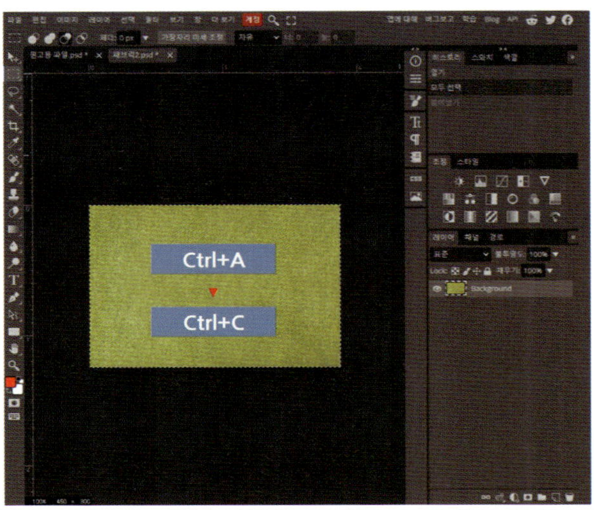

그림4-54 스커트 이미지 전체 선택

❶원피스 상의 템플릿 창으로 돌아와서 ❷Ctrl+V하여 붙여넣기를 하면 ❸스커트 부분을 만들기 위한 텍스처의 원단 이미지 레이어가 만들어진다.

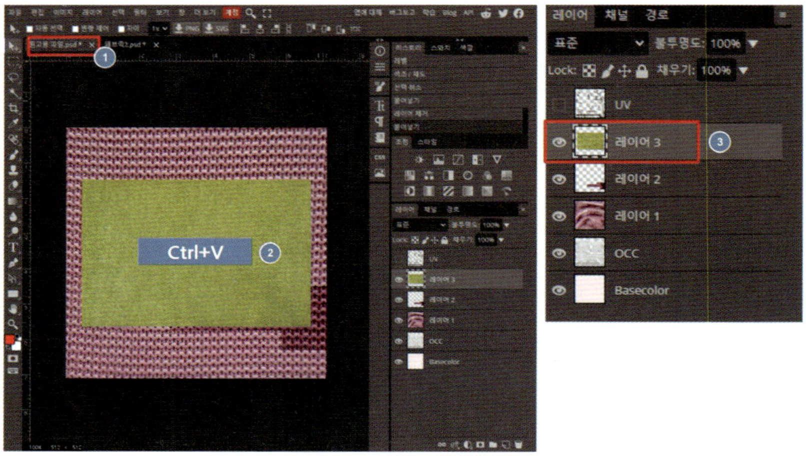

그림4-55 스커트 이미지 붙여넣기

스커트 부분 이미지가 들어갈 영역을 만들기 위해서 ❶네크라인과 소매, 원피스 상의 레이어 눈은 꺼둔다. 스커트 이미지 아래에 있는 OCC 레이어가 보이도록 ❷투명도(32%)를 조절한다.

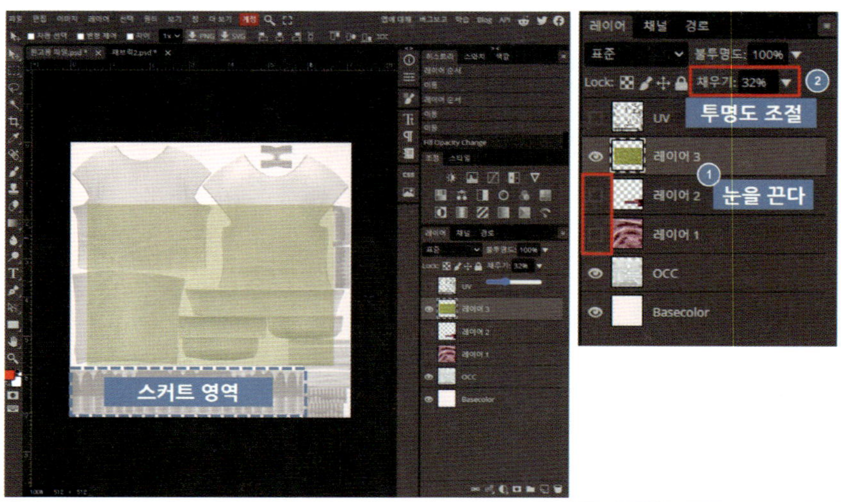

그림4-56 스커트 영역 확인

'스커트 이미지 레이어'를 선택한 상태에서 왼쪽 도구상자의 ①이동 도구를 선택하고 ②스커트 이미지를 이동한 후, ③불투명도를 100%로 설정하여 원래 이미지 색상으로 바꾼 후에 레이어 눈을 모두 켜서 영역을 확인한다.

그림4-57 스커트 영역 이미지 이동

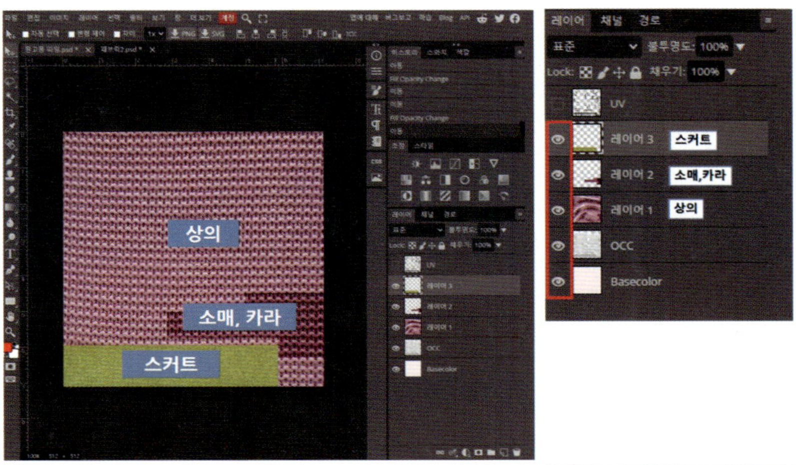

그림4-58 이미지 영역 확인

이번에는 스커트를 상의 니트 이미지 색상과 어울릴 수 있는 색상으로 조절해보기로 하자. '스커트 레이어'를 선택해서 상단 메뉴에서 이미지 〉 조정 〉 색조/채도, 곡선, 레벨값을 조절하여 원하는 색상으로 바꾼다.

상단 메뉴바 ①파일 〉 내보내기 형식 〉 PNG 파일로 지정하고 이때 ②파일 크기는 최소 256px에서 최대 512px로 입력하고 저장한다.

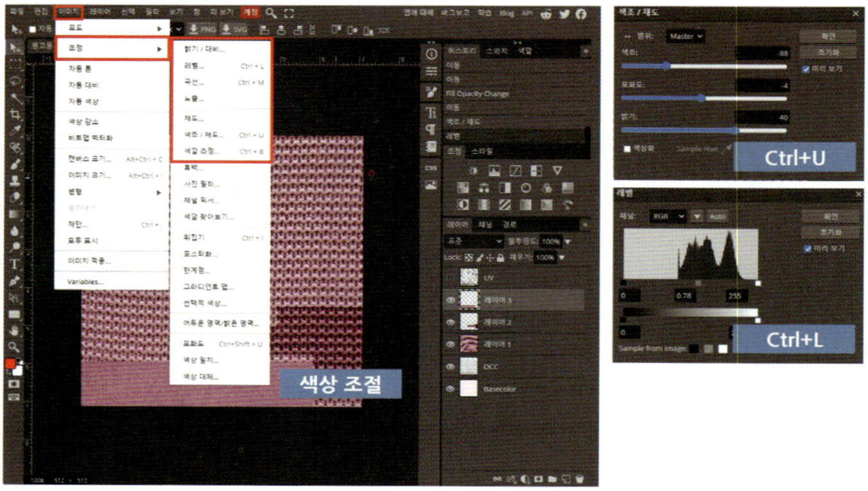

그림4-59 스커트 영역 이미지 색상 조절

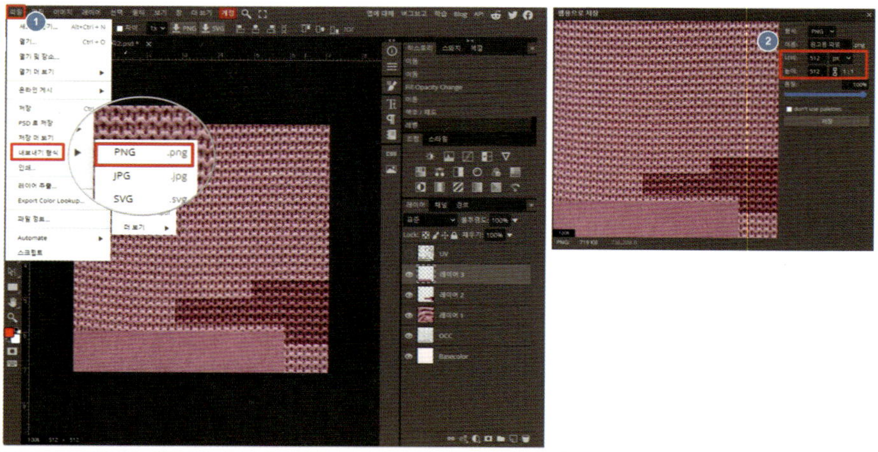

그림4-60 이미지 저장

제페토 스튜디오에서 ①업로드하기를 통해 이미지를 등록한다. 템플릿 에디터 왼쪽의 제페토 미리보기에서 아바타를 마우스로 이러저리 돌려보면서 제작한 니트 원피스 아이템이 입혀진 모습에 문제가 없는지 확인한다. 문제가 없다면 템플릿 에디터 툴바 오른쪽 상단의 ❷'확인' 버튼을 눌러서 아이템 상세 정보 입력화면으로 이동한다. 만약 색상이 마음에 들지 않으면 수정 후 다시 업로드한다.

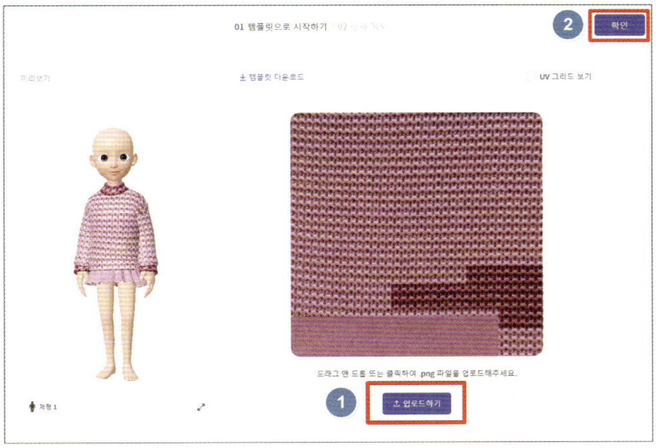

그림4-61 이미지 업로드

(3) 내가 만든 아이템 등록하기

아이템을 업로드하는 과정에서 제페토 앱을 통해서 아이템 미리보기를 할 수 있다. ❶휴대폰에서 미리보기 버튼을 누른다. 제페토 스튜디오에서 로그인되어 있는 제페토 계정을 대상으로 제페토 앱의 푸시알림이 발송된다. 휴대폰에서 미리보기를 하려면

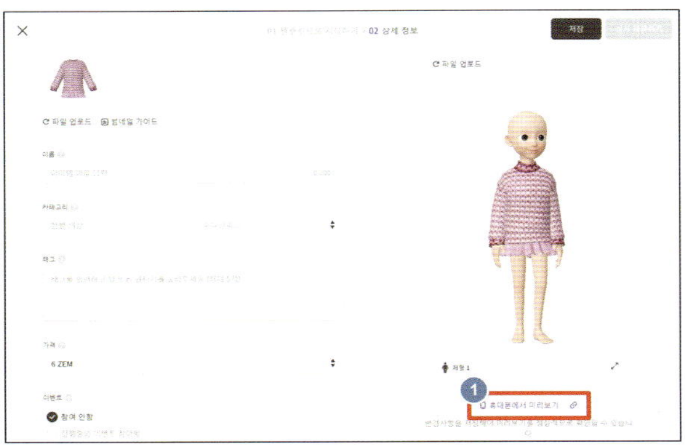

그림4-62 휴대폰에서 미리보기 설정

홈 화면 위의 ②종 모양의 알림 창을 선택한다. 맨 위의 ③'아이템을 미리보기 하시려면 여기를 누르세요'라는 안내문을 누른다.

그림4-63 아이템 미리보기

④하단의 모션 변경 기능을 통해 아이템에 다른 문제가 없는지 신중히 확인한다. 여러 가지 포즈도 확인해 보고 손으로 좌우로 돌리면 360° 모습을 볼 수 있다. 심사

그림4-64 아이템 360° 확인

에서는 앞뒤 모두 확인을 하므로 이상이 있는지 확인하는 습관이 필요하다. 같은 디자인이라 하더라도 아이템의 전체 색상을 변경하거나 문구를 넣어서 다채롭게 표현해 보자.

그림4-65 아이템 색상변경

미리보기에서 문제가 없다면 등록을 한다. 우선 아이템의 ①'이름'을 넣는데, 최대 100자까지 가능하다. 아래 ②'태그'도 입력한다. 최대 5개까지 가능하니 모두 쓰는 것이 좋다. 아이템이 적절한 사용자층에 도달하도록 업로드 과정에서 적절한 태그를 추

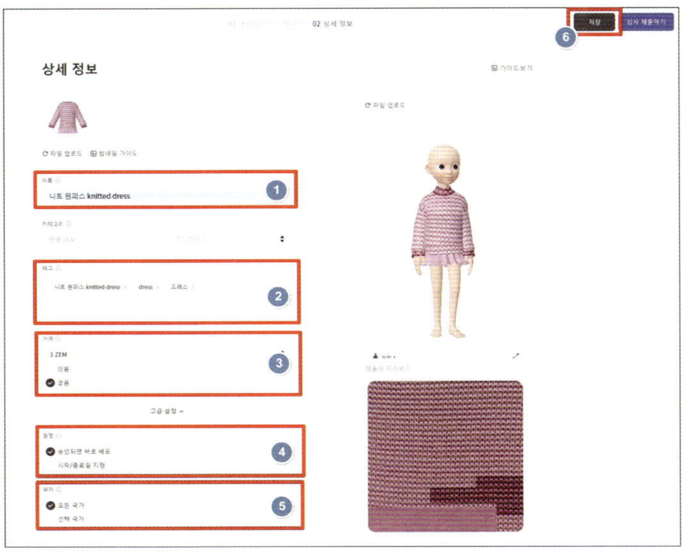

그림4-66 아이템 판매 정보 입력하기

가한다. 또한 제페토는 전 세계 사람들이 사용하기 때문에 영문도 함께 적어 둔다. 다음으로 ③'가격'을 정한다. 기본으로 젬 가격은 1젬(약 85.7원)에서 50젬으로 설정할 수 있으며, 어떤 아이템이냐에 따라 최저 금액은 달라질 수 있다. 고급 설정을 선택한 후, ④'승인되면 바로'를 선택하고 전 세계에 판매되도록 ⑤'모든 국가'를 선택하고 ⑥'저장'을 누르면 '임시 저장' 상태로 저장된다.

내 콘텐츠 아이템 메뉴에서는 제작한 아이템 모두를 확인할 수 있다. ①판매할 아이템을 선택하고 ②심사 제출하기를 누르면 심사 가이드라인 메시지 창이 뜬다. ③'심사 가이드라인을 확인하였습니다'에 체크를 하고 ④심사 제출하기 버튼을 누른다.

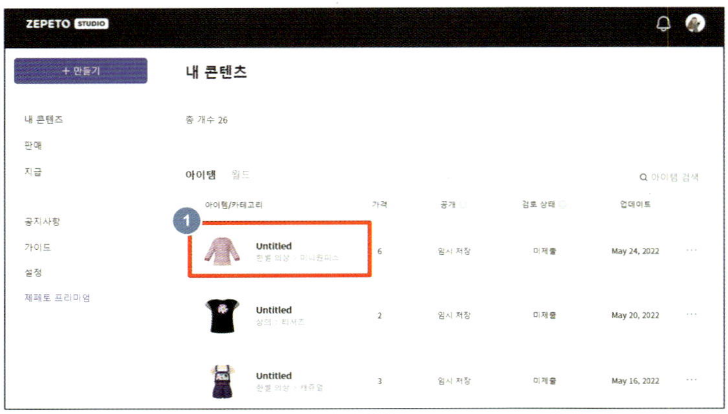

그림4-67 심사 제출할 아이템 선택

그림4-68 아이템 등록하기

'심사 제출하기' 전에 아이템 이미지의 색상이나 디자인 효과를 추가하고 수정해서 다시 업로드할 수도 있다. 심사에 제출할 아이템을 눌러서 ①파일 업로드를 누르고 수정한 이미지로 바꾸면 된다. 이는 아이템이 늘어나는 것이 아니라 수정한 이미지가 등록되는 것이며, 심사 완료되기 전 제출을 취소하고 싶으면 ②제출 취소하기를 하면 된다.

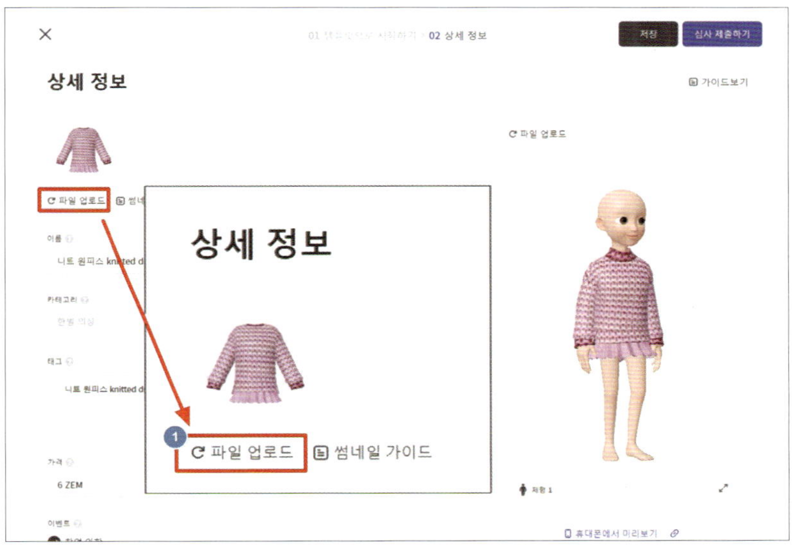

그림4-69 수정한 아이템 파일 업로드

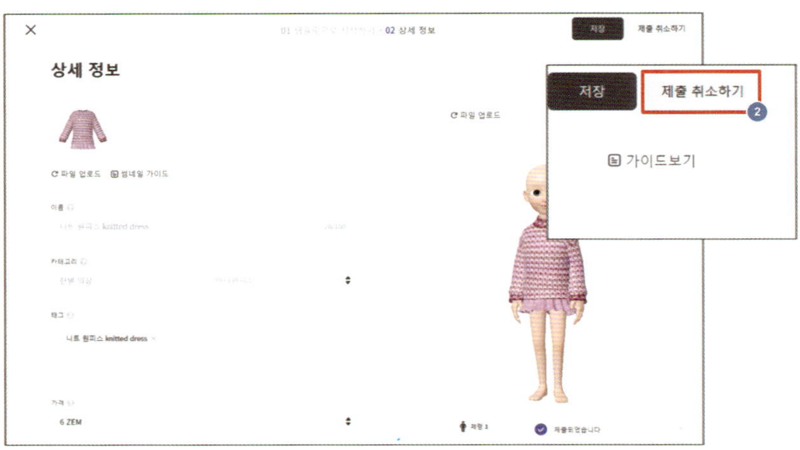

그림4-70 업로드 한 아이템 파일 취소

제출하기가 끝나면 그림처럼 '임시 저장' 되었던 아이템이 '제출됨'으로 바뀐다. 제출된 아이템은 제페토 스튜디오 심사 가이드라인에 따라 심사를 거치게 된다.

그림4-71 아이템 '미제출'에서 '제출'로 변경됨

3
아이템 관리하기

아이템 미리보기

제페토에서는 임시 저장된 이이템을 미리보기 할 수도 있다. 오른쪽 ①점 3개를 눌러서 ②휴대폰에서 미리보기를 하면 휴대폰 앱에서 푸시알림을 통해 볼 수 있고, ③미리보기 링크 복사를 통해 다른 사람에게 전달할 수도 있다.

그림4-72 아이템 미리보기

심사 제출 및 제출 수량

제출한 아이템은 심사 가이드라인에 의해서 심사에 통과되면 자동으로 제페토 앱에 노출되고 판매가 시작된다. 심사는 최대 2주 소요되고, 템플릿(2D) 아이템은 한 번에 최대 3개까지 제출할 수 있다. 심사가 거부되었을 경우에는 사유를 확인하여 수정 후 재심사를 요청할 수 있다.

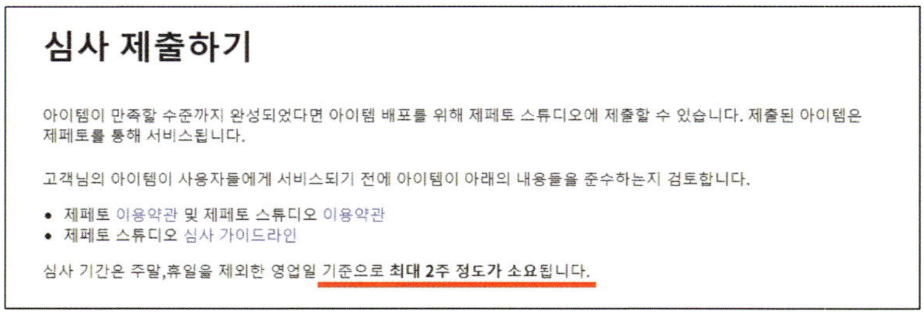

그림4-73 심사 소요기간

아이템 매출 통계 조회하기

제페토 스튜디오의 판매 메뉴를 누르면 현재 내가 등록한 아이템의 매출 통계를 확인할 수 있다. 매출 통계 보고서는 내가 판매중인 아이템의 추이를 한눈에 볼 수 있는 차트와 상품별 세부 판매 현황을 보여주는 테이블로 구분된다. 이를 통해 제페토 사용자들의 반응이 좋은 아이템을 파악하고, 이후 콘텐츠 제작 시 수익을 극대화할 수 있는 전략을 세울 수 있다.

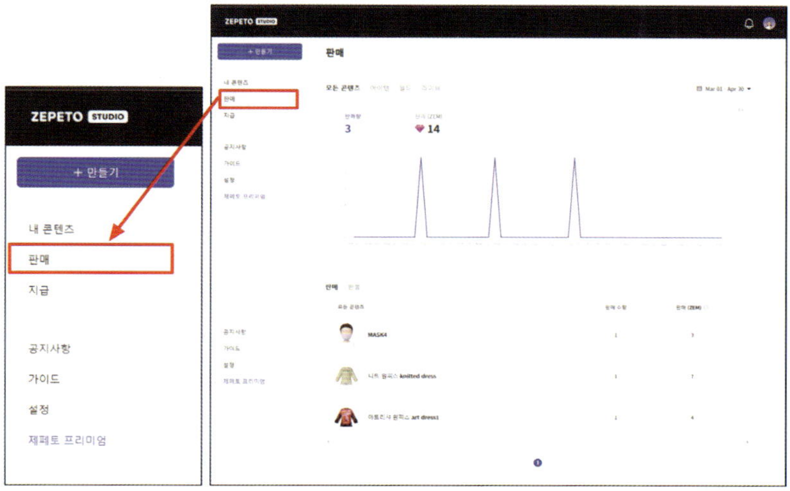

그림4-74 아이템 매출 통계

아이템 지급요청하기

제페토에서 개인 크리에이터 판매 화폐는 '젬(ZEM)'이다. 제페토 스튜디오에서 ①지급 메뉴를 누르면 실제 현금으로 지급받을 수 있는 금액이 표시된다. 아이템이 판매된

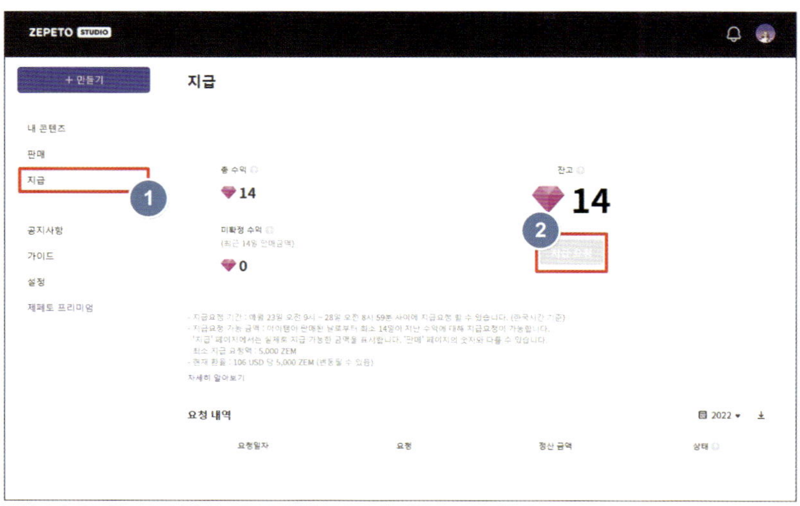

그림4-75 아이템 지급요청하기

날로부터 최소 14일이 지난 수익에 대해 ❷지급요청이 가능하고, 한 달에 한 번씩(한국 시간 기준) 매월 23일 오전 9시~28일 오전 8시 59분 사이에 지급요청을 할 수 있다. 최소 지급요청 금액은 5,000젬(ZEM)이고 그 이상일 경우 '지급요청' 버튼이 활성화 된다.

지급정보 입력하기

지급 메뉴에서 지급요청 버튼을 누르고 본인의 지급 관련된 개인정보를 입력 후 '저장'을 눌러준다. 사용자의 거주 국가 설정에 따라 요구하는 지급 정보가 달라질 수 있다. 한국을 제외한 나머지 국가의 사용자는 본인 소유의 활성화된 Paypal 계정이 반드시 필요하다. 한국의 미성년자 크리에이터가 수익금을 출금할 경우 주민등록번호가 모두 표시된 주민등록등본으로 주민등록증을 대체해서 업로드를 해야 한다.

지급정보 입력을 완료하면, 전송된 지급요청에 대하여 제페토 스튜디오의 지불 적

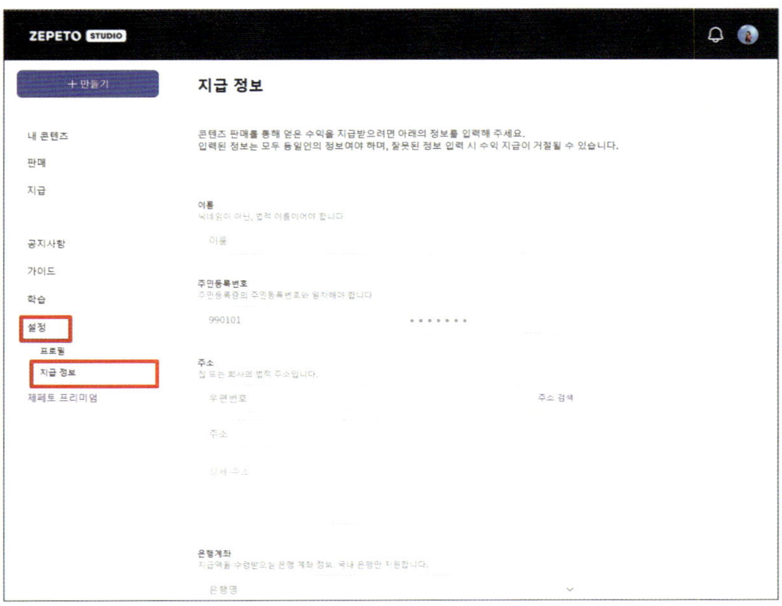

그림4-76 개인 정보 입력

합성 심사 과정을 거친 후 심사 결과에 따라 사용자에게 지급 승인 또는 지급 거절에 대한 결과가 전송된다.

- 지급 〉 요청 내역 〉 상태에서 지급 거절 이유를 확인할 수 있다.
- 제페토에 '지급 완료'로 표시되었는데 Paypal 계정에서 확인 되지 않는 경우 Paypal 고객센터에 문의한다.

심사기준 확인하기

제페토 아이템을 만든 후 아이템을 제출하기 전 가이드라인을 알아보자. 심사에 통과하기 위해서는 아이템을 만들기 전 반드시 지켜야 하는 유의사항이 있으니 꼭 확인한다.

(1) 저작권

제페토 스튜디오는 수익화가 가능하기 때문에 브랜드 로고, 애니메이션 이미지 및 의상, 아이돌 로고 및 유명인의 이미지 등 타인의 저작물을 저작권자의 허락 없이 이용하는 경우 심사가 거절된다. 본인의 브랜드 로고를 사용하더라도 경우에서 타 브랜드와 이미지가 비슷하다고 판단될 경우 저작권 위반으로 보류되거나 거절대상이 될 수 있다.

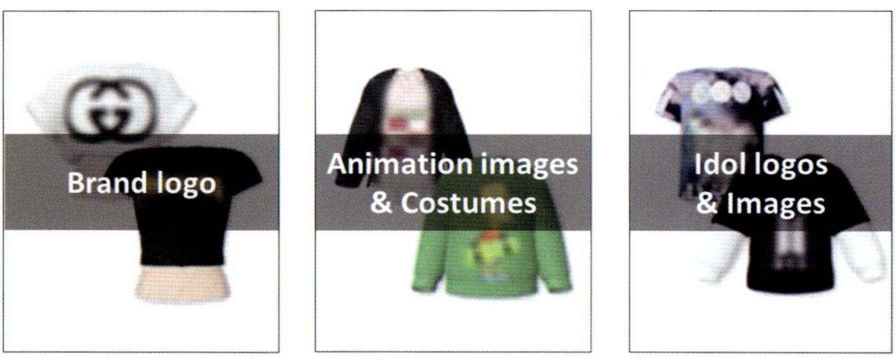

그림4-77 저작권 유의사항
출처: 제페토 스튜디오

또한 디자인을 베끼는 경우, 판매 승인이 났더라도 추후 문제가 생길 경우 삭제 조치될 수 있다. '이비스페인트'에서 제공하는 이미지나 폰트는 저작권에 문제 없이 사용 가능하다. 하지만 많은 사람들이 사용하는 이미지의 경우 중복사용으로 거절될 수 있으니 색상이나 텍스처 등 어느 정도 변형해서 사용하도록 한다. 가장 안전한 방법은 직접 그림을 그린 창작물을 사용하는 것이다.

(2) 도덕성 및 윤리지침

제페토는 다양한 연령이 함께 사용하는 공간이므로 선정성이나 폭력적인 아이템은 심사에서 거절된다. 예를 들면 사회적 물의를 일으킬 소지가 있는 민감한 내용이 담긴 의상이나 욕설, 폭언이 담긴 의상, 무기를 현실적으로 묘사한 아이템, 청소년이 볼 수 없는 이미지를 포함한 아이템 등이 있다.

제페토를 사용하고 있는 모두가 함께 입을 수 있는 창의적인 아이템을 만든다. 하지만 심사가 통과된 아이템이더라도 부적절하다고 판단되는 아이템은 판매가 중단되고 수익화가 취소될 수 있으니 주의한다.

그림4-78 도덕성 윤리지침
출처: 제페토 스튜디오

메타버스 열풍이 계속되고 있는 가운데 메타버스 플랫폼 제페토에서도 문화, 경제, 교육, 사회 등 다양한 분야에서 자신의 캐릭터를 통해 가상세계에서 자신을 표현하고 활발하게 활동하는 것을 볼 수 있다. 특히 캐릭터가 입고 있는 패션 아이템을 통해서 누구나 쉽게 가상 패션의 세계를 경험하고 있다.

제페토는 MZ세대가 몰려있는 플랫폼이다 보니 패션, 콘텐츠 등 다양한 기업들의 협업 요청이 쇄도하고 있다고 네이버 제트 관계자도 언급한바 있다. 패션 명품 브랜드인 구찌와 나이키 등 유명한 글로벌 기업들과 협업 아이템을 출시하고 있는데, 이는 현실에서 이루어지는 브랜드 간의 협업보다 훨씬 적은 비용과 홍보로 전 세계 유저들을 대상으로 아이템 판매가 가능하며 캐릭터가 입고 있는 협업 상품을 통한 상호작용 효과가 있기 때문이다. 제페토 패션 아이템은 디자인과 표현방법에 있어서도 제약이 없기 때문에 현실에서 구현하기 어려운 개성을 표현할 수 있는 독특하고 창의적인 디자인이 가능하다는 점과 그런 아이템을 저렴하게 구입해서 경험할 수 있다는 점이 제페토의 강점이다.

메타버스 플랫폼의 패션 콘텐츠 확대를 위해서는 제페토를 통한 패션 브랜드의 협업뿐만 아니라 개인 크리에이터의 제페토 패션 아이템을 개발하고 판매할 수 있는 실질적인 방법과 디자인 제작 및 개발에 대한 다양한 교육 및 연구가 이루어져야 할 것으로 생각된다. 이번 장에서 메타버스 내에서 패션 아이템 제작의 경험이 메타버스를 활용한 크리에이터 이코노미(창작자 경제) 영역의 경험과 더불어 디지털 패션 브랜딩에 도움이 될 것으로 기대해본다.

1. 제페토 빌드잇 시작하기
2. 제페토 빌드잇 기본 구성 알아보기
3. 제페토 빌드잇으로 실전 맵 만들기
4. 제페토 빌드잇 활용하기

5

제페토 빌드잇

최근 드론 분야 항공촬영이 일반화되고 1인칭 시점의 고화질 영상제공으로 공간정보 확보가 쉬워지면서, 디지털 쌍둥이 구현 기술이 비약적으로 발전하고 가상현실 메타버스 공간구현에 필요한 공간정보 빅데이터를 제공하는 역할을 담당하고 있다. 메타버스는 인공지능(AI), 빅데이터(3차원 공간정보), 네트워크, 가상융합기술(XR), 디지털 트윈 등 정보통신기술(ICT)의 집약체로서 ICT 패러다임 변화를 불러올 웹 3.0 플랫폼으로 새롭게 부상하고 있다.

작년 한 해 전 세계적으로 가장 뜨거웠던 키워드 중 하나를 꼽는다면 단연 '메타버스'라 할 수 있다. 인터넷에서 시작해 무선 모바일 그리고 현실과 가상의 혼합인 메타버스(Metaverse)에서는 현실과 다른 나의 아바타로 새로운 정체성을 가지고 살 수 있다. 무한한 상상 속에서나 가능했던 관계와 소통, 다양한 문화, 경제 활동까지 그 활용 범위가 무한 성장 중이다.

메타버스 플랫폼의 주 사용자는 인터넷 네트워크의 보급과 함께 성장해 온 MZ세대이다. 그들은 언제 어디서나 인터넷 접속을 통해 누구든지 동시에 연결하고 소통해 왔다. MZ세대들이 특히 메타버스에 열광하고 깊고 빠르게 흡수되는 이유 중 하나는 일상처럼 다양한 영상 콘텐츠와 게임을 즐기며 살아왔기 때문이다. 메타버스는 게임보다 한 차원 더 발전한 플랫폼으로 물리적 공간의 한계를 뛰어넘어 시공간을 초월한다. 아바타로 사는 세상은 순간이동, 변신 등 상상하고 꿈꾸던 것들을 가능하게 한다. 가상현실 세계 안에서 MZ 유저들은 새로운 상호작용 관계를 형성하며 새로운 세상을 창조하기 시작했다.

메타버스 세상 속에는 다양한 플랫폼이 제공되고 있다. 특히 메타버스 시장의 발전과 확장의 가속화 속에서 유저들의 놀이터와 모임의 공간이 더없이 중요해지고 필요해졌다. 제페토 빌드잇은 아바타들이 살아가는 새로운 공간을 소비자가 직접 원하는 취향과 특성에 맞게 스스로 제작하는 도구 중 하나이다. 제페토 계정을 가진 유저라면 누구나 나만의 월드를 만들 수 있고 이렇게 만들어진 공간들을 공유하며 유저들간 새로운 만남의 장소로 활용할 수 있다. 그뿐만 아니라 상품 홍보와 판매, 디지털 자산의 생산과 유통, 수익 창출을 이뤄내며 소통과 협업의 플랫폼과 또 다른 플랫폼을 연결하며 계속 발전해 갈 새로운 가상 시장이다. 제페토 빌드잇을 소개하는 과정을 따라가며 나만의 개성과 상상력으로 자신만의 공간 만들기를 시작해 보자. 그 과정에서 이미 당신도 메타버스 시대의 주인공이 되어 있을 것이다.

1
제페토 빌드잇 시작하기

전 세계 3억 명 이상 유저들의 놀이터, 제페토에서 이용할 수 있는 월드는 크게 두 종류이다. 첫 번째는 공식 월드로 제페토 팀에서 제작해서 제공하는 것이고, 두 번째는 유저들이 직접 제작한 커스텀 월드다. 제페토 빌드잇을 통해 우리는 커스텀 월드를 만들게 되는데 제페토 계정이 있는 이용자는 누구나 쉽게 만들 수 있다. 하지만 맵을 제작한 후 제페토 팀의 심사를 받아서 승인되어야만 자신이 직접 제작한 맵을 이용할 수 있다.

그림5-1 제페토 빌드잇

빌드잇을 시작하기 위한 빌드잇 설치하기부터 기초 개념과 빌드잇 환경을 이해하고 다양한 메뉴 사용법과 맵 만들기, 맵 공개하는 과정을 따라가다 보면 누구나 맵 만들기를 익힐 수 있다.

그림5-2 제페토 빌드잇 각종 랜드

이제 그동안 꿈꾸고 상상해 왔던 동화 같은 마음속 그림이 있다면 만들기에 도전해 보자. 제페토 빌드잇에서 제공하는 다양한 오브젝트로 산과 바다 마을, 도시, 박물관, 놀이동산까지 독특하고 개성이 있는 콘셉트로 나의 공간을 만들어서 월드에 공개하고 새로운 친구들과 함께 하는 시간을 만들어 보자.

빌드잇 설치 및 가입

제페토 빌드잇은 PC(컴퓨터)에만 설치할 수 있다. ①URL 주소(https://studio.zepeto.me.kr)로 홈페이지에 접속하거나 검색 창에 '제페토 스튜디오'를 검색한다. 맨 위 상단에 '크리에이터들을 위한 제페토 스튜디오'를 클릭한다.

②빌드잇 다운로드에 접속한 뒤 ③빌드잇을 원활하게 이용하기 위해 권장사양을 클릭하면 ④아래와 같이 자세하게 확인할 수 있다. ⑤Windows/Mac OS 중 본인이 보유한 컴퓨터 운영체제에 맞게 다운로드 설치를 완료한다. 오브젝트들이 많아지면 용량이 늘어나 렉이 걸릴 수 있다.

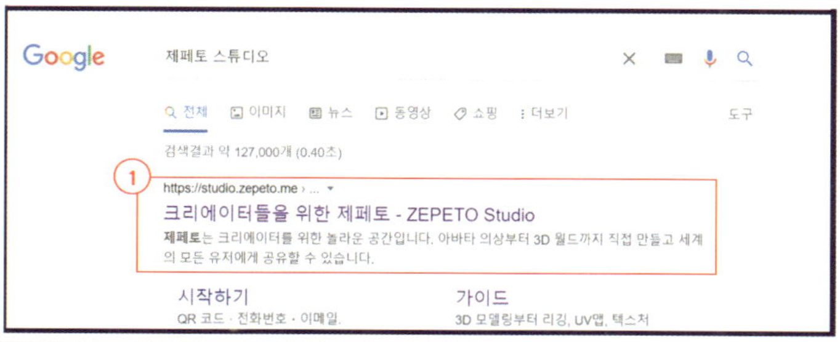

그림5-3 제페토 빌드잇 검색

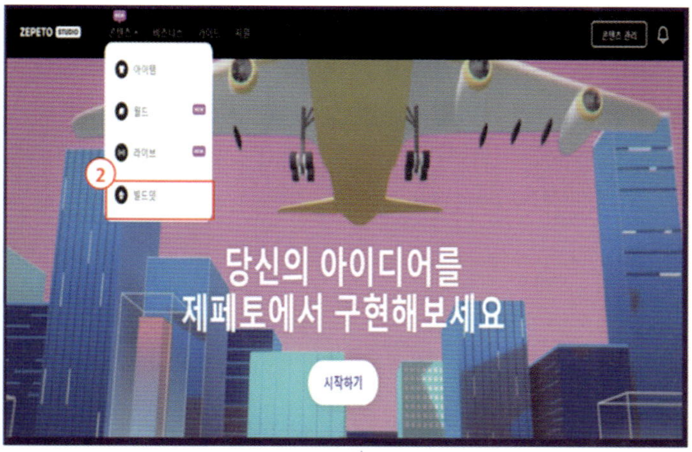

그림5-4 제페토 빌드잇 선택

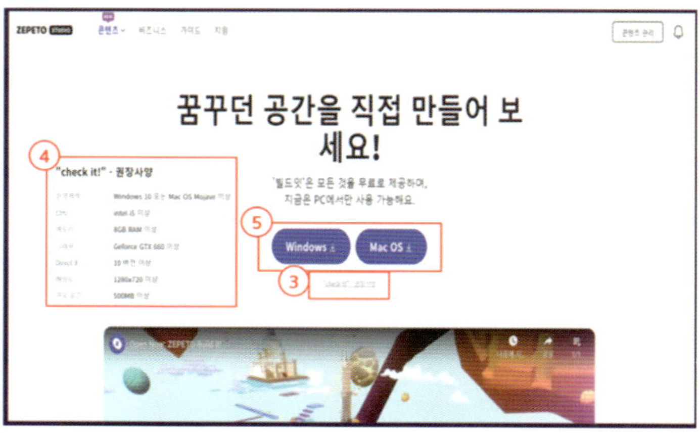

그림5-5 제페토 빌드잇 다운로드

권장사양

- 운영체제: Windows 10 또는 Mac OS Mojave 이상
- CPU: Intel i5 이상
- 메모리: 8GB RAM 이상
- 그래픽: Geforce GTX 660 이상
- Direct X: 10 버전 이상
- 해상도: 1280x720 이상
- 여유 공간: 500MB 이상

제페토 빌드잇 ❶설치가 완료되면 PC 바탕화면에 ❷실행 아이콘이 나타난다.

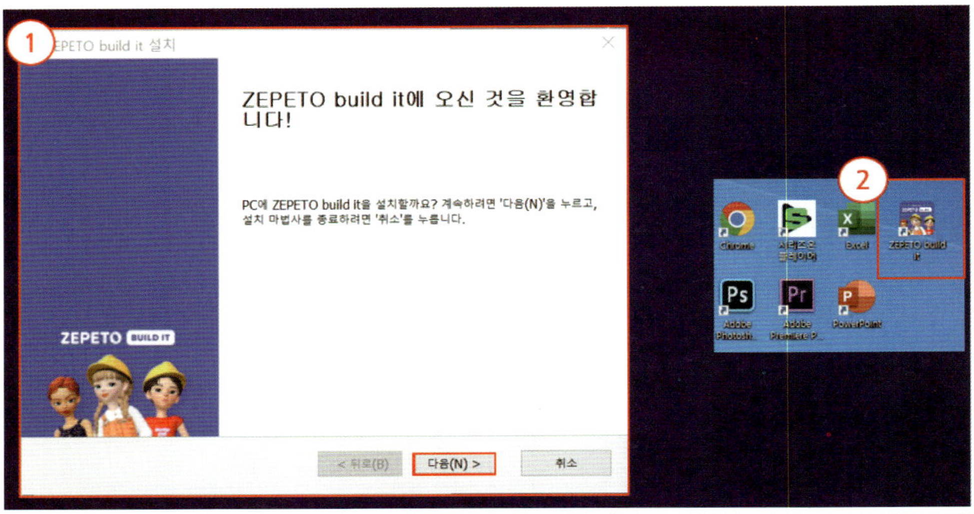

그림5-6 제페토 빌드잇 – 설치

설치가 완료되면 자신의 ❶제페토 아이디로 로그인해야 하는데, ❷QR코드나 전화번호, 이메일 중에서 선택한다. 만일 제페토 아이디가 없으면 휴대폰에서 제페토 앱을 설치한 후 회원가입을 진행해야 빌드잇 프로그램을 이용할 수 있다. 페이스북, 네이버, 트위터, 카카오톡 등 간편 로그인을 이용하면 더욱 편리하다.

그림5-7 제페토 빌드잇 - PC 로그인 인증

제페토 빌드잇 모바일 인증하기

제페토 빌드잇은 제페토에 가입한 계정으로 접속할 수 있다. 모바일에서 플레이스토어를 통해 제페토 앱을 설치한다. ①앱을 실행하고 로그인 후 ②프로필에서 내 코드를 선택하여 ③QR 인증을 클릭 후 PC에 나타난 ④QR코드를 스캔해서 ⑤빌드잇에 로그인한다.

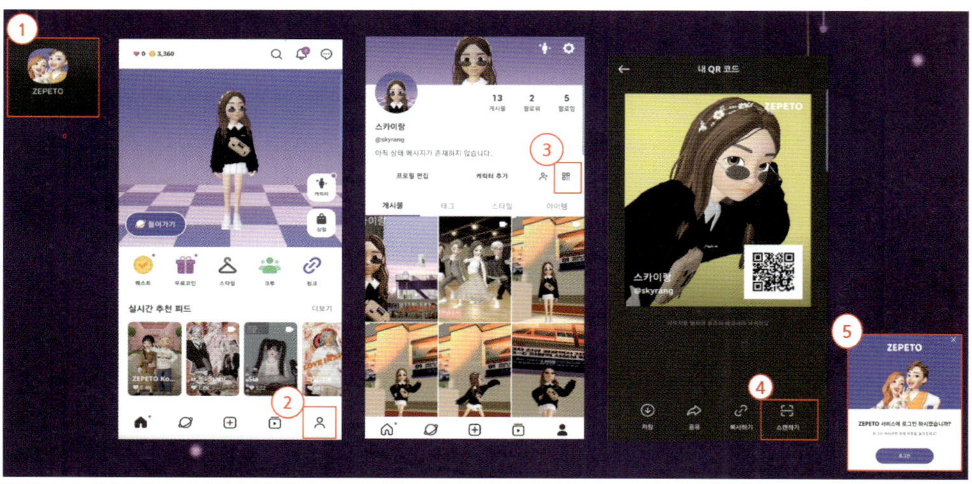

그림5-8 제페토 빌드잇 - 모바일 QR 로그인 인증

빌드잇 월드 만들기 시작화면

①제페토 스튜디오에서 빌드잇을 클릭하고 ②시작한다. 빌드잇은 하나뿐인 나만의 크리에이터 맵을 쉽게 만들 수 있는 PC용 맵 에디터로, 월드에 있는 오브젝트를 사용해서 용도에 맞게 배치하여 자신만의 개성 있는 크리에이터 맵을 만들면 된다. 쉽고 빠르게 누구나 익힐 수 있는 맵 만들기를 시작해 보자.

그림5-9 제페토 스튜디오 빌드잇 – PC 시작화면

제페토 빌드잇 첫 화면에서 ①새로 만들기 또는 ②내가 만든 월드를 클릭하면 시작할 수 있다. 처음 시작이 막연하다면 이미 만들어진 템플릿을 이용한다. 템플릿이란 지형, 하늘, 오브젝트로 구성된 크리에이터 맵을 조금 더 쉽게 만들 수 있도록 미리 제페토에서 제작해 놓은 기본 맵을 말하는데, 오브젝트 다루기가 익숙해질 때까지 템플릿을 사용해 보자.

빌드잇에 접속한 뒤, 새로 만들기를 눌러 원하는 템플릿을 선택하고 오브젝트를 이용해서 자유롭게 자신만의 맵을 만들어 보자.

그림5-10 제페토 빌드잇 – 만들기 화면

2
제페토 빌드잇 기본 구성 알아보기

빌드잇 기본 메뉴와 설정

상단에는 되돌리기, 앞으로 되돌리기, 오브젝트 선택, 위치 이동, 오브젝트 회전, 오브젝트 크기 조정, 오브젝트가 일렬로 자리 잡을 수 있도록 자석과 같이 위치를 잡아줄 때 사용할 수 있는 정렬 메뉴가 있다. 보통 오른손으로는 마우스 조작을 하게 되므로, 왼손으로 단축키를 활용하여 작업할 수 있으나 숙련되기 전까지는 마우스로 선택하며 작업한다.

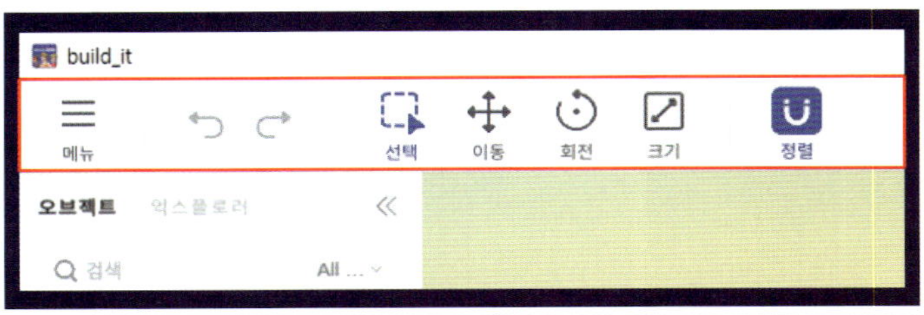

그림5-11 제페토 빌드잇 – 메뉴 구성

위쪽 상단에 메뉴 구성과 화면 중앙에 마우스 이미지를 보자. 빌드잇의 기본 조작키는 앞, 뒤, 좌, 우(W, S, A, D) + 상, 하(Q, E) + 시점 변경(마우스 오른쪽 클릭 유지) + 오브젝트 클릭(마우스 왼쪽 클릭)으로 이루어져 있다. 처음에는 불편할 수 있으나 조금만 익숙해지면 수월하게 조작할 수 있다.

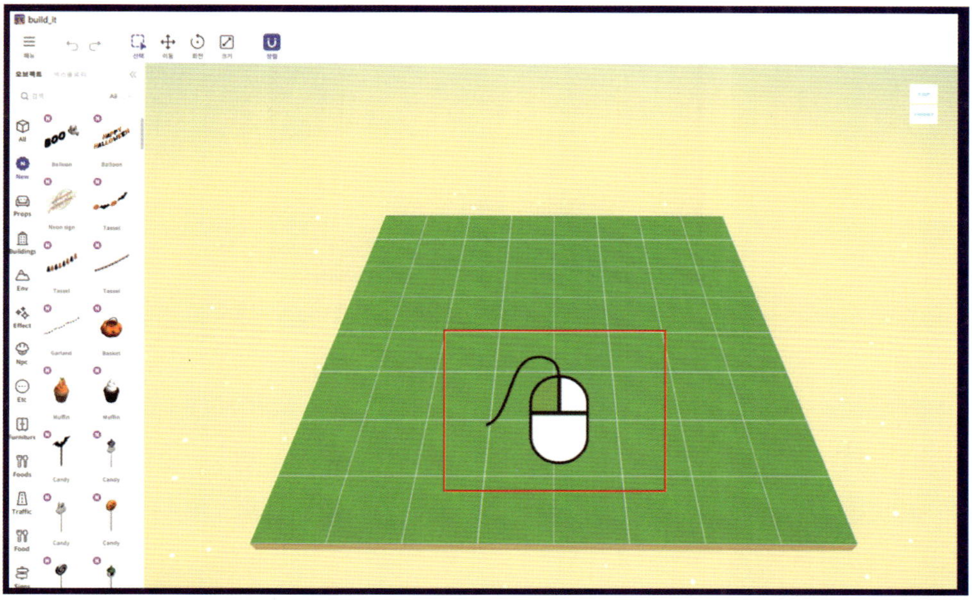

그림5-12 제페토 빌드잇 – 화면 구성

카메라 시점 변화를 위해 키보드(W, S, A, D)를 누르거나 마우스 휠을 클릭하면(스페이스 바를 누른 채 마우스 왼쪽을 클릭해도 가능) 손바닥 표시 후 공간을 (앞, 뒤, 좌, 우, 확대, 축소) 변경할 수 있다.

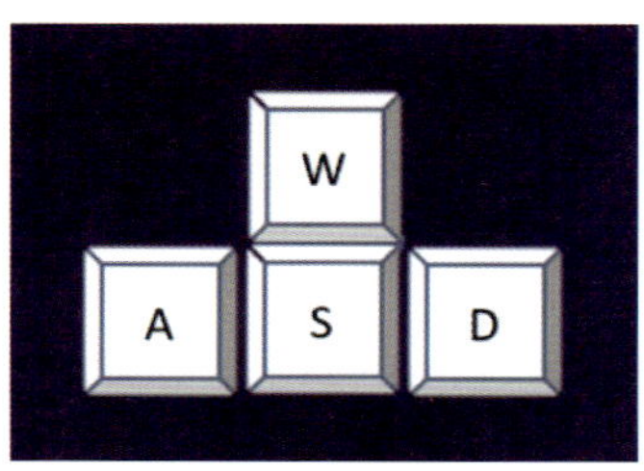

그림5-13 제페토 빌드잇 – 키보드(WASD)

화면 오른쪽 위에 있는 아이콘을 누를 때마다 월드 화면을 위, 아래, 앞, 뒤, 좌, 우로 변경할 수 있고 오브젝트가 잘 배치되었는지 확인할 수 있다. 또한 우클릭 상태에서 마우스를 움직이면 월드 화면을 좌, 우로 돌려 볼 수 있다.

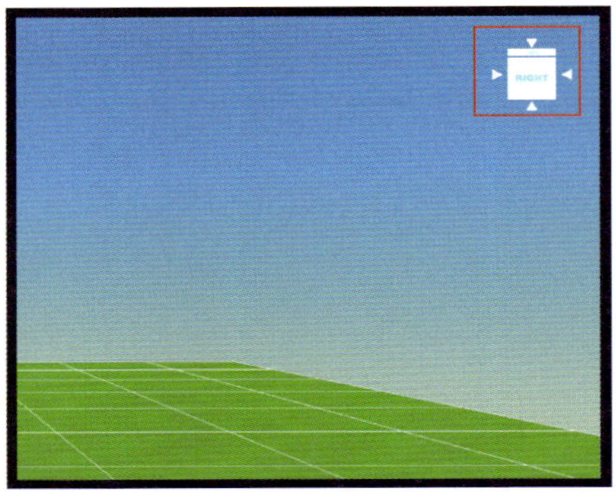

그림5-14 제페토 빌드잇 – 카메라 시점 변화

❶메뉴 안에는 ❷홈, 저장, 새로 만들기, 내 정보, 설정, 종료 기능이 있다. 개인 정보를 수정할 수도 있고 ❸월드 이름 ❹제페토 아이디, 휴대폰 번호, 이메일을 등록할 수 있고 로그아웃 메뉴가 있다. ❺언어 선택, 단축키 사용 안내도 나타난다.

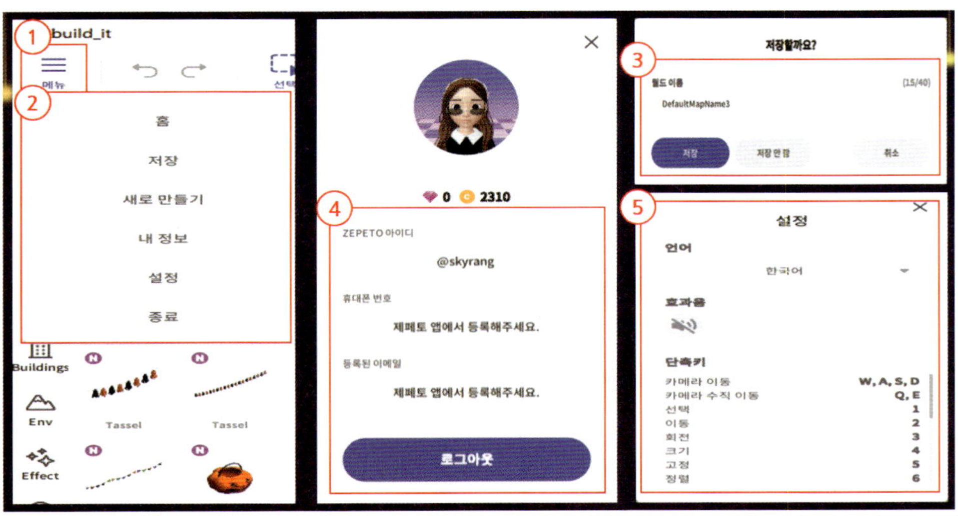

그림5-15 제페토 빌드잇 – 메뉴

익스플로러

익스플로러는 크리에이터 맵의 구성 요소를 한눈에 확인하고 관리할 수 있는 공간으로 빌드잇 화면의 왼쪽 메뉴에서 확인할 수 있다.

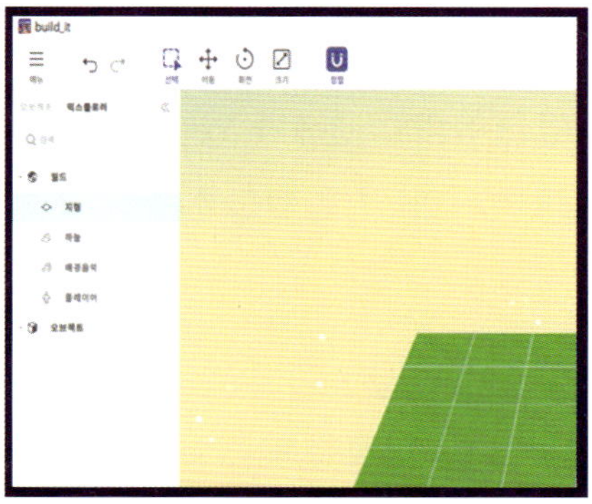

그림5-16 제페토 빌드잇 – 익스플로러

왼쪽 탭에서 ①익스플로러를 선택하면 월드와 오브젝트 2가지로 구성되어 있는데, 월드 탭에서는 만들고 싶은 월드 공간의 크기(+, -)를 이용해서 조절할 수 있고, 오브젝트를 제외한 것들을 설정할 수 있다. ②지형의 크기는 '지형 크기조절'을 눌러 조절하면 된다. 지형 크기는 최소 6×6 사이즈이며 최대 12×12 사이즈까지 추가할 수 있고 지형 편집 종료를 누르면 종료된다.

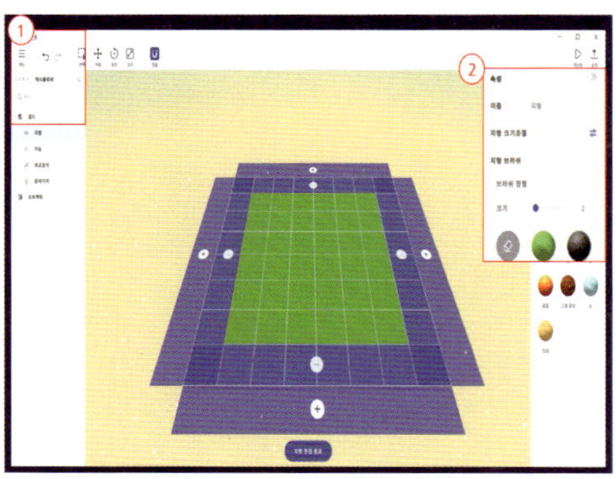

그림5-17 제페토 빌드잇 – 지형 조절

①익스플로러 안에서는 ②월드(지형, 하늘, 배경음악, 플레이어)와 오브젝트 메뉴를 추가 또는 삭제할 수 있다. 속성은 오브젝트와 크리에이터 맵을 구성하는 여러 값을 설정할 수 있는 공간으로, 빌드잇 화면의 오른쪽 메뉴에서 확인할 수 있다.

③지형을 그려낼 수 있는 ④브러쉬로 굵기를 조절해서 도시, 사막, 바다, 용암 등 다양한 지형을 만들 수 있다. 맵의 분위기에 맞춰 밝은 낮부터 노을이나 어두운 밤 등 하늘의 색깔 변경도 가능하다. 하지만 배경이 밤이 되면 건물을 지은 후 실내의 밝기도 어두워지므로 이 점을 유의할 필요가 있다. 신나는 배경음악도 넣을 수 있고 켜고, 끄는 기능이 있으니 선택하면 된다. 빌드잇 속에 캐릭터의 움직임의 속도와 점프 높이를 정하는 레벨도 설정할 수 있다.

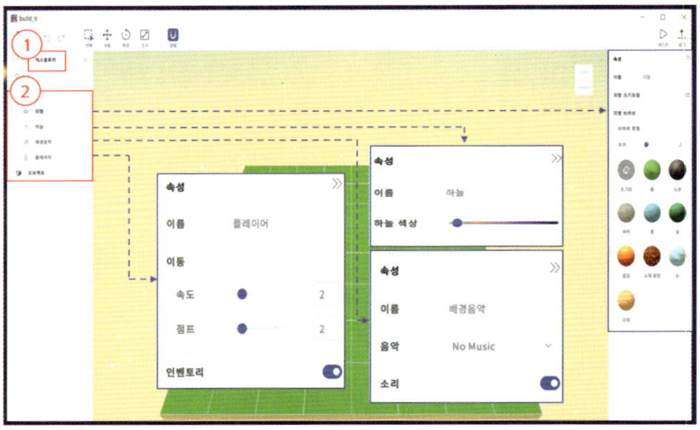

그림5-18 제페토 빌드잇 – 여러 가지 기능

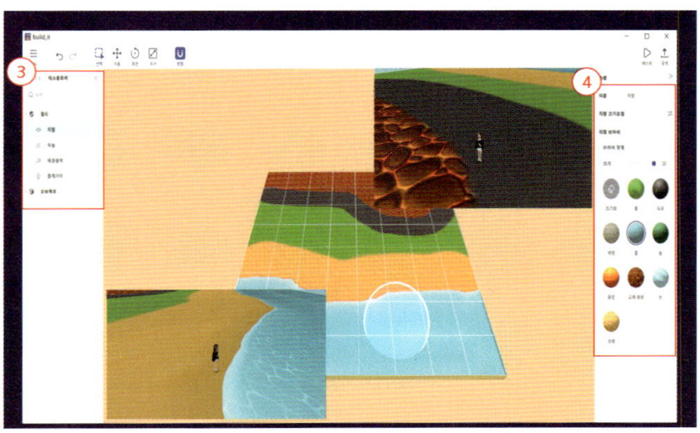

그림5-19 제페토 빌드잇 – 지형 바꾸기

오브젝트

①오브젝트 탭에서는 원하는 오브젝트를 배치하거나, 내가 배치한 오브젝트를 한눈에 확인하고 관리할 수 있다. ALL을 선택한 후 원하는 오브젝트를 검색하면 빠르고 쉽게 찾을 수 있어 효율적이다. 오브젝트를 선택하면 ②오른쪽에 속성값이 나타난다.

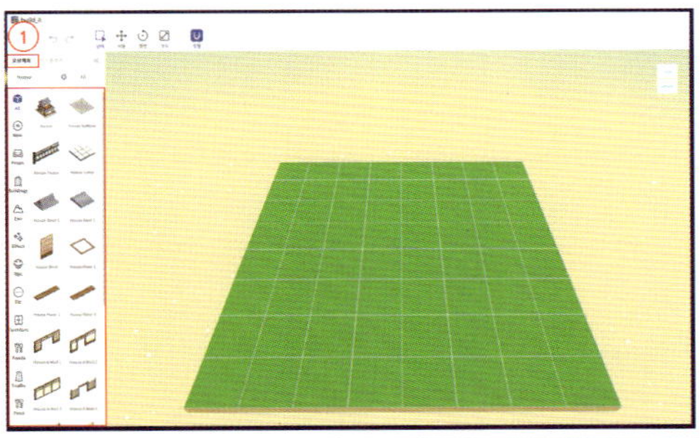

그림5-20 제페토 빌드잇 – 오브젝트

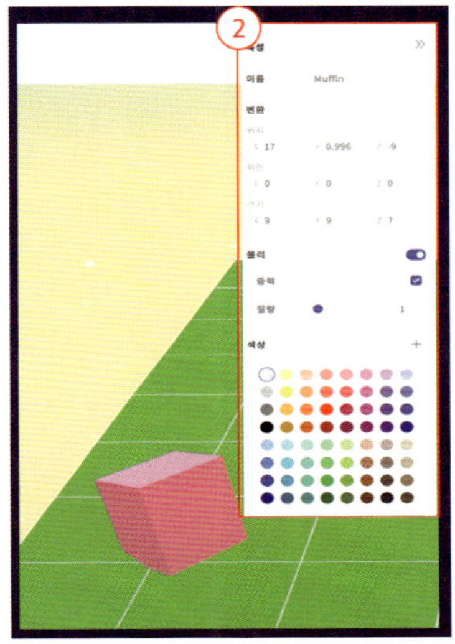

그림5-21 제페토 빌드잇 – 오브젝트 속성

속성의 기능을 간단히 정리하면 다음과 같다.

표5-1 오브젝트 속성	
이름	오브젝트의 기본 이름이 설정되어 있으며 변경할 수 있다.
변환-위치	X, Y, Z는 각각 가로, 세로, 높이의 위치를 값으로 나타낸다.
변환-회전	X, Y, Z는 각각 가로, 세로, 높이를 축으로 회전되는 값을 나타낸다.
변환-크기	기본적으로 제공되는 크기값은 1이며, 변경되는 배수만큼 확대·축소된다. 모든 값은 오브젝트를 변경하면 자동으로 수치가 변경되고 직접 수치를 입력할 수 있다.
물리	해당 오브젝트가 물리적 영향을 받도록 설정한다. 아바타가 밀거나 건드리면 위치, 회전값이 변한다.
색상	색상을 설정할 수 있다. 단, 오브젝트가 기본적인 색상값을 가지고 있는 경우 색상이 원하는 색으로 변경되지 않고 톤에 변화가 있으니 주의해야 한다.

여러 가지 ①오브젝트를 쉽게 관리하게 위해서 원하는 오브젝트 탭에 다른 오브젝트 탭을 마우스로 끌어당겨 보면 끌어당긴 위치의 오브젝트가 상위(부모) 오브젝트가 되고, 하위(자식) 오브젝트들을 한 번에 관리할 수 있다.

배치한 오브젝트를 선택하는 방법은 ②맵에서 직접 오브젝트를 클릭하거나 목록에서 선택하는 방법(Shift키를 누르고 여러 오브젝트를 동시에 선택도 가능)이 있다.

③마우스 오른쪽 버튼을 클릭해서 빈 오브젝트를 생성하고 하위(자식) 오브젝트들을 넣어 관리하면 오브젝트를 쉽게 찾을 수 있다. 이때 오브젝트 목록이 많으므로 오브젝트를 찾을 때는 검색 기능을 사용하자. 빠르고 효율적으로 작업할 수 있다. 눈 모양 아이콘을 클릭하면 작업 환경에서 오브젝트 모습을 숨길 수 있다. 여러 가지 오브젝트를 작업할 때 중요한 위치에서 움직이지 않도록 하려면 자물쇠 모양 아이콘을 클릭해 두면 고정할 수 있다.

그림5-22 제페토 빌드잇 - 오브젝트 관리

단축키

표5-2 제페토 빌드잇 단축키

카메라 이동	W,A,S,D	저장	Ctrl+S
카메라 수직 이동	Q,E	오브젝트 묶기	Ctrl+G
선택	1	테스트	Ctrl+P
이동	2	복사	Ctrl+C
회전	3	붙여넣기	Ctrl+V
크기	4	복제	Ctrl+D
고정	5	오브젝트 탭 선택	Ctrl+1
정렬	6	익스플로어 탭 선택	Ctrl+2
되돌리기	Ctrl+Z	맵 일괄 펼치기/닫기	Tab
다시하기	Ctrl+Y	이름 변경	F2

메뉴

①오브젝트를 카테고리별로 선택할 수 있는 아이콘 목록 중에서 ②Plastic 아이콘을 클릭하면 해당하는 오브젝트가 펼쳐진다. 원하는 오브젝트를 찾아 클릭한 후 ③월드에서 마우스를 원하는 위치에 한 번 더 클릭하면 오브젝트가 설치된다. ④삭제는 Delete키를 누르거나 마우스 우클릭 후 삭제를 실행한다.

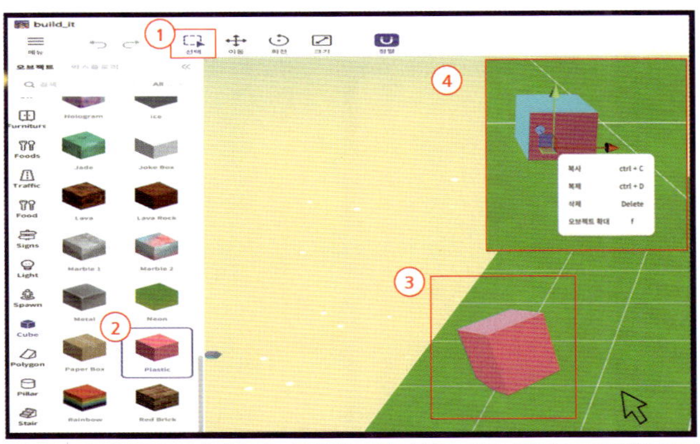

그림5-23 제페토 빌드잇 메뉴 – 선택

①이동은 오브젝트를 클릭하면 빨간색은 X축(가로), 초록색은 Y축(높이), 파란색은 Z축(깊이)의 모서리에 화살표 모양의 방향으로 이동할 수 있다. ②회전은 오브젝트에 3개(빨,파,초)의 구 모양 회전축이 나타나고 축을 좌, 우, 위, 아래로 움직여 가며 각도를 조절할 수 있다. ③크기 도구를 누르면 오브젝트에 3개(빨,파,초)의 정육면체 모서리가 생긴다. 모서리를 잡고 마우스로 움직여 주면 오브젝트의 크기를 변경할 수 있고, 빨간색은 X축(가로), 초록색은 Y축(높이), 파란색은 Z축(깊이) 방향으로 크기가 변경된다. 중심축을 클릭하면 세 축을 한 번에 확대하거나 축소할 수도 있다.

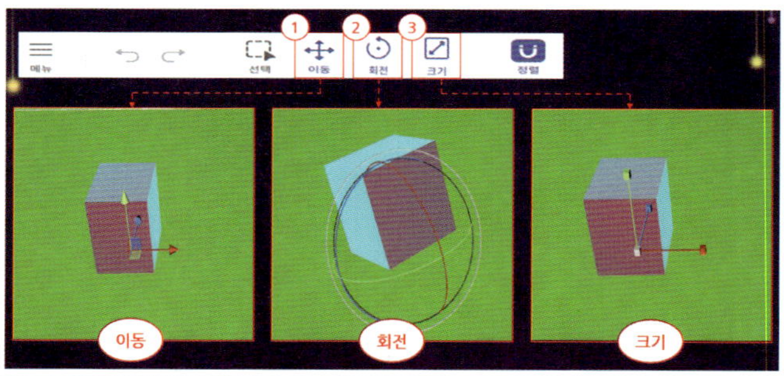

그림5-24 제페토 빌드잇 메뉴 - 이동, 회전, 크기

정렬 기능은 선택 시 뚝뚝 끊기 듯 일정한 간격으로 오브젝트가 배치된다. 정확한 위치와 일정 간격을 유지하는 작업 때 활용하면 좋다. 반대로 정렬이 해지되면 미세 조정이 가능해져서 세밀한 작업에 유용하다.

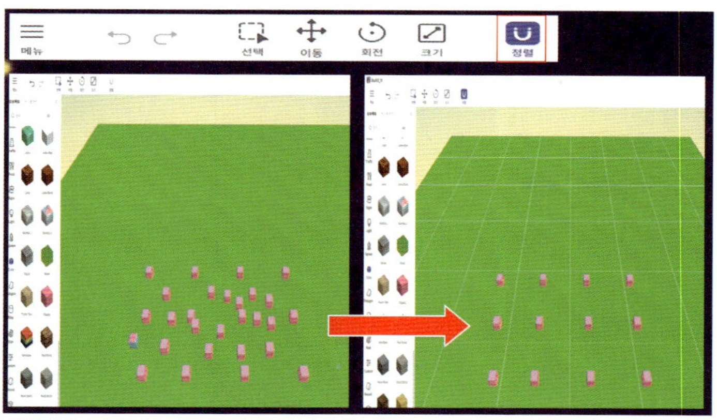

그림5-25 제페토 빌드잇 메뉴 - 정렬

물리 기능

물리 효과는 충돌하는 오브젝트의 마찰 또는 바운스 효과를 조정하는 데 사용할 수 있고, 반대로 물리 효과를 받지 않게 고정시킬 수도 있다.

①물리 효과를 비활성화하면 큐브 오브젝트가 캐릭터와 충돌해도 ②움직이지 않고 고정된다. 만약 오브젝트를 공중에 배치한다면 점프 맵 등 재미있는 기능을 만들 수도 있다.

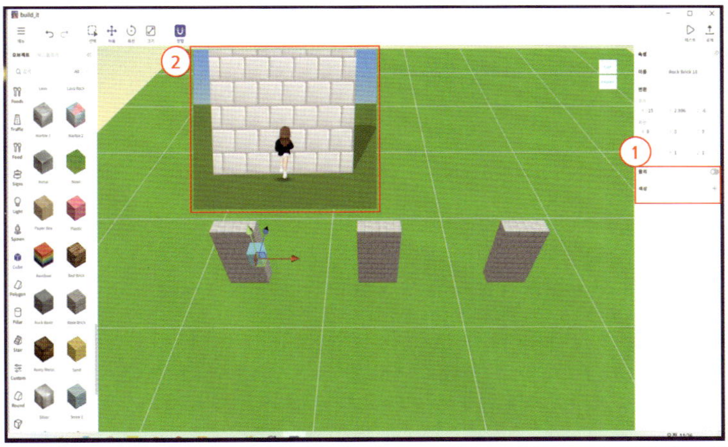

그림5-26 제페토 빌드잇 - 물리 OFF

③물리 효과를 활성화하면, 캐릭터와 충돌할 경우 ④오브젝트가 밀리면서 물리 효과가 발생한다. 이때 중력을 비활성화할 경우, 공중에 배치한 오브젝트는 떠 있지만 충돌하면 물리 효과가 발생하고, 질량이 작으면 상대적으로 캐릭터보다 가벼워 물리 효과가 더 크게 나타나게 된다. 예를 들면 공 모양의 오브젝트의 질량을 최대로 낮추면 공중으로 날아가는 효과를 낼 수 있다.

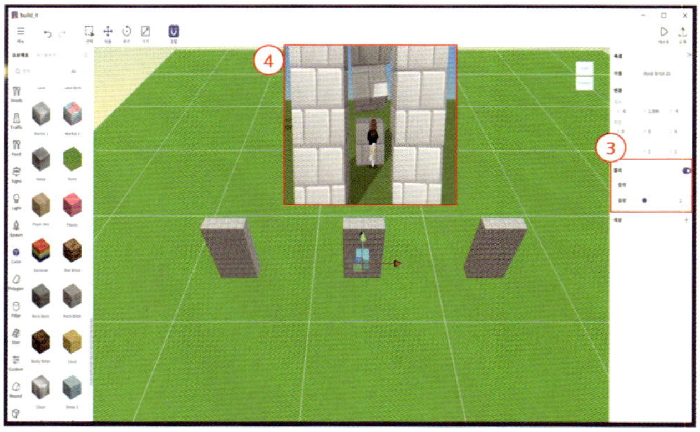

그림5-27 제페토 빌드잇 - 물리 ON

⑤물리와 중력이 모두 활성화된 모습은 벽돌이 움직이지만 ⑥중력으로 인해 공중으로 떠오르지 않는 모습을 보인다. 이렇게 물리 기능을 통해 다양한 움직임을 만들 수 있다.

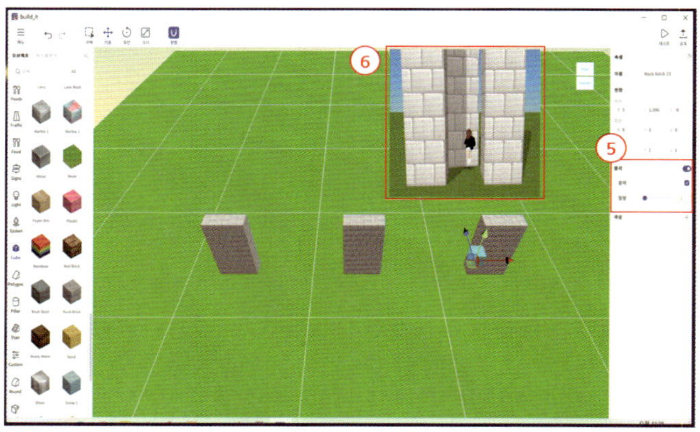

그림5-28 제페토 빌드잇 - 물리 ON

좌표 기능

①화살표 모양(앞, 뒤, 좌, 우, 위, 아래)을 클릭하면 카메라가 바라보는 시점이 바뀌는 것을 알 수 있다. 오브젝트 배치 시, 원활한 작업을 위해 시점을 바꿔가며 좌표 값을 확인하면서 정확한 위치를 찾는 감각을 익히는 꾸준한 연습이 필요하다.

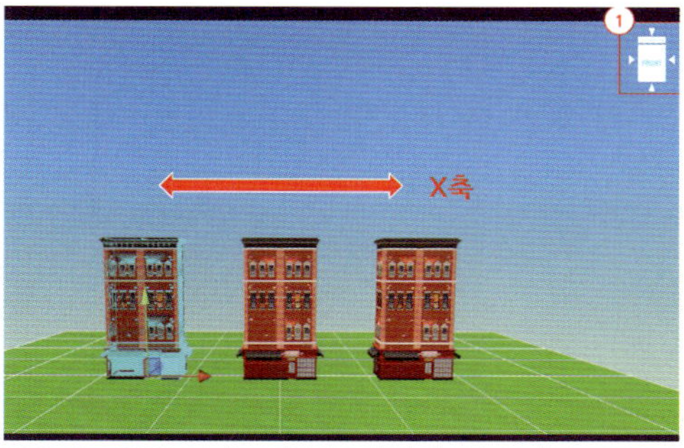

그림5-29 제페토 빌드잇 - 좌표 X축

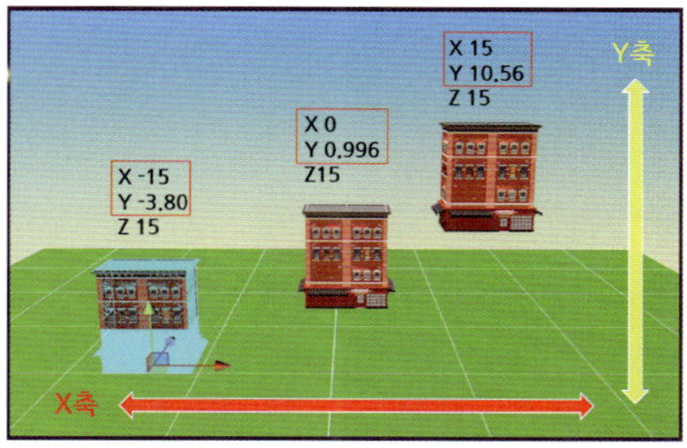

그림5-30 제페토 빌드잇 - 좌표 Y축

정면에서 바라본 Z축의 모습과 좌푯값 때문에 앞과 뒤로 이동하는 것처럼 보인다. ②위에서 내려다본 카메라 시점으로 오브젝트를 살펴보면 화면 앞뒤로 움직이는 좌표의 변화를 확실히 알 수 있다.

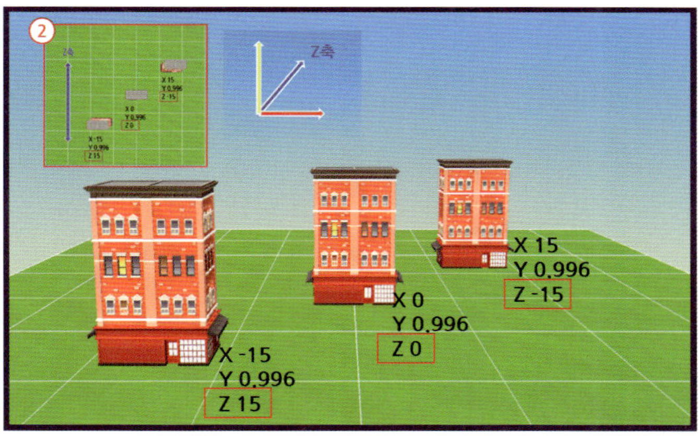

그림5-31 제페토 빌드잇 - 좌표 Z축

③3D 세 축(X, Y, Z)을 기준으로 회전하는 모습을 살펴보면서 오브젝트 이동과 크기, 공간 위치를 잘 찾아가도록 반복 연습이 필요하다.

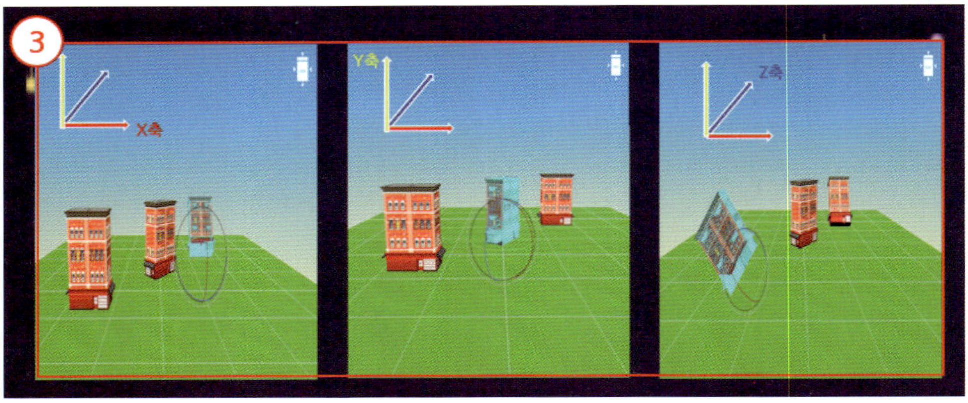

그림5-32 제페토 빌드잇 - 좌표 X, Y, Z축 중심의 회전

3
제페토 빌드잇으로 실전 맵 만들기

배경 만들기

가장 많이 사용하는 plain(평원)은 무엇이든 설치하기 쉬운 비어 있는 공간으로 작은 건물부터 커다란 도시나 특정 장소 등 다양한 특징을 나타내는 배경을 만들 수 있다. ❶빛 조절을 통해 밤과 낮을 만들 수 있고, ❷지형을 통해 바다 또는 도로 등 다양한 배경을 추가해 보면서 개성 있는 자신만의 멋진 맵을 만들어 보자.

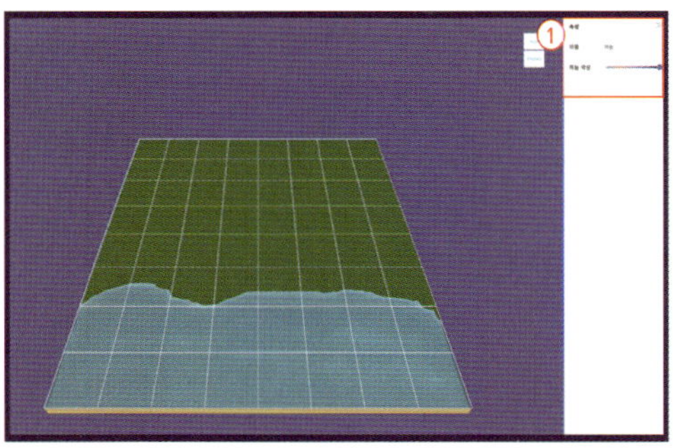

그림5-33 제페토 빌드잇 - 하늘 밤으로 설정

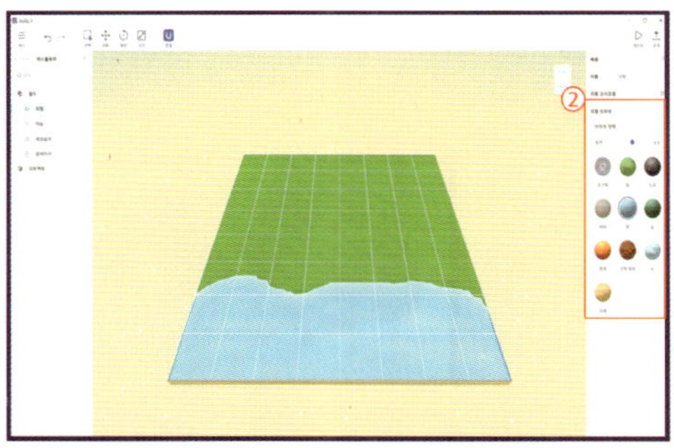

그림5-34 제페토 빌드잇 - 지형 바다로 설정

건물 세우기

건물을 세우기 전에 ①빌디(bildy)를 배치해 놓고 빌디가 바라보는 방향에 해가 있다는 것을 확인 후 건물과 빛의 위치를 고려한다. 건물 크기와 문 입구 등 세부적인 건물 만들기는 빌디 오브젝트의 크기를 기준으로 작업을 할 수 있다.

그림5-35 제페토 빌드잇 - 건물 세우기

②빌디 옆에 ③큐브 오브젝트나 다른 상호작용 오브젝트들을 나열해 보면 그 크기를 비교해 볼 수 있는데, 기준으로는 빌디와 Base 오브젝트를 가장 많이 사용한다. 제작하고자 하는 의도대로 다양한 건물 오브젝트를 검색해서 설치해 보자.

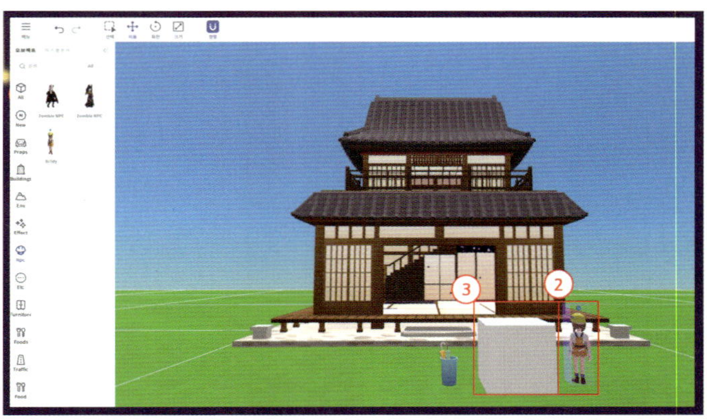

그림5-36 제페토 빌드잇 - 빌디/큐브로 기준 잡기

간판 세우기

①커스텀 오브젝트에는 한 가지 속성 기능이 추가되는데 ②이미지를 넣을 수 있다. +를 누르면 ③오브젝트에 이미지 입히기를 추가할 수 있는데, 맵 제작 시 ④간판을 세우거나 이미지 삽입이 필요한 오브젝트들이 있을 때 유용하게 사용된다.

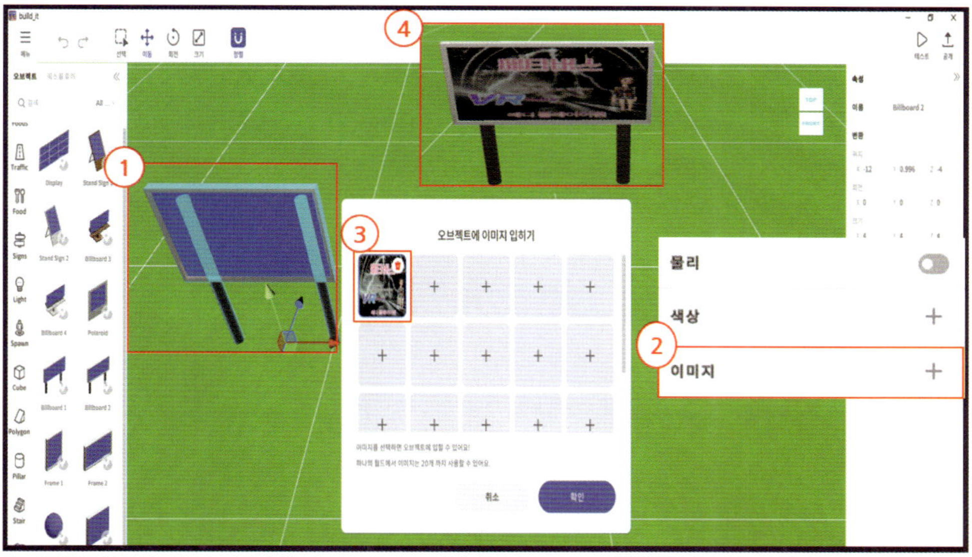

그림5-37 제페토 빌드잇 – 오브젝트 커스텀

포털 기능

세이브 포인트(Save Point) 오브젝트는 테스트를 실행시켰을 때 아바타가 입장하는 특정 장소이다. 포털(Portal) 오브젝트를 터치하면 세이브 포인트로 돌아갈 수 있다. 또한 세이브 포인트, 포털 오브젝트를 설치하면 맵을 돌아다니지 않고 특정 구간을 순간이동할 수 있다. 세이브 포인트 오브젝트와 상호작용을 클릭하고 활성화된 포털 오브젝트에 가서 화살표 모양 아이콘을 클릭하면 다시 세이브 포인트로 되돌아 올 수 있다.

그림5-38 제페토 빌드잇 세이브 포인트, 포털, 순간이동 장치

상호작용과 포털 기능 사용하기

아바타는 월드 안에서 오브젝트와 상호작용을 할 수 있다. ❶톱니바퀴 모양의 오브젝트는 상호작용이 가능하다는 표시인데 오브젝트를 배치하고 ❷테스트 화면에서 + 버튼을 클릭하면 ❸상호작용(우산꽂이에서 우산을 펴 쓰게 되는)이 실행되는 것을 알 수 있다. 다양한 상호작용을 테스트해 보면서 맵을 더욱 재밌게 구성해 보자.

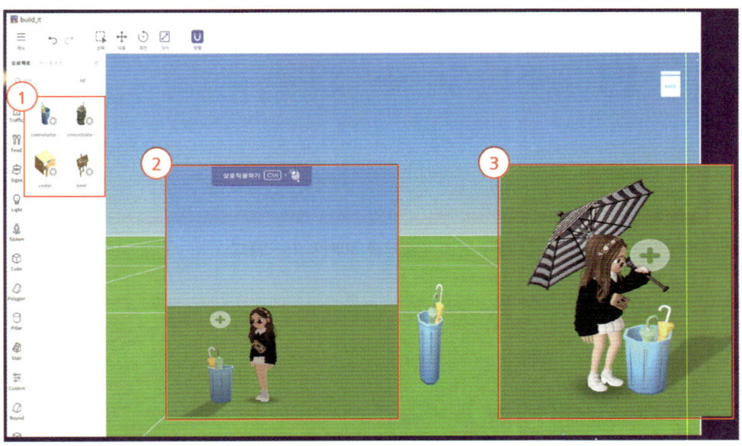

그림5-39 제페토 빌드잇 - 상호작용

4
제페토 빌드잇 활용하기

게임 만들기

넓은 초원에서 목표 착륙장까지 호박 굴리기를 할 수 있도록 만들어 보자. 타이머 기능을 넣어 게임 시작과 끝나는데 걸리는 시간을 측정해서 기록게임을 만들 수도 있다.

그림5-40 제페토 빌드잇 - 호박 굴리기 게임 만들기

먼저 필요한 ①-⑤오브젝트들을 위치와 좌표에 맞춰 적당한 크기로 배치하고 다양한 기능을 추가하며 게임 요소를 만들어 본다. 이때 ⑥Timer Finish 오브젝트와 ⑦Timer Start 오브젝트를 함께 사용하면 플레이 레코드를 측정할 수 있다.

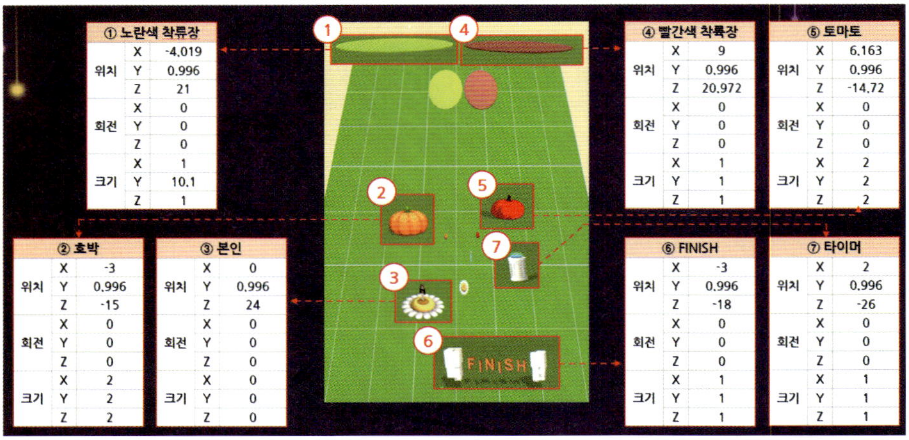

그림5-41 제페토 빌드잇 - 호박굴리기 게임 오브젝트 배치표

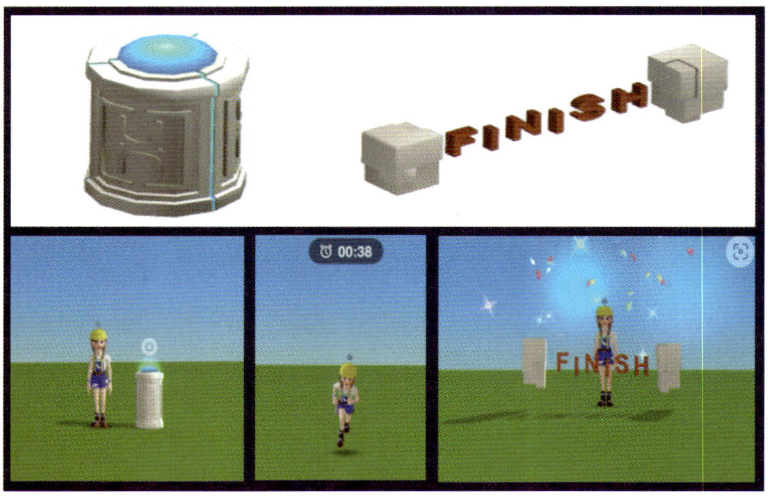

그림5-42 제페토 빌드잇 - Timer Finish 오브젝트 사용하기

여러 가지 오브젝트와 상호작용 오브젝트를 설치한 후 ①스페이스 바를 누르면 나의 아바타가 점프하게 된다. ②타이머 오브젝트를 누르고 게임을 시작한 후 Finish까지 도착하면, 폭죽이 터지고 타이머가 멈추면서 소요된 시간을 측정하며 게임이 종료된다.

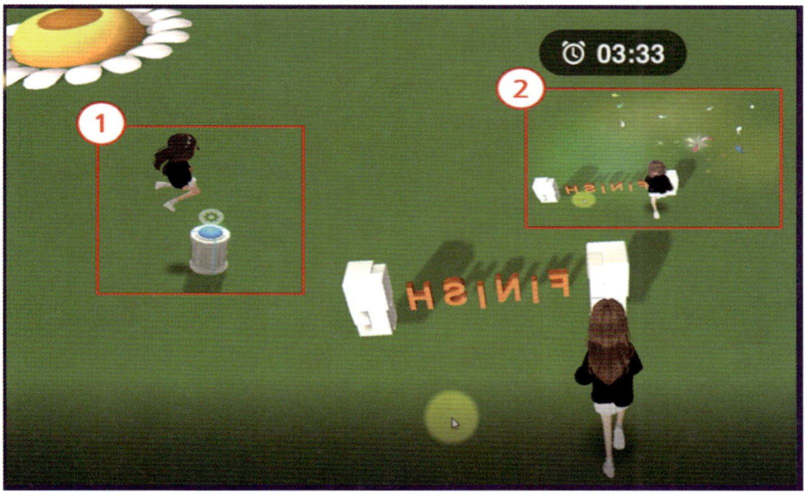

그림5-43 제페토 빌드잇 - Timer Finish 오브젝트를 사용한 호박 굴기 게임

상단 오른쪽 메뉴에 있는 ③테스트 버튼을 눌러 테스트를 진행할 수 있다. 이때 중요하게 확인해야 할 점으로는 배경음악, 플레이어 이동 속도와 점프 수치, 특정 오브젝트의 물리 엔진 체크 여부(물리 엔진이 설정된 경우 오브젝트가 지면으로 떨어질 수 있다) 등이 있다.

테스트를 실행해 보면 가상공간에서 현실감 있게 나의 아바타가 작업한 오브젝트들을 만날 수 있다. 다양한 움직임과 오브젝트의 크기를 확인해 가면서 작품 기획 의도에 맞게 점검하고 테스트하며 완성하고자 하는 작품을 수정해 간다. 테스트가 완료되면 ESC를 눌러 제작 화면으로 되돌아올 수 있다.

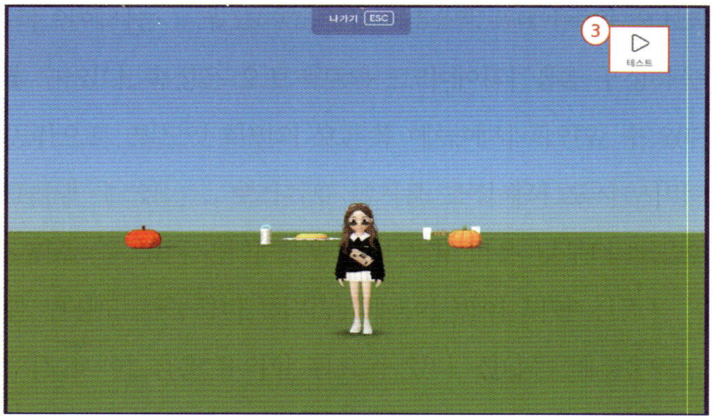

그림5-44 제페토 빌드잇 - 테스트

나만의 월드 공개 준비하기

제페토 월드에 완성된 맵을 공개하기 위해서는 검토 신청이 필요하다. 제페토 스튜디오의 정책과 가이드라인을 준수하고 있는지 제페토에서 꼼꼼하게 검토한다. 검토 기간은 평균 일주일 정도 소요된다(연휴 등 공휴일에는 시간이 지연될 수 있다).

지금까지 직접 만든 공간을 ①공개해 보도록 하자. 완성도와 기획 의도에 맞는 주제와 기능이 있는지 여러 번 반복적으로 점검함으로써 최종 완성본이 심사 기준에 적

그림5-45 제페토 빌드잇 - 월드 공개

합하도록 준비한다. 검토가 끝났으면, ②'월드를 저장하고 제페토 월드에 업데이트할까요?'라는 질문에 확인을 누른다.

그림5-46 제페토 빌드잇 - 월드 공개 확인

(1) 맵 소개와 공개 정보 작성하기

이제 제페토 월드에서 보일 내 맵에 대한 정보를 작성한다. 한눈에 알아볼 수 있도록 짧고 명확하게 월드 이름, 맵에 대한 이야기나 플레이 방법을 설명하는 월드 소개를 작성하고 미리 자신의 맵의 특징을 가장 잘 나타낼 수 있는 사진을 준비해 두었다가 ③매력적인 썸네일(해상도: 1024×1024) 1장과 스크린샷(1280×720) 4장을 업로드하면 된다. 혹은 예쁘고 다양한 각도로 자신의 월드 특징을 알아볼 수 있도록 스크린 캡처로 이미지를 업로드하는 방법도 있다.

④월드 키워드를 선택하는데 최소 2개 이상의 키워드가 필요한데, 맵에 어울리는 키워드를 선택하면 더 잘 노출될 수 있다. 그 다음 리뷰 신청하기를 클릭하면 공개하기 완료! ⑤리뷰가 진행되는 동안에는 월드를 수정할 수 없다는 안내와 리뷰는 1~2주 정도 기간이 소요됨을 확인하고 클릭하면 ⑥'리뷰 중'이라는 월드 상태를 확인할 수 있다.

이렇게 내가 직접 제작한 맵을 월드에 올릴 수 있다는 게 정말 신기한 경험일 것이다. 이제 유저들의 반응을 보며 보충하고 더 재밌게 업데이트하면서 방문자 수를 관리한다.

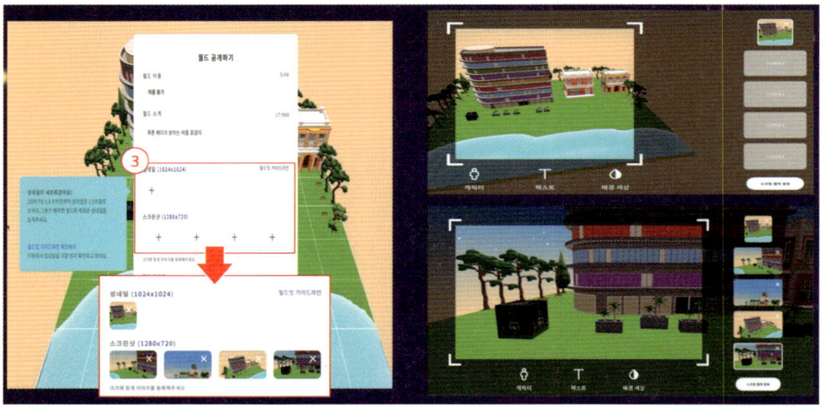

그림5-47 제페토 빌드잇 – 정보 작성

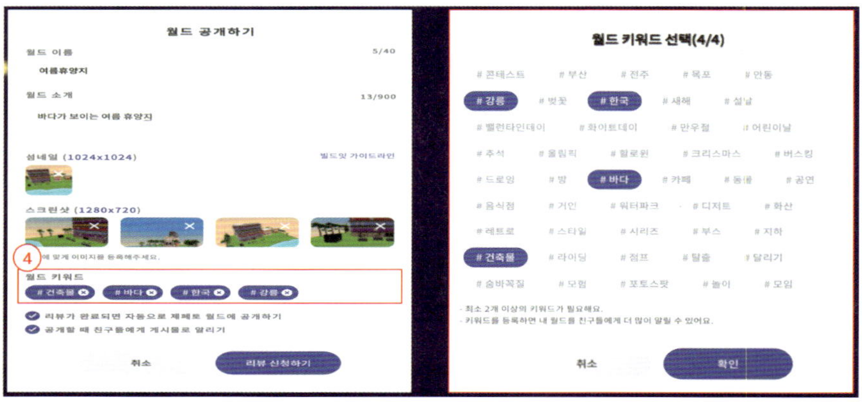

그림5-48 제페토 빌드잇 – 키워드 등록

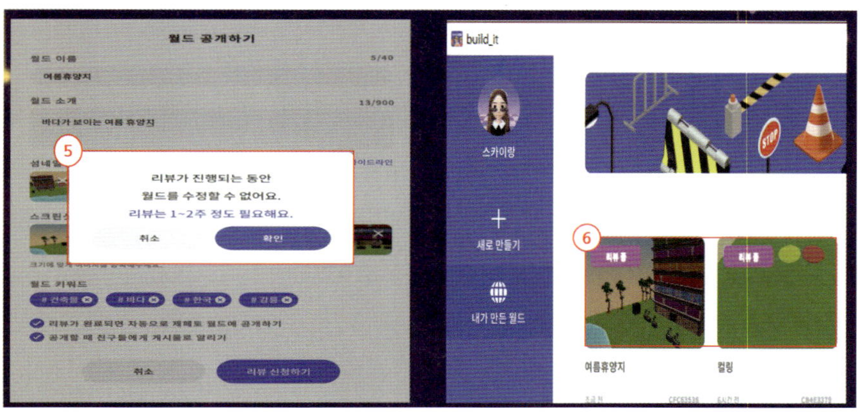

그림5-49 제페토 빌드잇 – 리뷰

(2) 공개한 맵 결과 확인하기

제페토 팀에서 ⑦월드 공개 심사를 거절할 경우에는 내용을 첨부해서 안내하고 있으니 내용을 보완해서 다시 수정하면 된다.

그림5-50 제페토 빌드잇 – 심사 거절

(3) 맵 심사 통과 기준과 주의사항

맵 공개 전에 확인해야 하는 맵 심사 통과 기준과 제페토 빌드잇 가이드라인에 대해 알아보자.

우선 제페토 스튜디오의 가이드라인을 통과한 콘텐츠만 업로드 또는 입점할 수 있다. 부적절하다고 판단되는 콘텐츠에 대해서는 업로드 또는 입점이 불가하며, 유저에 의해 사용되거나 판매가 된 이후에도 중단될 수 있다. 또한 빌드잇 V0.18.0부터 1024×1024pt(1:1)로 썸네일 크기가 변경되었는데, 제작한 맵이 더 매력적으로 보일 수 있도록 최신 버전으로 업데이트하라는 안내가 있으니 꼭 체크하도록 한다.

먼저 빌드잇 썸네일은 유저들이 맵에 방문하기 전 맵에 대한 매력을 판단할 수 있

그림5-51 제페토 빌드잇 공식 홈페이지 가이드라인
출처: 제페토 공식 홈페이지

는 이미지로 해상도 1024×1024pt(1:1) 사이즈, 맵의 특징 또는 전경이 정돈된 텍스트(맵 이름)와 함께 활용된 썸네일, 맵의 분위기에 어울리는 캐릭터가 텍스트(맵 이름)와 함께 활용된 썸네일을 제작해야 한다.

거절되는 경우는 완성도가 부족한 썸네일, 1024×1024pt(1:1) 사이즈에 맞지 않을 경우, PNG 이미지 형식의 투명 배경이 그대로 보이는 경우, 전체 사이즈 대비 하늘 등 빈 영역이 많은 경우, 정돈되지 않은 텍스트가 삽입된 경우, 현저히 낮은 해상도의 썸네일이 출력되는 경우, PC 화면이나 메뉴 등이 함께 출력되는 경우, 맵과 무관한 내용을 표현하는 경우가 해당한다.

개인 외에 기업이나 단체의 홍보, 행사용 월드도 제작할 수 있지만 브랜드 로고나 연관 이미지 등 해당 기업을 나타내는 표시가 들어가는 경우 심사 제출 전 고객센터에 문의하고 진행해야 하는 등 주의사항이 있다. 만약 월드 안에 이미지나 음원을 사용할 경우 저작권을 침해하지 않도록 주의해야 한다. 또한 제페토 측에서는 이미 게시된 크리에이터 월드가 커뮤니티 가이드라인에 맞게 운영되고 있는지 수시로 확인하고 있다.

이렇게 PC 기반으로 간단한 조작법을 익히고 가이드라인을 준수한다면 누구나 제페토 안에서 인테리어 디자이너, 건축전문가, 맵 전문가가 될 수 있다. 정성스럽게 만든 자신의 맵을 유저들이 많이 찾아와서 소통할 수 있는 개성 만점 놀이터가 되도록 만들어 보자. 우리는 모두 맵 크리에이터!

최근 사람들이 자주 찾는 곳 중 하나가 카페이다. 커피 시장은 어마어마한 성장을 했고 이미 확장되어 과포화 상태이다. 가상공간 제페토 월드에도 대형 커피 브랜드들이 일찌감치 입점해 홍보에 열을 올리고 있다.

처음 커피 시장은 그렇게 크지 않았고 커피를 좋아하는 사람들이 커피를 마시러 가는 공간이었다. 하지만 지금은 어떤가? 커피를 마시기보다는 누군가와 만남을 위한 장소, 스터디하는 장소, 비즈니스 미팅 장소로 이용하는 등 다양한 기능을 한다. 마치 한국의 사랑방과 같은 만남의 장소 역할을 하고 있다. 그렇다면 가상공간 안에서 아바타들이 모여들 플랫폼은 어디가 될까?

이미 우리는 인터넷을 통해, 모바일을 통해 플랫폼의 힘을 경험한 바 있다. 메타버스의 시대. 가상현실 세계는 우리 삶의 일부분이 될 것이고 생활 공간이 될 것이 틀림없다. 이미 3억 명 이상의 유저들이 제페토를 이용하고 있고 지금도 꾸준히 늘고 있다. 밀레니얼과 Z세대가 집중적으로 모여있는 공간 제페토는 새로운 경험을 원하고 창의적인 자신만의 스토리를 원하는 전 세계 예비 고객들에게 비즈니스를 알릴 수 있는 충분히 이상적인 공간이다. 또한 한류의 인기와 더불어 다양한 문화의 소비가 가상공간 안에서도 전 세계 유저들에게 높은 관심을 끌고 있다. 특히 엔터테인먼트 산업과 함께 한국의 멋과 문화를 제대로 알리고 공유할 수 있는 관광상품, 놀이공간이자 사회문화가 형성되는 공간을 직접 만드는 맵 크리이터는 이제 누구나 도전할 수 있다. 자신만의 상상력과 창의력을 가지고 나의 브랜드를 만들어 알려보자.

나만을 위한 공간에서 소통 장소 그리고 사회, 경제, 문화 활동이 가능한 시장으로 제페토 빌드잇을 적극적으로 활용할 수 있는 우리 모두가 되길 기대한다.

6

게더타운 시작하기

매일 급변하는 세상, 지금껏 한번쯤은 들어본 메타버스가 우리의 삶 속으로 성큼 다가오고 있다. 메타버스가 급속도로 우리 삶에 스며든 이유는 무엇일까? 2019년 11월에 시작된 코로나19로 일반적인 일상과 업무환경에 구조적인 변화가 생겼다. 대면(contact)에서 비대면(untact)으로, 오프라인에서 온라인으로 세계는 변화되었다. 바이러스가 바꿔 놓은, 그리고 바뀌게 될 경제 속에 살아가는 우리의 생활방식과 소비문화 또한 온라인으로 더 스며들게 되었다.

이제는 사람과 사람이 직접 대면하여 만나는 공간들보다 온라인에서 만나는 비대면 공간들이 익숙해지고 있다. 재택근무로 인한 업무회의뿐만 아니라 학교교육, 직장 내 신입교육, 컨퍼런스 행사, 기업 홍보 및 모임 등 다양한 분야에서 비대면 공간의 중요도가 높아졌다. 이미 많이 사용되고 있는 화상회의 플랫폼인 줌(Zoom)과 같이 화상회의가 가능하고 메타버스의 가상공간이 결합된 플랫폼들이 있다. 현실의 삶의 모양이 투영된 가상의 온라인 공간에서 비대면(untact)으로, 온라인을 통해 외부와 연결(on)되어 온택트(ontact)가 된다.

메타버스 플랫폼 중에서도 가장 보편적이며 대중적으로 사용되어지는 플랫폼은 게더타운(gather.town)이다. 게더타운은 일방적인 소통이 아닌 오프라인의 나를 대신하는 온라인 속 아바타를 이용하여 사람들과 안전하고 즐겁게 가장 실재적으로 소통이 가능한 플랫폼이다. 단순한 3차원 공간을 뛰어넘은 재구성된 가상의 공간에서 일하고 공부하고 소통하며, 나만의 메타버스 공간도 창작할 수 있는 게더타운에서 메타버스의 첫 생활을 시작해 보는 건 어떨까. 이번 장에서는 게더타운의 기초 입문과정을 배워 보도록 하자.

1
게더타운이란?

장기화된 코로나로 익숙해진 비대면 서비스 활동영역들이 있다. 그중에서도 가장 활발히 사용되는 플랫폼은 일대일 화상회의는 물론 다대다 화상회의가 가능한 게더타운(gather.town)이다. 게더타운은 화상회의 플랫폼에 메타버스 요소가 결합된 플랫폼으로서 다양한 가상공간의 UI를 사용자가 직접 참여하여 창작할 수 있고, 자신만의 캐릭터로 가상공간을 활동할 수도 있다.

게더타운은 2020년도에 출시된 획기적인 화상회의 서비스로서 미국 스타트업 회사인 Gather Presence에서 개발하였으며, 2차원 가상 템플릿을 제공한다. 보편적으로 이용하고 있는 줌(Zoom)과 같은 화상 서비스는 장시간의 화상통화 시 피로도가 많이 발생한다. 게더타운은 이러한 줌 피로증후군(Zoom Fatigue)을 보완할 수 있고, 참여자가 직접 아바타를 사용하여 움직이기 때문에 참여 집중도를 높일 수 있다.

게더타운 설립 배경 및 목적

게더타운은 2020년 5월 실리콘밸리에 창업된 기업으로 당시 미국 샌프란시스코의 개발자 쿠마일 재퍼(Kumail Jaffer), 필립 왕(Phillip Wang), 사이러스 타브리지(Cyrus Tabrizi)가 만들어 낸 가상의 오피스 플랫폼이다. 처음에는 온라인 타운 서비스를 시작하였다가 코로나19가 급격히 확산되며 화상회의가 확산되자, 온라인 타운을 오피스 플랫폼으로 활용하는 방향으로 게더타운을 출시하게 되었다. 게더타운 설립 목적으로는 온라인에서 만날 수 있는 더 나은 방법을 구축하며, 가상 상호작용을 보다 인간적으로 만들기 위해 설계된 화상채팅 플랫폼이라고 설명하고 있다.

게더타운은 기존 비대면 플랫폼의 단점을 최소화시키고 소비자의 요구를 잘 파

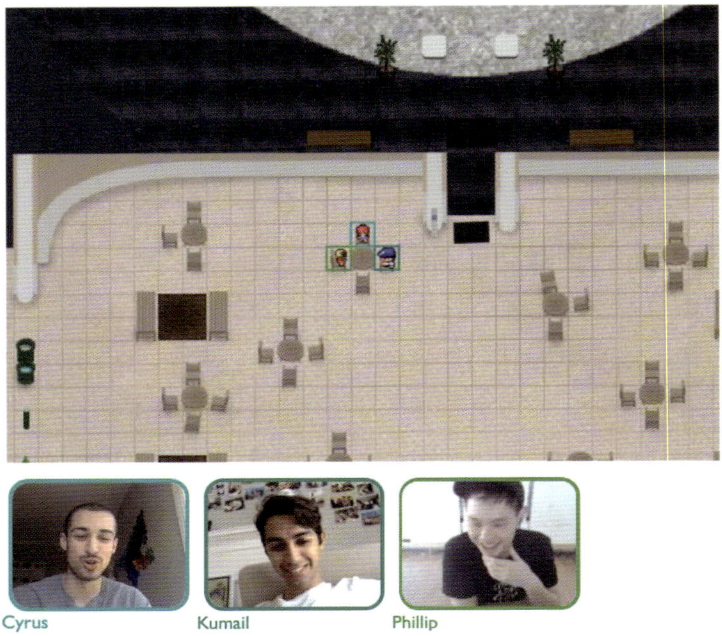

그림6-1 게더타운 초기버전인 온라인 타운
출처: 와이어드

그림6-2 게더타운의 목적
출처: 게더타운 홈페이지

악하여 발전시켰다. 사용자들은 게임을 즐기는 기분으로 메타버스 온라인 가상공간에서 또 다른 자신을 나타내는 아바타를 만들어 활동하며, 다양한 사람들과의 연결 및 소통을 유도한다. 현재 게더타운 대표 CEO를 맡고 있으며 공동 창립자인 필립 왕(Phillip Wang)은 "온라인 회의에서 오는 피로는 현실 감각과의 괴리에서 시작된다고 생각했다"며, "다른 화상회의 솔루션이 공간 음향 기술과 잘 작동하지 않는다는 것에 착안해 현실의 모습을 잘 담아놓은 자체적인 온라인 회의 시스템을 구축했다"고 얘기하였다. 또한 게더타운 창업 가치는 창업 1년만에 2조 3천억 원의 기업 가치를 인정받았으며, 500만 명 이상의 유저를 확보한, 앞으로의 기대와 발전방향성이 무궁무진한 기업으로 주목받고 있다.

게더타운 특징

게더타운의 장점 첫 번째는 실재감이 우수하다는 점이다. 대중적으로 사용하는 화상회의 플랫폼 줌처럼 화상회의를 통한 화상채팅을 바탕으로 내 아바타를 통해 같은 가상공간으로 입장한 다른 아바타에 접근함으로써 카메라와 마이크가 활성화되어 화상회의가 가능하다. 게더타운 내 가상공간을 돌아다니면서 다른 사람과 자연스럽게 어울릴 수 있으며, 다른 아바타와의 거리에 따라 목소리 들리는 정도가 구현되

그림6-3 public 공간과 private 공간
private 공간으로 이동하면 그 영역만 밝게 표시된다.

어 실제 공간에서 대화를 하는 듯한 환경을 제공한다. 또한 가상공간 내에서 대중적인 퍼블릭(public) 공간과 특별하게 지정된 프라이빗(private) 공간을 나눌 수 있어 개인적인 대화의 프라이버시도 존중된다.

두 번째는 다양한 외부 응용 프로그램들을 삽입하여 상호작용할 수 있다는 점이다. 영상이나 이미지, 유튜브(YouTube) 링크, 파일 등의 자료를 연결할 수 있어 게더타운 내 가상공간의 활용도가 넓게 확장된다. 상호작용이 적용된 물체(Objects)에 다가가면 노란색으로 변하는데, 이때 X키를 누르면 활성화된다. 해당 물체에 연결된 외부 응용 프로그램이 작동되어 게더타운 내에서의 활용도가 상당히 높다.

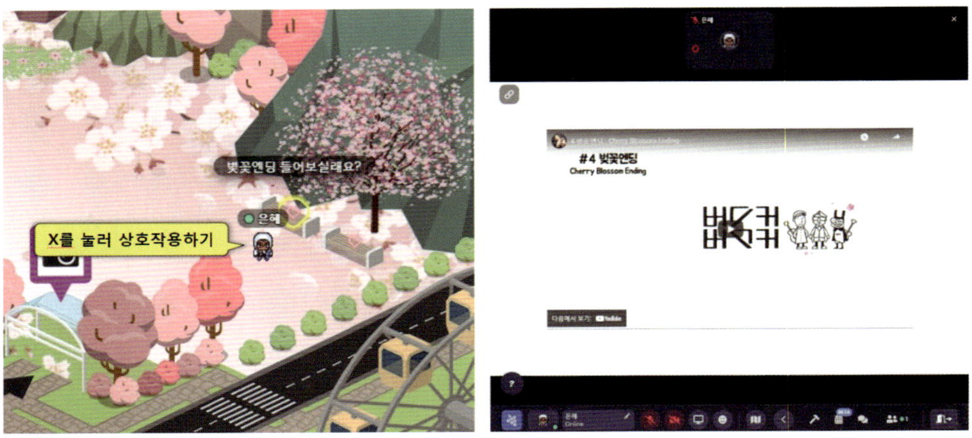

그림6-4 상호작용이 활성화된 물체(Objects)와 연결된 유튜브 링크

세 번째는 누구나 무료로 게더타운 가상공간 맵을 창작할 수 있다는 점이다. 2D 도트 그래픽을 기반으로 쉽게 접근할 수 있으며, 쉽고 빠르게 메타버스 공간을 만들 수 있다. 컴퓨터를 잘 다루지 못한다면 기본으로 제공되는 다양한 템플릿을 사용할 수 있어 접근성도 뛰어나다. 7개의 카테고리로 나눠지며 101개의 템플릿이 제공되므로 필요에 따라 적절한 공간을 선택할 수 있다.

또한 최대 동시 접속자 25명까지 무료로 제공하고 있어 소규모 모임의 활용도가 높다. 25명까지는 시간 제한 없이 이용할 수 있으며, 공간도 제약이 없고 물체(Objects)의 사용도 무료로 배치가 가능하다. 26명에서 500명까지는 유료버전으로 사용이 가

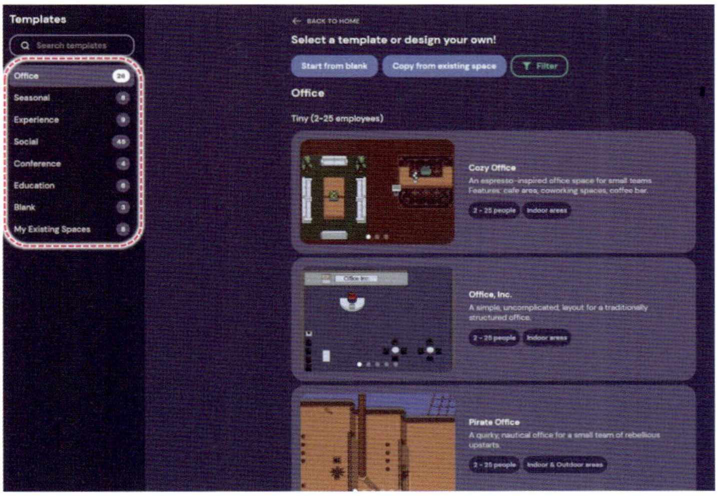

그림6-5 게더타운에서 제공되는 다양한 템플릿

능한데, 유료버전은 프리미엄 서버를 제공하기 때문에 안정적인 서비스를 통해 서버 성능을 보장한다. 예를 들어, 50명의 접속자가 하루 동안 사용을 해야 한다면 50명 × 3달러 = 150달러를 지불하면 된다. 교육기관 및 비영리 단체는 신청을 통해 30% 할인 적용을 받을 수 있다.

게더타운은 가장 손쉽게 통용되는 플랫폼이지만 기능, 용도에 따라 다른 메타버스 플랫폼을 사용해 보는 것도 추천한다. 게더타운은 2D를 기반으로 하여 모바일 기능이 제한적이며, PC 웹에서만 사용 가능하기 때문에 모바일 APP에서 사용 가능한

그림6-6 요금제 플랜
출처: 게더타운 홈페이지

제페토(Zepeto)나 이프랜드(ifland)의 활용을 고려해 볼 수 있다. 표6-1과 같이 사용 방식과 주요 특징 및 기능들을 잘 살펴보고 메타버스 내 모임의 공간을 적절히 선택하여 사용하도록 하자.

표6-1 각 플랫폼 비교표

메타버스 플랫폼	게더타운(Gather.town)	제페토(Zepeto)	이프랜드(ifland)
운영 기업	Gather Presence	네이버 제트(Z)	SK 텔레콤
출시	- 2020년 5월 출시 - 누적회원 500만 명 이상(기업가치 2조 3천억 원)	- 2018년 8월 출시 - 누적회원 3억 명 이상(3조원 이상 기업가치)	- 2021년 7월 출시 - 누적회원 460만 명 이상
사용 방식	- PC 웹(크롬, 파이어폭스)에서 최적화 - 모바일 제한적 기능	모바일 APP	모바일 APP (제페토보다 높은 사양에서 지원)
주요 특징	- 2D 도트 그래픽 기반한 메타버스 가상공간을 제공하며, 아바타를 통해 동료들과 협업 - 기업들의 재택근무를 지원하는 업무용으로 제작되어 오피스 공간으로 많이 활용	- 아바타를 통해 가상세계에서 얼굴인식, 증강현실 기반으로 다른 이용자들과 소통하거나 가상현실을 경험할 수 있는 3D 가상 소셜 플랫폼	- 다양한 아바타 및 테마의 가상공간 제공 - 직접 주제와 가상 테마공간을 선택하여 콘텐츠를 공유하며 음성 및 채팅으로 소통하는 3D 소셜 커뮤니케이션 플랫폼
기능	- 가상공간을 직접 꾸미고 창작 가능하며, 오브젝트를 무료로 배치 가능 - 카메라, 오디오, 실시간 화상 채팅 및 메신저 지원 - 사용자가 직접 아바타를 움직여(방향키) 공간을 이동하면서 활동하며 다른 아바타들과 소통 가능	- AR콘텐츠 게임과 SNS 소통 기능이 강화 - 제페토 스튜디오를 통해 패션 아이템 제작 및 판매 가능(아이템 크리에이터) - 제페토 빌드잇으로 가상공간(월드) 제작 가능	- 다양한 아바타 및 패션 아이템 보유(무료) - 한 개의 가상공간(랜드)에 131명 동시 접속
활용 방안	- 회사 재택근무용 가상 오피스(다대다 방식) - 가상수업, 강의, 컨퍼런스 행사 - 랜선 파티, 결혼식 등	- 엔터테인먼트(사인회, 콘서트, 앨범, 공연) - 가상공간 체험(놀이공원, 한강 CU 편의점 등) - 기업 브랜드 광고(구찌, 빙그레 등)	- 기업설명회(일대 다수의 방식) - 대학교 입학 및 졸업식 - 브랜드 가상광고 - 콘서트, 페스티벌 등 행사
사용 요금	-1명~25명 이하 서비스 무료 - 동시접속자 26명~500명까지 유료 - 접속자당 2달러(2시간), 3달러(하루 단위), 7달러(월 단위)	- 서비스 무료 - 아이템 구매는 유료(아바타 꾸미기)	- 서비스 무료 - 월드를 유지하거나 새로운 맵 제작 시 따로 문의 필요(천만 원 단위)

2
게더타운 활용사례

다양한 사례들을 중심으로 게더타운의 활용법을 알아보도록 하자. 게더타운은 재택 근무를 지원하는 업무용으로 초기 제작되었기 때문에 오피스 공간으로 가장 많이 활용된다. 또한 요금을 지불하면 500명까지 한 스페이스(Space)에 참여할 수 있기 때문에 대규모 교육 및 컨퍼런스 행사에도 적극적으로 활용되고 있다. 스페이스에 각 기능과 행사 순서에 맞는 룸(Room)들을 제작하여 사용한다. 아기자기하고 귀여운 그래픽으로 소비자 및 대중들에게 부담없이 다가갈 수 있기에 기업의 홍보와 소셜 공간으로의 활용도도 높다. 더불어 포토샵, 일러스트, 아이코그램즈와 같은 외부 응용 프로그램들을 사용하여 좀 더 입체감이 있는 2.5D의 창작 공간들도 많이 사용되고 있다.

홈 오피스

서울시설공단

서울시설공단은 서울특별시 주요 인프라 시설의 관리·운영을 책임지는 공공기관으로, 2021년 6월 공공기관 최초로 '게더타운 가상오피스'를 시범적으로 운영했다. 게더타운 내에서 슬라이도 사용으로 회의시간 중 실시간으로 의견을 수렴하여 업무의 활용도를 높였다. 또한 코로나19의 초기 대응에 발 빠르게 원격 화상시스템을 적용하였고,

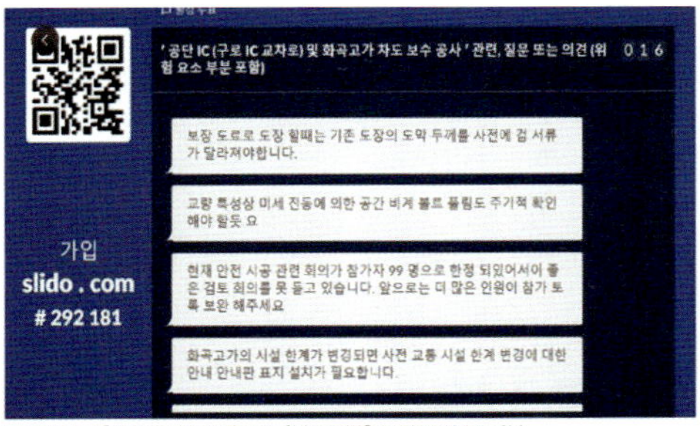

▲ 슬라이도를 사용해 이처럼 회의 중간에도 다수 참여자의 의견을 실시간으로 받아보고 있다.

그림6-7 게더타운 내에서 진행된 노사청렴협약식
출처: 서울시설공단

'메타버스 TF'를 구성하여 점진적으로 게더타운 오피스로 출근하는 부서를 늘려갔다.

메타버스를 공단에 빠르게 도입할 수 있도록 '메타버스 전략 TF'를 별로도 구성하여 공단 운영에 활용할 수 있는 각종 메타버스 아이디어를 발굴하고 도입하고 있다. 게더타운 가상 오피스 도입 역시 TF의 성과로, 부서 직원들은 재택근무자와 공단 출근자 모두 게더타운 가상 오피스로 출근하며 업무를 진행한다. 미리 공지 받은 회의실로 아바타를 이동시켜 가상 오피스 내에서 활발한 회의도 이루어지고 있다.

직방 '메타폴리스'

직방은 이용자가 원하는 집을 쉽고 빠르게 구할 수 있도록 구체적인 정보를 제공하는 대한민국 대표 부동산정보 서비스 플랫폼이지만, 직방 임직원들은 출근할 회사가 실제적으로 없다. 서울 서초구에 자리 잡았던 오프라인 사무실을 파격적으로 메타버스 속 '메타폴리스'라는 가상의 사옥으로 치환했기 때문이다. 이를 통해 높은 임대료와 간접비를 줄였으며, 기존 서초구에 있던 오프라인 사무실을 '메타폴리스' 4~5층에 그대로 재현하여 근무한다.

메타폴리스뿐만 아니라 게더타운을 이용하면서 비대면 원격 근무를 상시화하였고 기본 근무 형태로 자리를 잡아가고 있다. 또한 수도권 거점별로 서현역과 당산역에 직방 라운지를 운영하여 오프라인 업무 및 미팅이 필요한 직원들을 위해 자유로운 방문이 가능하도록 하였다. 게더타운을 활용함으로써 전통적인 오프라인 출근의 개념이 없어졌으며 코로나19 상황 속에서 직원들의 근무 만족도는 높아졌다.

그림6-8 온라인 가상업무공간 '메타폴리스'

출처: 직방

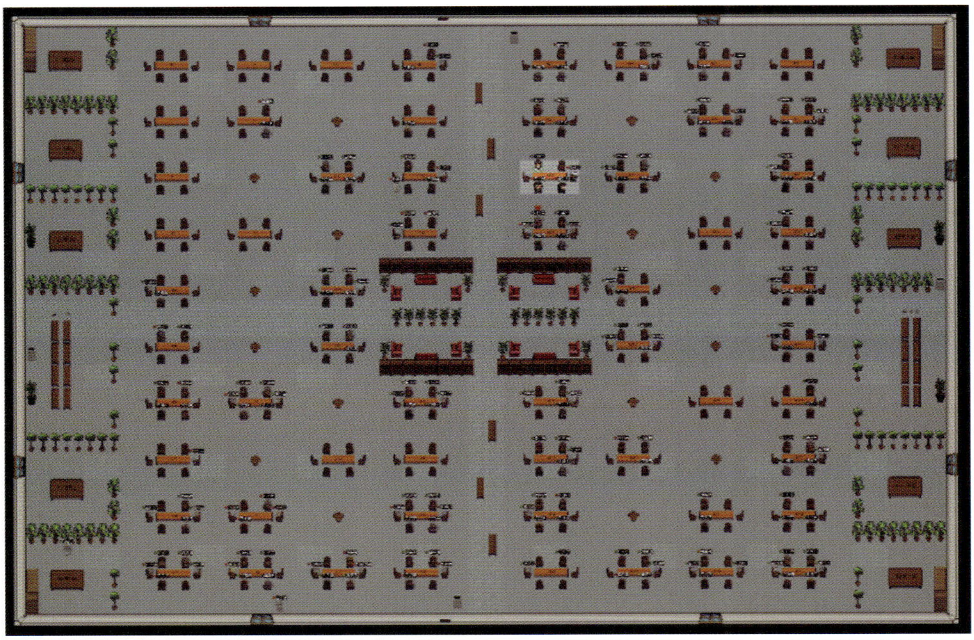

그림6-9 게더타운 온라인 가상업무 공간

출처: 직방

교육 및 컨퍼런스

서울디자인재단, 2021 서울디자인위크 리부트 세미나 in DDP

서울시 대표 디자인 축제 '서울디자인위크 리부트'는 가상공간 메타버스에서 세미나 개최를 진행하였다. 2014년부터 매년 DDP에서 열렸지만, 2021년도에는 메타버스 플랫폼 게더타운에 구현된 가상의 DDP에서 열렸다. 알림터, 살림터 등 DDP의 주요 시설 공간이 똑같은 메타버스 온라인 공간에서 각자 아바타로 만나 의견을 내고 소통

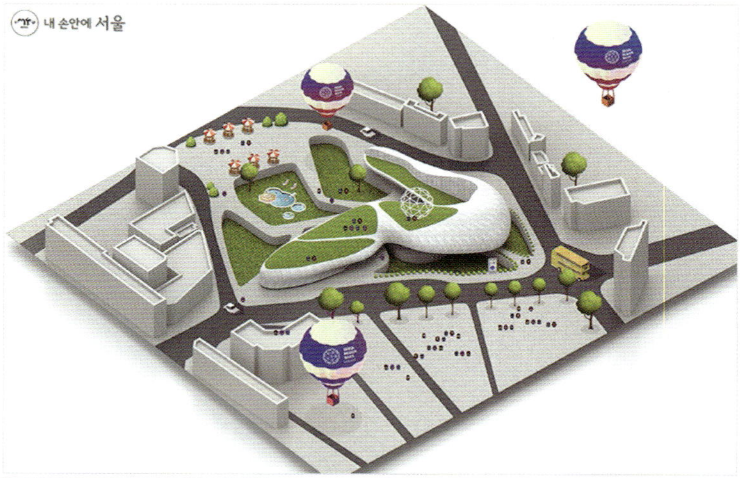

그림6-10 게더타운 서울디자인 리부트 DDP 전경
출처: 서울디자인재단

그림6-11 게더타운 서울디자인 리부트 세미나 장소 및 옥상정원
출처: 서울디자인재단

한다. 서울디자인재단은 앞으로 서울시가 추진하는 '메타버스 서울'에서도 디지털 디자인 생태계 구축을 위해 서울 디지털 디자인 산업을 지원하며, 디자인 솔루션을 제안하여 해결 방향성을 제시함으로써 서울시 정책에 참여할 계획이라고 한다. 또한 서울 디자인과 시민의 접점을 확대하고 확장해 나가도록 메타버스를 활용한 다양한 사업을 전개해 나갈 예정이다.

한국무역투자진흥공사 KOTRA, 두바이 코리아 이노베이션 페어 2022

2022년 1월 17일 한국무역투자진흥공사 KOTRA(코트라)는 '메타버스의 한국 스타트업 2022'를 주제로 게더타운에서 박람회를 개최했다. 게더타운 박람회와 동시에 두바이 전시 센터에서 오프라인 행사가 병행되었으며, 모빌리티(Mobility), 지속 가능성(Sustainability), 산업분야 혁신기술을 보유한 기회(Opportunity) 등 국내 100여 개 기업과 해외 바이어 200여 명이 참가했다. KOTRA(코트라)는 일반적인 이벤트의 개념을 깨고 물리적인 제약 없이 비즈니스 기회와 교류의 촉진을 장려했다. 전시관 및 상담실, 스타트업 피칭(pitching)과 라이브 설명회로 진행된 본 행사는 국내외 투자자, 관계자 등도 참여하여 두바이 현지 시간을 기준으로 행사가 진행되었다.

그림6-12 게더타운 KOTRA, 두바이 코리아 이노베이션 전경
출처: 플러스마이너스픽셀

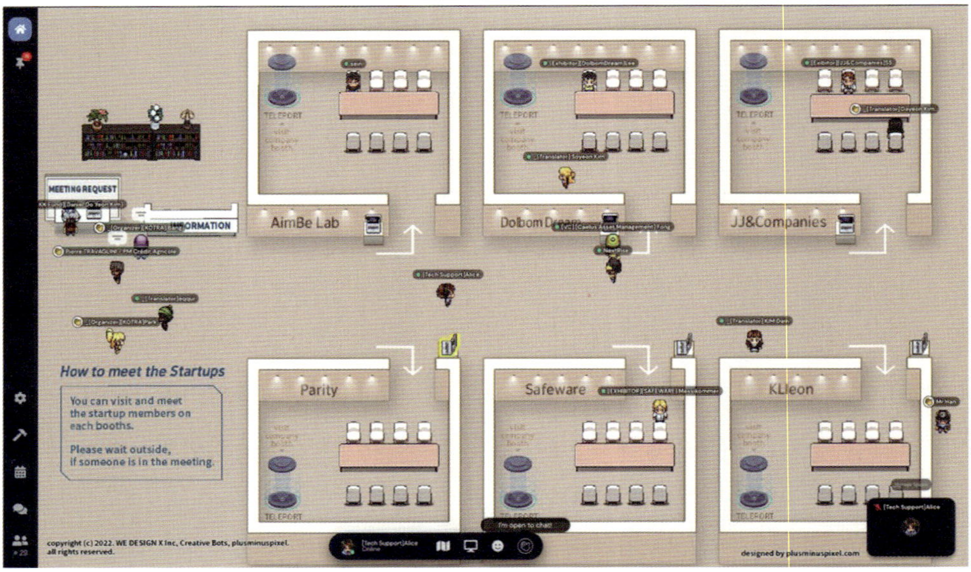

그림6-13 게더타운 KOTRA, 두바이 코리아 이노베이션 미팅룸
출처: 플러스마이너스픽셀

홍보 및 소셜

러쉬코리아, 윈터 쇼케이스: 오버 더 클라우드

러쉬코리아는 2022년 12월 13일부터 7주간 진행되는 쇼케이스를 메타버스 플랫폼인 게터타운에서 운영했다. 고객과 소통하는 것을 중요하게 생각하는 브랜드로서 새로운 소통 창구인 메타버스 플랫폼 게더타운을 통해 러쉬의 브랜드 가치와 철학을 공유하기를 원하고 있다. 메타버스 콘텐츠 전문 기업 빌드엠(BLD.M)과 협업하여 '러쉬랜드', '스노우 페어리 랜드', '크리스마스 랜드'로 3가지 이벤트 공간을 제작함으로써 일반 사용자들이 언제든지 접속해 구경할 수 있도록 하였다.

그림6-14 게더타운 러쉬코리아 입장
출처: 러쉬코리아

그림6-15 게더타운 러쉬코리아 이벤트 공간
출처: 러쉬코리아

롯데시네마, 가상 영화관 롯시타운

'롯시타운'은 롯데시네마 월드타워 및 잠실 롯데타운을 메타버스로 재구현한 가상공간이다. 게더타운을 통해 영화관의 체험 요소를 더 추가시키고 강화시켜 소비자들이 직접 참여하고 즐길 수 있는 온라인 공간을 선보였으며, MZ세대와의 소통 기회를 마련하고 다양한 이벤트와 볼거리를 제공하였다. 여기에 영화관, 메인 로비, 홍보관, 운동장(OX 게임) 등 다채로운 가상공간들을 만들어 오락의 요소도 추가했다. 롯시타운의 각 공간들을 돌아다니다 보면 선물 박스를 발견할 수 있으며 경품도 받을 수 있다.

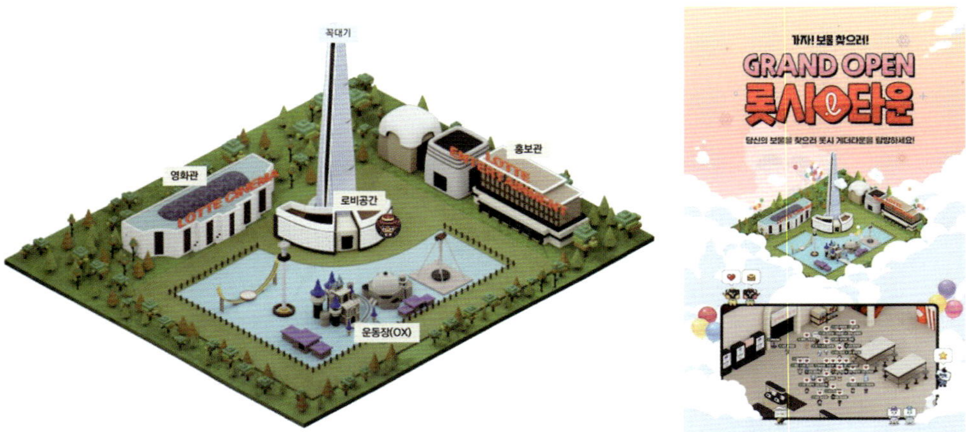

그림6-16 게더타운 롯시타운 전체 맵과 홍보물
출처: 롯시타운

그림6-17 게더타운 롯시타운 메인로비, 라운지, 영화제작교실
출처: 롯시타운

3
게더타운 입문하기

앞서 게더타운의 전반적인 설립배경 및 특징들을 알아보았으니 이제 게더타운을 시작해 보자. 우선 기본 설정 및 조작 방법, Space(스페이스), Map maker(맵 메이커)를 배워보도록 하자.

게더타운 기본 설정하기

게더타운을 시작하기 전에 먼저 첫 번째로 인터넷 환경 설정을 확인해야 한다. 현재 게더타운은 크롬(Chrome) 및 파이어폭스(Firefox)에서 가장 잘 지원되며, 이 밖에 사파리(Safari) 및 마이크로소프트 엣지(Microsoft Edge)에서도 사용이 가능하다. 데스크탑용 사파리(Safari)는 베타 버전으로 지원되어 지원이 제한적임으로 크롬이나 파이어폭스 사용을 권장한다.

그림6-18 웹 브라우저 종류

두 번째로는 웹 브라우저에서 마이크와 카메라 사용 권한을 요청하여 원활한 화상채팅이 가능하도록 설정해야 한다. 게더타운 홈페이지에 접속한 다음 URL 옆에 있는 ①자물쇠 모양 아이콘을 선택하여 ②카메라와 마이크를 활성화시킨다.

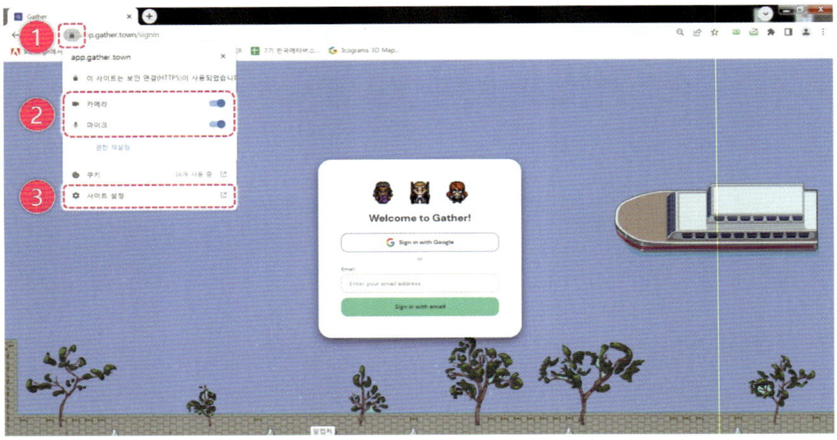

그림6-19 마이크와 카메라 사용 권한 요청하기 (1)

카메라와 마이크가 표시가 되지 않았을 경우에는 ③사이트 설정을 선택하여 사이트 설정의 보안 및 개인 정보 탭에서 ②카메라와 마이크를 허용한다.

그림6-20 마이크와 카메라 사용 권한 요청하기 (2)

게더타운 가입 및 로그인

게더타운 홈페이지(https://app.gather.town/app)에 접속하고, 상단에 ①Sign in을 선택하면 로그인 화면이 표시된다.

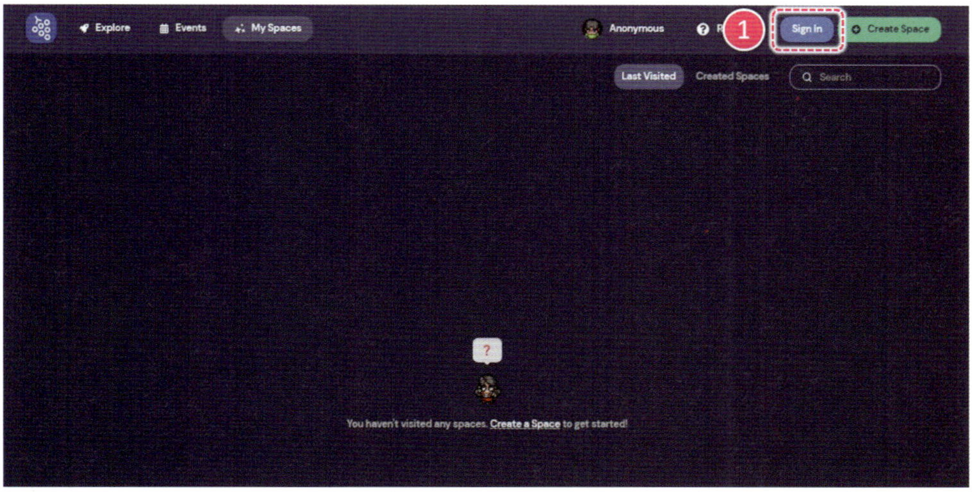

그림6-21 게더타운 홈페이지에서 로그인 및 가입하기

로그인 및 회원가입 화면에서는 구글 계정과 이메일 계정 2가지 방법으로 로그인이 가능하다. 기존 가입되어 있는 ①구글 계정을 사용하면 다른 추가 단계 없이 바로 사용이 가능하다. 만약 이메일 계정을 사용할 경우, 이메일을 입력하면 개인 이메일로 ③6자리의 보안코드를 보내준다. 이메일에서 직접 보안코드를 확인 후 ④입력하여 로그인한다. 이메일 계정을 통해 로그인 할 때는 매번 코드번호가 새로 생성되기 때문에 번거로울 수 있다. 구글 계정은 간단히 로그인이 가능하니 구글 계정을 사용할 것을 추천한다.

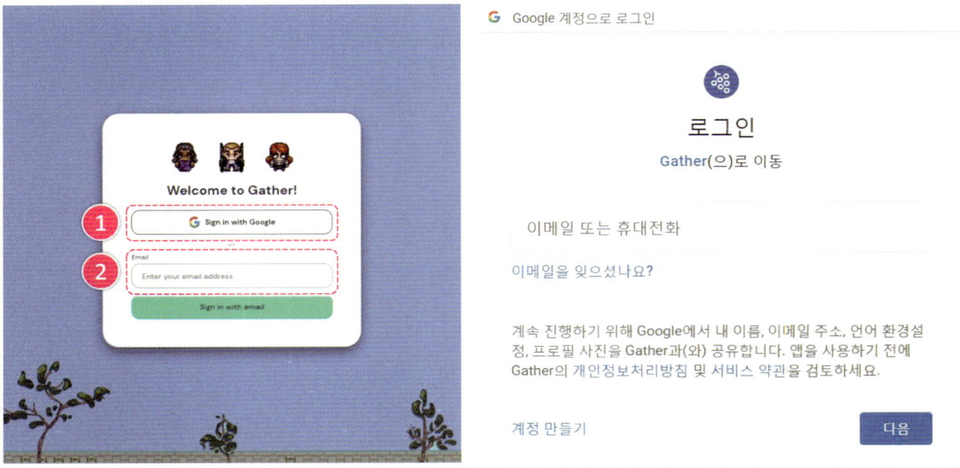

그림6-22 구글 계정으로 로그인하기

그림6-23 이메일 계정으로 로그인하기

캐릭터 만들기

나를 대신하여 게더타운의 공간을 누릴 캐릭터를 만들어 보도록 하자. 게더타운에서는 여러 가지의 조합으로 나만의 캐릭터를 커스터마이징 할 수 있다. Base는 전반적인 캐릭터의 분위기를 나타낼 수 있는 피부색(Skin), 머리 스타일(Hair), 수염(Facial Hair)을 설정할 수 있다.

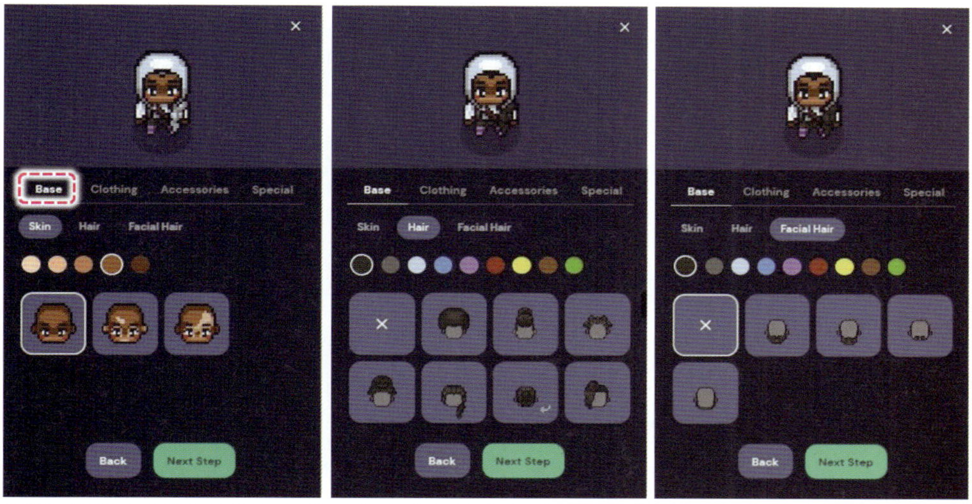

그림6-24 Base에서 캐릭터 꾸미기

Clothing는 캐릭터가 착용할 수 있는 옷으로 상의(Top), 하의(Bottom), 신발(Shoes)이 있다.

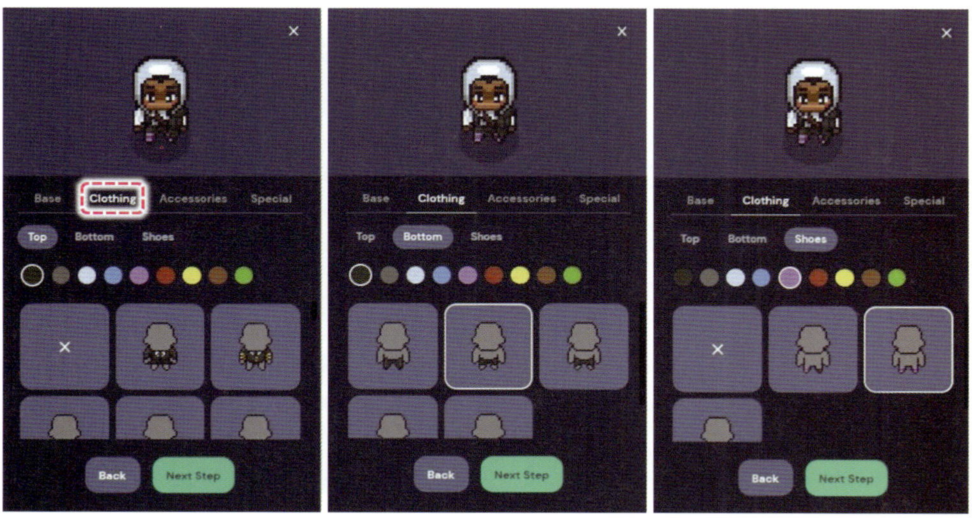

그림6-25 Clothing에서 캐릭터 꾸미기

Accessories는 캐릭터를 다채롭게 꾸밀 수 있는 장식구들로 모자(Hat), 안경(Glasses), 기타(Other)로 구성되어 있다.

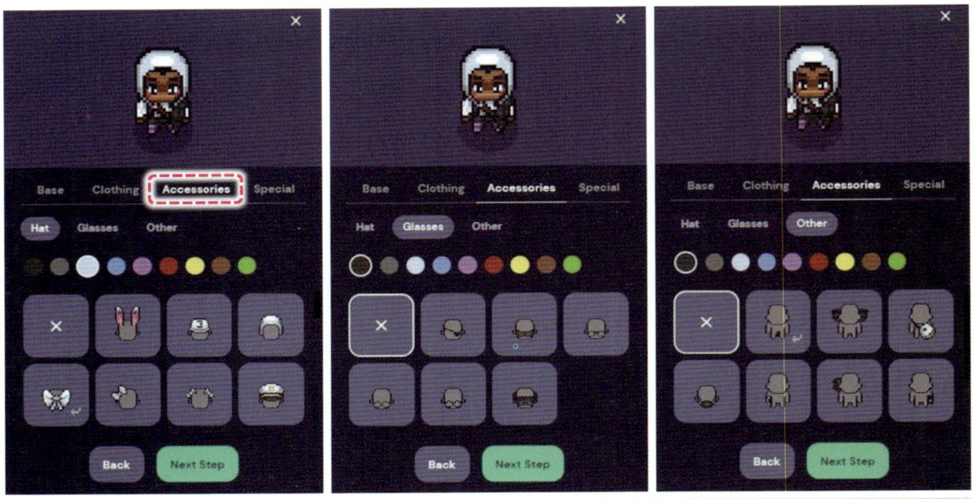

그림6-26 Accessorise에서 캐릭터 꾸미기

캐릭터 꾸미기가 완료되면 ①Next Step을 클릭 후 ②닉네임을 설정해준다. 닉네임은 본인의 이름이나 별명, 참여하는 팀의 이름 등 다양하게 설정할 수 있다. 캐릭터는 언제든지 마음대로 수정이 가능하다.

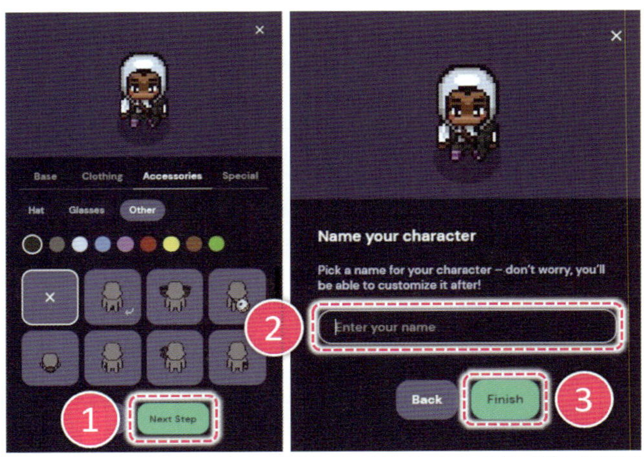

그림6-27 캐릭터 닉네임 설정하기

수정하는 방법은 ①내 캐릭터와 닉네임을 클릭하고 ②Edit Character를 클릭하여 처음 캐릭터 만들기와 같은 방식으로 수정하여 완료하면 된다.

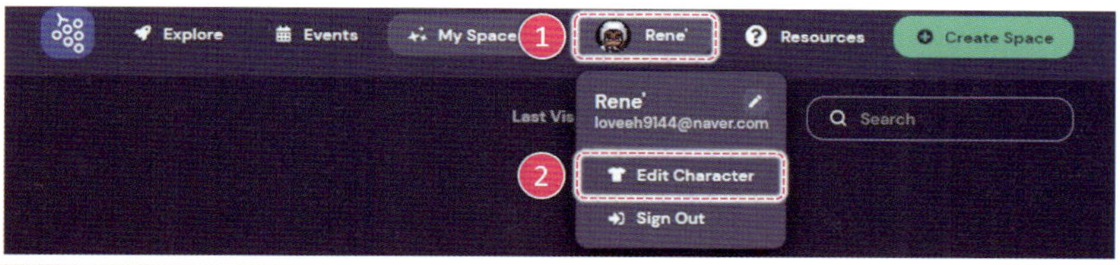

그림6-28 캐릭터 수정하기

게더타운 맵 입장하기

게더타운 맵에서는 이미 다른 사람들이 만든 Space에 초대되거나 직접 Space를 창작하여 입장할 수 있다. 멤버로 초대되면 My Spaces에 기록되어 언제든지 입장이 가능하며, 게스트로 초대되면 초대자가 설정한 시간만큼 Space에 머물 수 있다. 기본 제공 템플릿 사용법 및 멤버나 게스트 초대 방법은 4. Space 시작하기에서 자세히 설명할 예정이다.

카카오톡으로 초대 링크를 받았다면 바로 게더타운 맵으로 이동할 수 있다. 초대 링크를 클릭하면 Space 입장 전 환경설정을 할 수 있다. 마이크와 카메라가 빨간색으로 ①비활성화되어 있다면 한 번 클릭하여 활성화를 시킬 수 있다. 환경설정을 마치면 ②Join the Gathering으로 입장하도록 한다. 한 번 입장했던 Space는

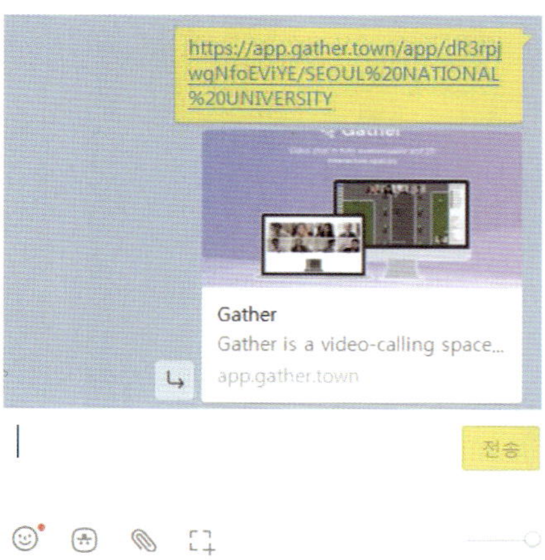

그림6-29 카카오톡 초대 링크

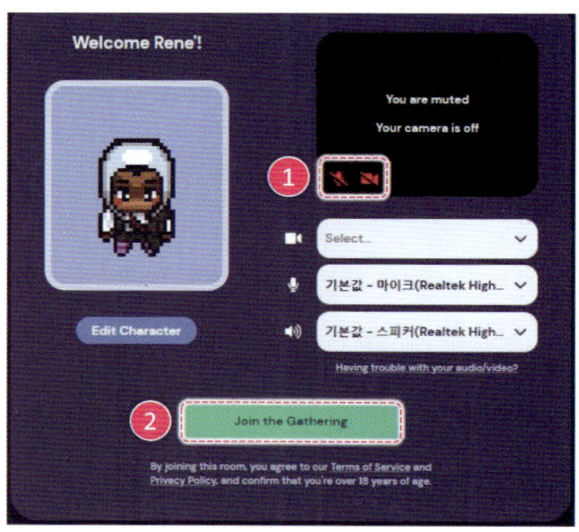

그림6-30 맵 입장 전 환경설정하기

그림6-31 My Spaces 〉 Last Visited에 기록된 Space(스페이스)

그림6-31 에서와 같이 ①My Spaces 〉 ②Last Visited에 방문했던 날과 함께 ③기록된다.

기본 조작 방법

Space에 들어가게 되면 제작자가 설정한 기본 메인 Room으로 입장하게 된다. 게더타운 Space의 기본화면 구성은 그림6-32 와 같다.

그림6-32 기본화면 구성

① 메인 메뉴

- **Invite**: 다른 사람에게 초대 링크를 보내 Space로 초대할 수 있다.
- **Home**: 내가 방문했던 Space 목록 화면으로 이동한다.
- **Manage Space**: 요금결제 및 Space 환경설정을 할 수 있다.
- **Settings**: 카메라, 마이크, 스피커, 화면 비율, 텍스트 사이즈 등을 설정할 수 있다.
- **Help Center**: 게더타운 사용 설명서 및 도움말이 있는 페이지로 이동한다.
- **Send Feedback, See Updates**: 게더타운에게 피드백과 궁금한 점을 물어볼 수 있다.
- **Open in Gather Desktop App**: 게더타운 데스크탑 어플을 실행한다.
- **Report Issues**: 기술담당자에게 문제점을 제시할 수 있다.
- **Sign Out**: 게더타운에서 로그아웃 할 수 있다.

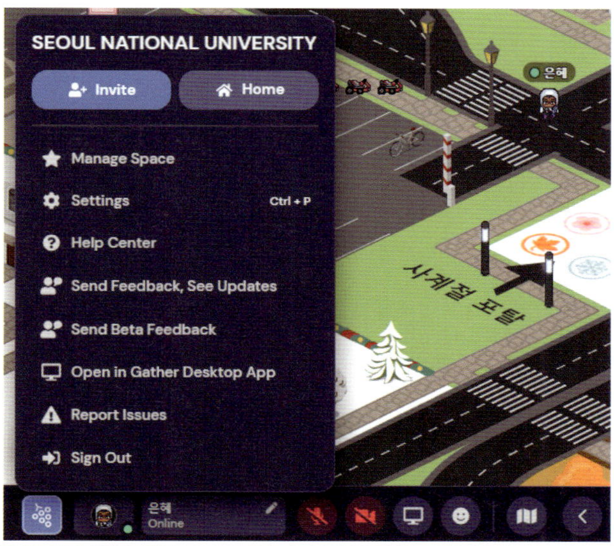

그림6-33 메인 메뉴 화면구성

② 개인 메뉴

- **Edit**: 닉네임을 변경할 수 있다.
- **Add text status**: 현재 내 상태를 텍스트로 표현할 수 있다.
- **Change Character**: 캐릭터 커스터마이징을 수정할 수 있다.

- **Do not Disturb Mode**: 방해금지 모드로 한 타일에서 바로 옆에 있는 사람만 허용한다.
- **Respawn**: 길을 잃었거나 정해진 처음 장소로 돌아가고 싶을 때 사용한다.

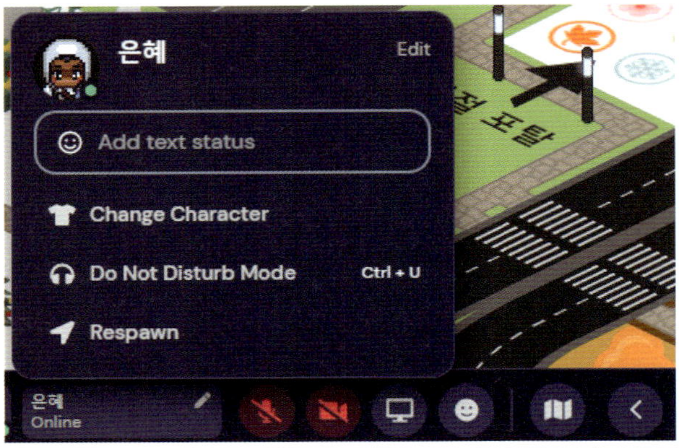

그림6-34 개인 메뉴 화면구성

③ 컨트롤 메뉴

- **마이크**: 마이크를 켜거나 끌 수 있다.
- **카메라**: 카메라를 켜거나 끌 수 있다.
- **화면공유**: 내 PC화면 및 오디오을 공유할 수 있다.
- **이모지**: 이모티콘을 보내거나 맞춤설정 할 수 있다(1~6번 숫자키).
- **미니맵**: Space의 레이아웃과 아바타의 위치를 확인한다.

④ 패널: Space에 참가한 참가자 목록을 알 수 있다.

⑤ Invite: 다른 사람에게 초대 링크를 보내 Space로 초대할 수 있다.

⑥ 아이콘 메뉴

- **빌드 도구**: Space에서 Objects를 추가/제거할 수 있다.
- **달력**: 일정 이벤트(원격 작업) 또는 세션 일정을 볼 수 있다.
- **채팅**: 다른 사용자들에게 메시지를 보내거나 받은 메시지를 확인할 수 있다.

- **참가자 수**: Space에서 참가한 사용자들을 볼 수 있으며, 닉네임을 선택하여 정보 및 메시지를 보낼 수 있다.
- **나가기**: 접속한 Space에서 나가고 싶을 때 사용한다.

(1) 캐릭터 이동하기 〈W,A,S,D / ←↑↓→〉

게더타운 Space 공간에서 캐릭터를 움직이는 방법은 아주 간단하다. 영문키 'W', 'A', 'S', 'D'와 방향키를 사용하여 키보드로 쉽게 이동 가능하다. 또한 도착하고 싶은 Space를 마우스로 두 번 클릭하여 해당 포인트로 걸어갈 수 있다.

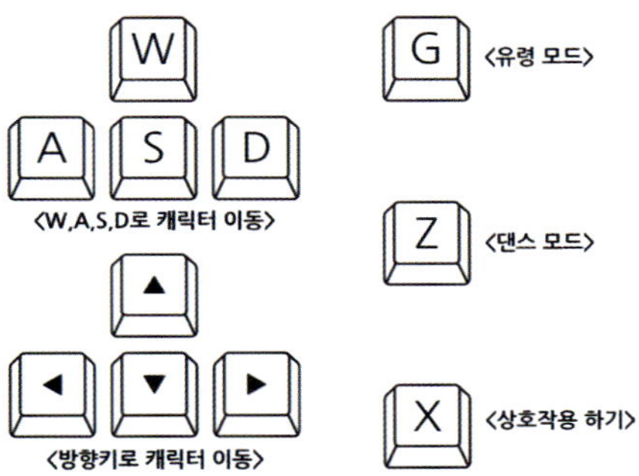

그림6-35 캐릭터 조작 단축키

(2) 캐릭터 유령모드 〈G〉

한 번에 많은 캐릭터들이 좁은 공간에 몰리다보면 다른 캐릭터에 의해 움직이지 못하는 경우가 종종 있다. 이럴 경우에는 'G'키를 꾹 누르고 유령모드를 통해 다른 캐릭터를 통과하고 넘어 다닐 수 있다. 유령모드에 있는 동안은 모든 사용자들과 연결이 끊어지며 유령모드를 종료할 때까지 새로운 화상채팅이 연결되지 않는다.

그림6-36 캐릭터 유령모드
유령모드를 사용하면 캐릭터는 불투명해 진다.

(3) 캐릭터 이모지 사용하기 〈숫자 1~6번〉

이모지를 사용하여 다른 사용자들에게 감정을 빠르게 알릴 수 있으며, 즉각적이고 1차원적인 소통이 가능하다. 이모지를 선택하여 ①직접 클릭하거나, ②숫자 키(1~6번)를 사용하여 빠르게 이모지를 캐릭터 머리 위로 표현할 수 있다.

그림6-37 숫자 키를 사용하여 이모지 표현
(1번: 손인사 / 2번: 하트 / 3번: 폭죽 / 4번: 엄지 척 / 5번: 물음표 / 6번: 손들기)

(4) 캐릭터 춤추기 〈Z〉

댄스 모드를 통해 신나는 기분을 표현할 수 있다. 캐릭터가 손을 좌우로 움직이기 때문에 다른 캐릭터들과 인증 사진을 남길 때 유용하다. 댄스 모드를 멈추려면 방향키 또는 W, A, S, D 키를 사용하면 된다.

그림6-38 캐릭터 춤추기

(5) 다른 캐릭터와 채팅하기

Space에 접속한 다른 사용자들과 채팅을 하려면 하단 메뉴에서 ❶채팅을 클릭하고 채팅 패널 아래에 있는 ❷Message에 전달하고자 하는 내용을 써 보내면 된다. ❸To를 클릭하면 내 아바타 근거리에 있는 사용자들에게만 메시지를 보내는 'Nearby 모드'와 Space에 있는 모든 사용자들에게 메시지를 보내는 'Everyone 모드'가 있다. 특정한 사용자와 채팅을 할 경우에는 그 사용자의 아바타를 마우스 오른쪽 버튼으로 눌러 Send chat 메뉴를 통해 1:1 대화를 사용할 수 있다.

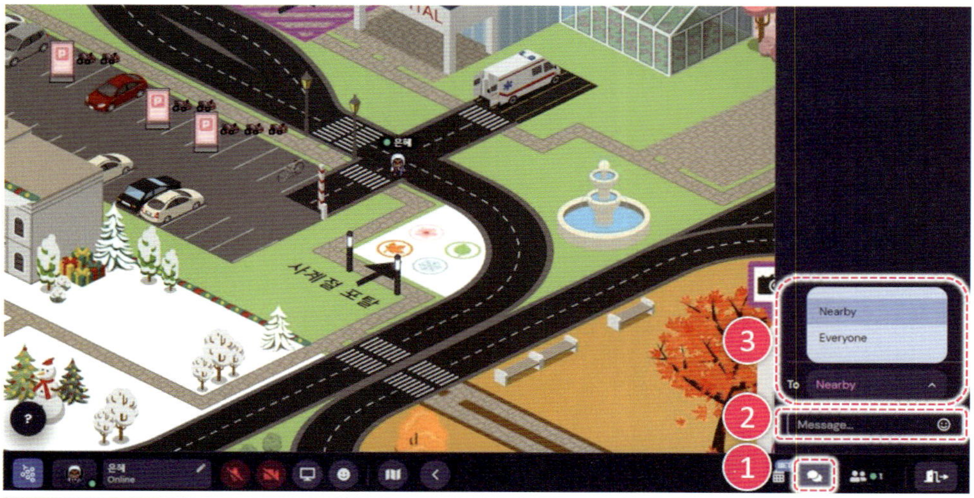

그림6-39 다른 캐릭터와 채팅하기

(6) 여러 사물과 상호작용하기 〈X〉

Objects에 다가서면 노란색으로 빛나는 것은 상호작용이 가능하다는 의미이다. 아바타가 가까이 다가가면 Press X to interact라는 문구가 뜨는데 이는 '상호작용하려면 X 키를 누르십시오'라는 뜻이다.

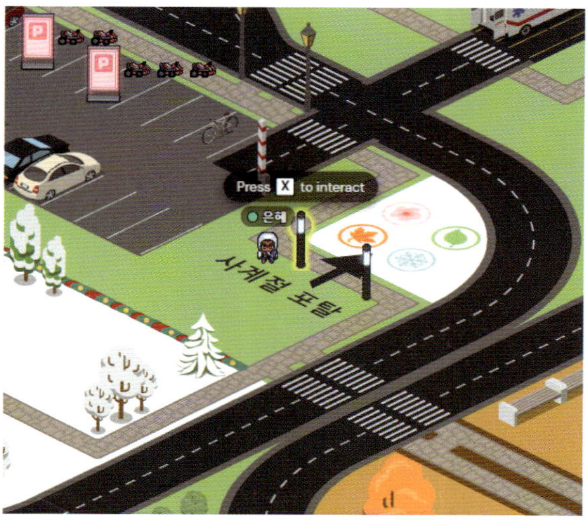

그림6-40 상호작용이 활성화된 Objects

(7) 처음 장소로 이동하기

넓은 게더타운 맵을 돌아다니다 보면 아바타가 어디에 있는지 길을 잃어버리는 경우가 있다. 또는 공간 설계의 오류로 Room에 갇혀서 다시 정해진 처음 장소로 돌아가고 싶은 경우 편리한 기능이 있다. ❶도구 메뉴에서 ❷Respawn을 클릭하면 처음 생성 장소로 다시 재부팅된다.

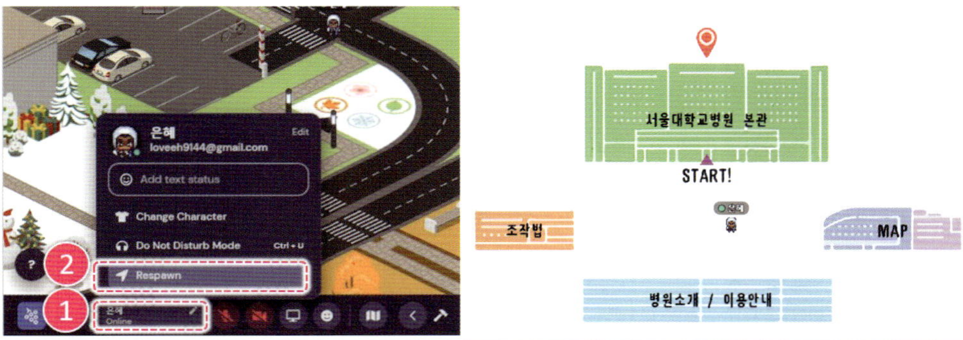

그림6-41 Respawn으로 처음 장소로 이동하기

4
Space 시작하기

Space는 게더타운 내의 메타버스 맵 공간으로서 1개의 Room 또는 2개 이상의 Room으로 연결된다. Space를 생성하여 시작하는 방법은 두 가지가 있다. 첫 번째는 Blank 템플릿으로 빈 공간에서 공간을 사용자가 직접 만들어 시작하는 방법이 있고, 두 번째는 게더타운에서 기본으로 제공하는 템플릿을 사용하여 Space를 활용하는 방법이 있다. 빈 공간에서 새로운 공간을 만드는 방법은 5. Map maker 화면 구성 파트에서 간략히 설명하기로 한다.

게더타운 제공 템플릿 이용하기

먼저 상단 메뉴바에서 Create Space를 클릭한다. 클릭하면 **그림6-43** 처럼 팀 작업이나 ❶오피스 공간, ❷파티나 이벤트 공간, ❸다양한 사회경험을 위한 공간 3가지 유형의 공간이 보인다. 이번 장에서는 ❹Advanced setup for experts를 클릭하여 기본 제공 템플릿을 사용해 볼 것이다.

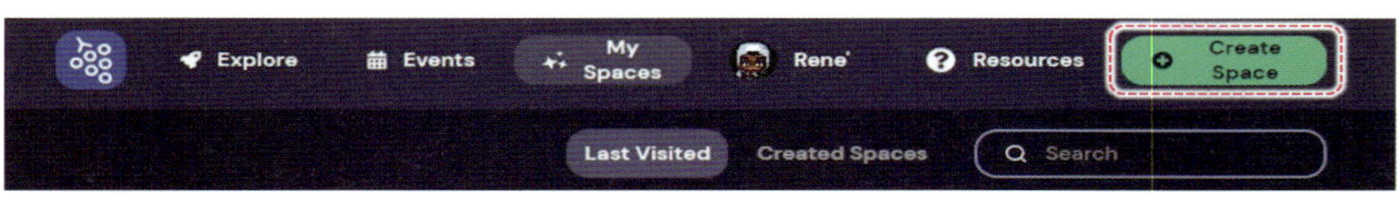

그림6-42 새로운 Space 생성하기

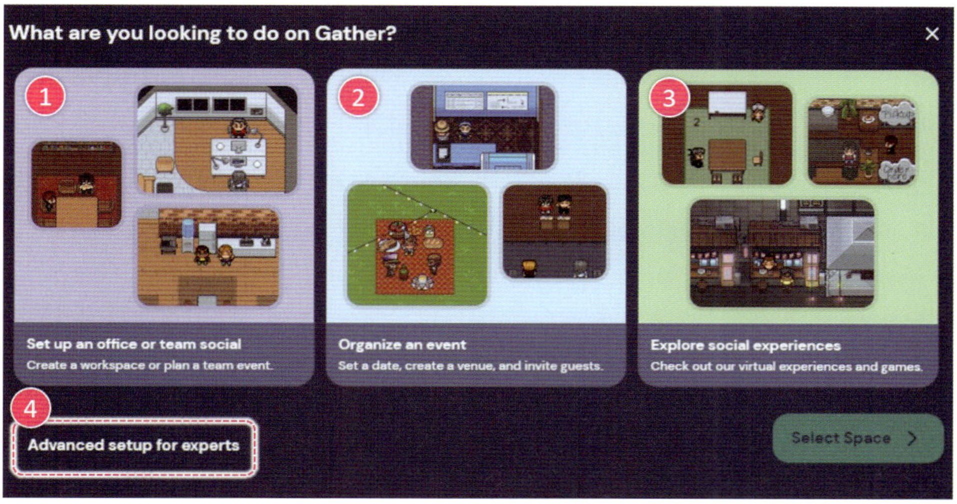

그림6-43 3가지 유형의 공간

기본 제공 템플릿 페이지에서는 ①왼쪽 메뉴 바에서 다양한 카테고리 목록 중 원하는 템플릿을 찾을 수 있다. 원하는 템플릿을 선택하면 즉시 사용할 수 있는 Space가 생성되기 때문에 사용자들의 접근성이 높다. 만약 방대한 템플릿 중에서 하나를 고르기 어렵다면 ②오른쪽 상단의 필터를 클릭하여 사용자 수, 외부영역, 내부영역 등을 유형별로 선택하여 범위를 좁힐 수 있다.

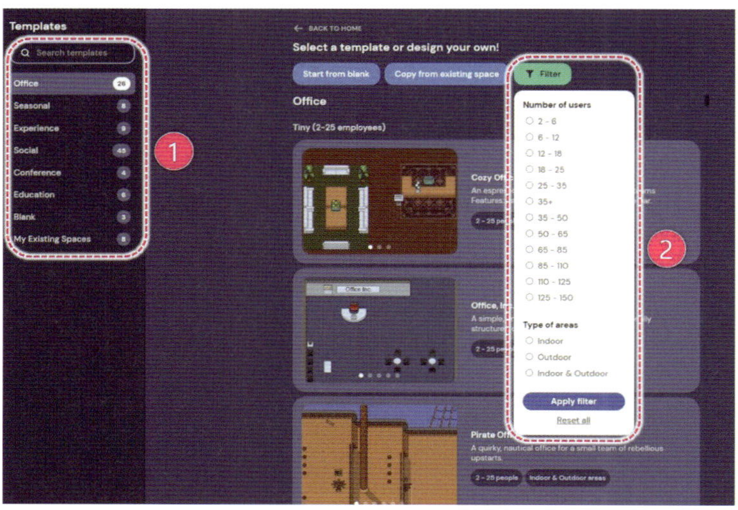

그림6-44 게더타운에서 제공하는 기본 템플릿

①원하는 템플릿을 선택하면 선택된 ②템플릿의 상세 설명과 기본 설정을 할 수 있다. 먼저 내가 생성 할 Space의 ③이름을 적는다. 이때 주의해야 할 점은 영어로만 적어야 한다는 점이다. ④Password protect를 활성화시키면 내 Space에 암호가 생성되어 초대된 사용자들은 암호를 입력해야만 Space 이용이 가능해진다. 그 다음 ⑤알맞은 용도를 선택한 뒤, ⑥Create Space 버튼을 누르면 Space가 생성되고 해당 공간으로 이동하게 된다.

그림6-45 기본 템플릿 선택 후 설정하기

게더타운 맵 활용 팁

(1) 화면 공유하기

같은 Space 공간에 참여한 참여자들에게 나의 PC 화면을 공유하여 업무나 의사소통에 적용할 수 있다. 컨트롤 메뉴에서 ①화면 공유를 클릭하면 공유할 정보를 선택할 수 있는 창이 뜬다. 동영상과 같은 영상 매체를 공유한다면 ②시스템 오디오 공유를 활성화해야 다른 참여자들에게도 오디오가 공유된다. ③화면을 공유할 때 사용 중인 모니터에서 전체화면, PC에 열려 있는 프로그램 창, 크롬 브라우저 특정 탭을 선택하여 공유할 수 있다.

그림6-46 내 PC 화면 공유하기

(2) 초대링크 보내기

내 게더타운 맵으로 외부 참여자들을 초대하는 3가지 방법이 있다. 첫 번째는 Space의 URL을 복사하여 공유하는 것이다. 링크는 만료되지 않으며 손쉽게 전달 가능하다. 두 번째로는 ①Members 초대 방법이다. ②이메일과 ③링크복사를 통해 초대링크를 보낼 수 있으며, 이 초대 방법으로 초대를 받으면 링크는 만료되지 않는다. 마지막은 ④Guests 초대 방법으로서 ⑤유효 활성화 시간을 지정하여 사용기간을 정할 수 있다. 유효 활성화 시간은 1시간, 6시간, 12시간, 1일, 7일, 1개월이며 ⑥링크복사로 초대가 가능하다.

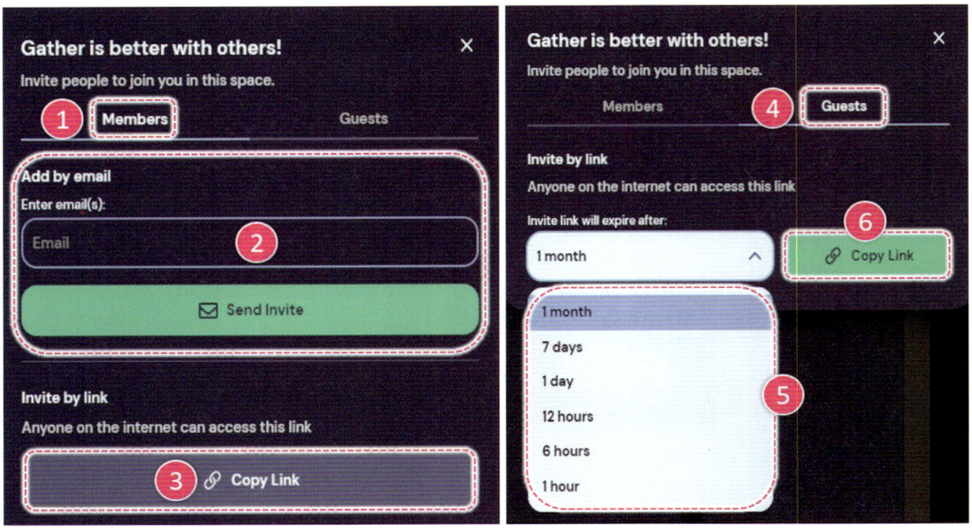

그림6-47 초대링크 보내기

5
Map maker 화면 구성

게더타운에서 새로운 공간을 창작하기 위해서는 Map maker를 알아야 한다. 나만의 Space를 만들기 위해서 가장 먼저 생각해 보아야 할 것은 공간을 만드는 도구들의 활용법이다. 이때 실제 집을 지을 때를 상상하면 이해하기가 훨씬 쉽다. 아무것도 없는 빈 땅에 바닥을 만들고, 벽을 세우고 방들을 만든다. 만들어진 방 안에는 인테리어 가구들이 배치된다. 바닥은 공간의 영역을 보여주고, 벽은 공간과 공간의 경계를 구분 짓는 역할을 한다. 이러한 역할들은 Map maker의 Tile Effects를 통해 만들 수 있다. 그 다음 단계인 Map maker에서의 공간 사이즈 구성 및 Objects에 적용하는 상호작용 등은 다음 장에서 세부적으로 설명한다.

먼저 Wall과 Floors, Objects를 설치하기 위해 아무것도 설치되어 있지 않은 Blank 템플릿으로 Space를 만들어 보자. 상단의 ❶'Start from blank'을 클릭하고 ❷ 'Blank(Start from scratch)'를 선택하여 방 이름과 기능을 설정한 뒤 ❸'Create Space' 버튼을 눌러 빈 공간을 생성한다.

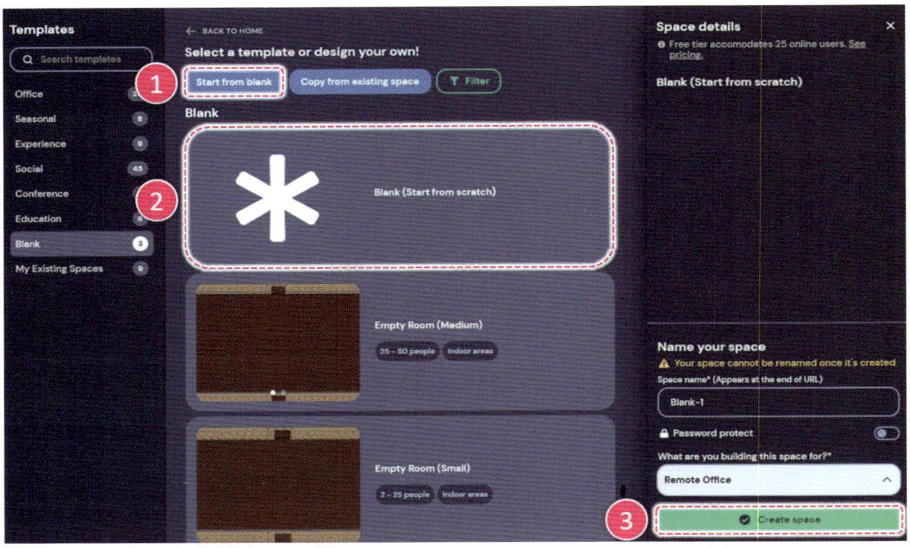

그림6-48 Blank 템플릿 사용하여 Space 만들기

생성된 Blank 템플릿에 입장하면 아무것도 설치가 되지 않은 빈 공간이기 때문에 **그림6-49** 와 같이 검은 화면으로 보이게 된다. 아이콘 메뉴의 ①Build 도구를 클릭하고 Build 패널에서 ②Edit in Mapmaker를 선택하면 새롭게 Map maker 탭이 활성화된다.

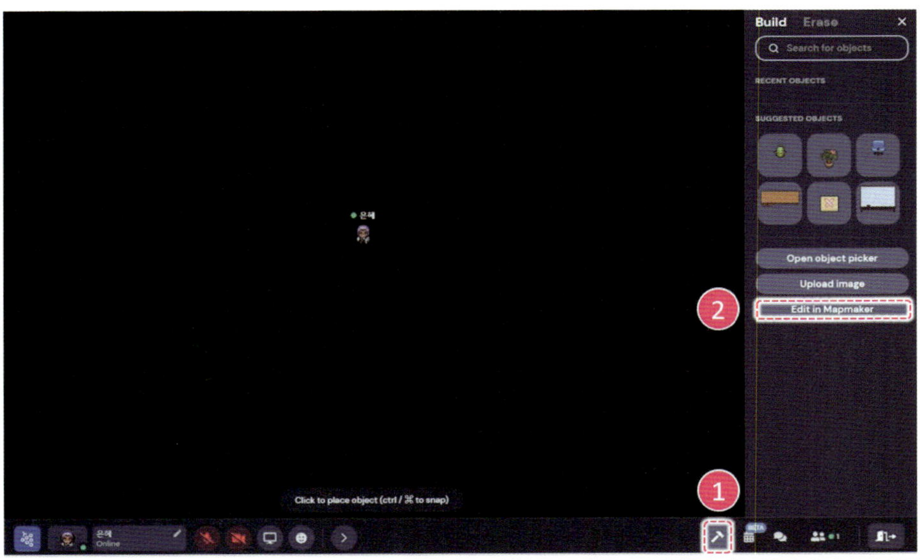

그림6-49 Blank 템플릿에서 Map maker 사용하기

Map maker에 들어오게 되면 새로운 탭(①)으로 생겨나며 검은 화면은 흰 화면으로 바뀌게 된다. Map maker의 기본 화면구성은 그림6-50과 같다.

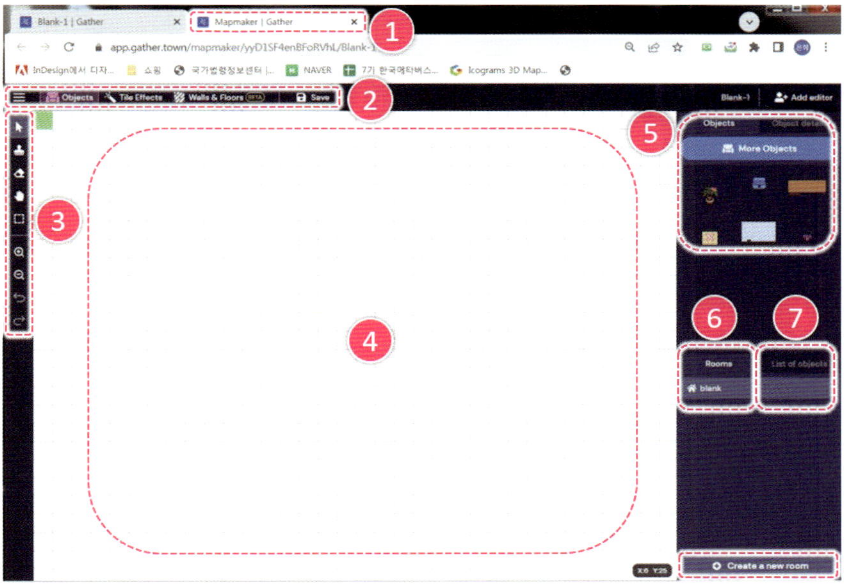

그림6-50 Map maker(맵 메이커) 화면구성

② 메인 메뉴

- **Go to Space**: 현재 편집 작업 중인 Space에 참가자 모드로 돌아간다.
- **Manage Space**: Space dashboard 페이지로 이동한다.
- **Help Center**: 게더타운 사용 설명서 및 도움말이 있는 페이지로 이동한다.

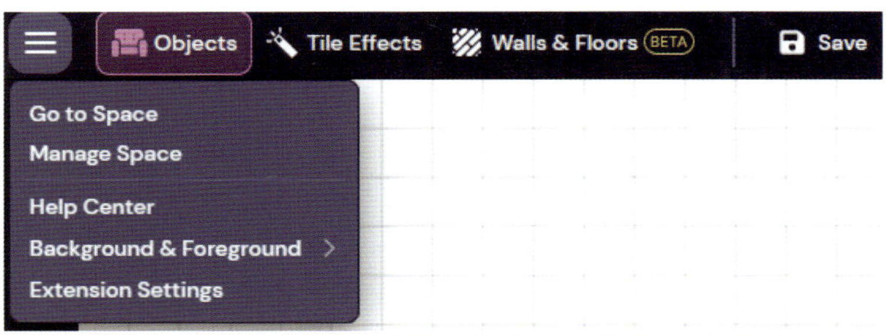

그림6-51 메인 메뉴 화면구성

- **Background & Foreground**: 배경 또는 전경 업로드 및 다운로드 할 수 있다.
- **Extension Settings**: Objects 기능 확장 관리(비밀번호 문, 펫 키우기 등)를 한다.

③ 도구 패널

- **Select(V) 선택 도구**: Objects와 Tile을 개별 선택하여 작업한다.
- **Stamp(B)**: Objects와 Tile Effects을 삽입, 추가한다.
- **Eraser(E)**: Objects와 Tile Effects을 제거한다.
- **Hand(H)**: 작업 캔버스를 클릭하고 드래그하여 이동한다.
- **Box Select(G)**: 네모 영역으로 여러 Objects와 Effects를 선택한다.
- **Zoom in(Ctrl+위로 스크롤)**: 작업 캔버스를 확대한다.
- **Zoom out(Ctrl+아래로 스크롤)**: 작업 캔버스를 축소한다.
- **Undo(Ctrl+Z)**: 작업 변경 사항을 순서대로 실행 취소한다.
- **Redo(Ctrl+Y)**: 취소한 작업 사항을 순서대로 복구한다.

④ 작업 캔버스: Space의 영역을 보여주며 알맞은 크기를 정하여 사용한다.

⑤ Objects 속성 패널

- Objects 탭: Objects를 추가하는 창을 열고 최근에 사용한 것들이 기록된다.
- Objects details 탭: 작업 캔버스에 있는 Objects(물체)를 선택하면 속성을 알려준다.

⑥ Rooms 탭: Space는 Room과 Room의 연결로 구성된다. 이 탭에서 생성된 Room을 삭제할 수 있으며 메인 맵을 선택할 수 있다.

⑦ Objects 목록탭: 작업 캔버스에서 사용되어진 Objects와 Tile을 나열해놓은 패널이다. 해당 오브젝트의 순서(레이어)를 설정할 수 있다.

- **Bring forward**: 레이어를 맨 앞으로 가져오기
- **Send to back**: 레이어를 맨 뒤로 보내기

- **Move up**: 레이어를 한 단계 앞으로 가져오기
- **Move down**: 레이어를 한 단계 뒤로 보내기
- **Duplicate**: 복제하기
- **Delete**: 삭제하기

Wall & Floors(벽과 바닥)

상단 메인 메뉴에서 ❶Wall & Floors을 선택하여 이동, 배치, 편집 또는 삭제할 수 있다. 선택하면 'Wall & Floors(벽과 바닥) 도구는 템플릿 또는 사용자가 업로드한 배경과 호환되지 않습니다. 계속 진행하면 템플릿 또는 배경이 영구적으로 삭제됩니다.'라는 경고문이 표시된다. 여기서는 Blank 템플릿을 사용하였기 때문에 ❷Yes를 선택하여 시작하도록 한다.

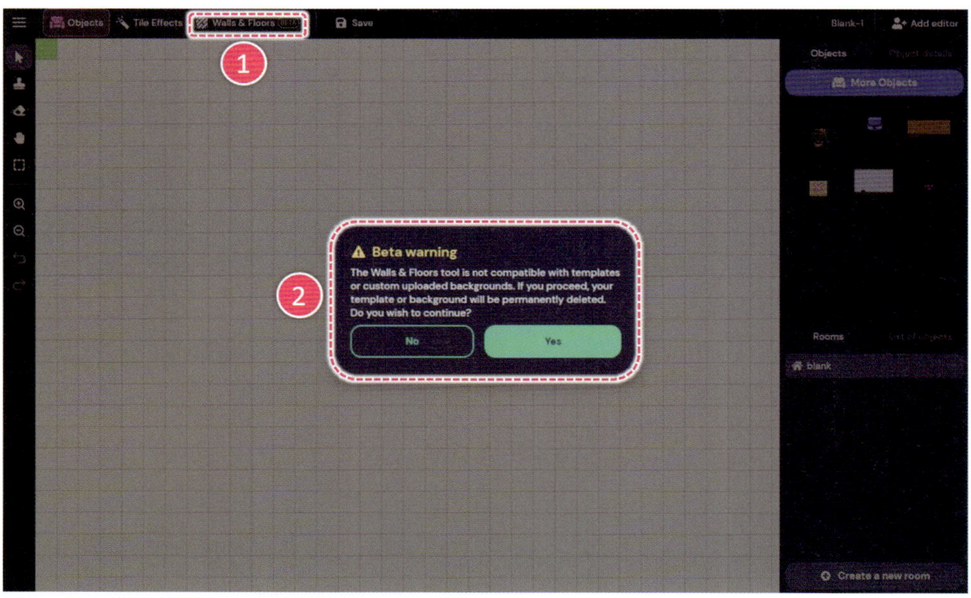

그림6-52 Wall & Floors 경고문

(1) Wall(벽)

Wall은 아직 베타 버전이기에 6가지의 종류만 제공한다. 먼저 상단 메인 메뉴에서 ❶Wall을 선택하고 ❷Stamp로 지정이 되었는지 확인한다. 원하는 타입의 ❸Wall을 선택한 후, 마우스를 캔버스에 클릭하거나 ❹드래그하면 해당 Wall이 설치가 된다.

삭제하고 싶을 때는 ❺Eraser가 활성화된 상태에서 설치된 Wall을 클릭하면 된다. 자동저장 기능이 없기 때문에 반드시 ❻Done을 클릭하여 저장해야 한다. 설치된 가로 Wall은 2칸, 세로 Wall은 1칸의 타일을 차지한다. 타일의 개념 및 픽셀, Room의 사이즈 설정은 다음 장을 참조한다.

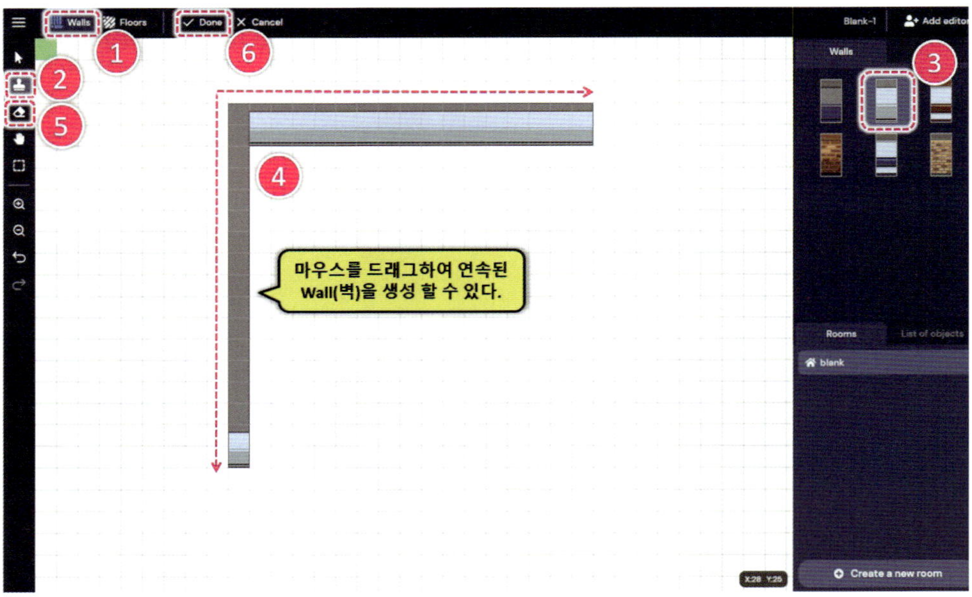

그림6-53 Wall 설치하기

(2) Floors(바닥)

Floors은 31개의 종류로 구성되며, Wall 설치와 같은 방법으로 설치하면 된다. 먼저 상단 메인 메뉴에서 ❶Floors를 선택하고 ❷Stamp로 지정이 되었는지 확인한다. ❸원하는 타입의 Floors를 선택한 후 마우스를 캔버스에 클릭하거나 ④드래그하면 해당 Floors가 설치가 된다.

삭제하고 싶을 때는 ⑤Eraser가 활성화된 상태에서 설치된 Floors를 클릭하면 된다. 자동저장 기능이 없기 때문에 반드시 ⑥Done을 클릭하여 저장해야 한다.

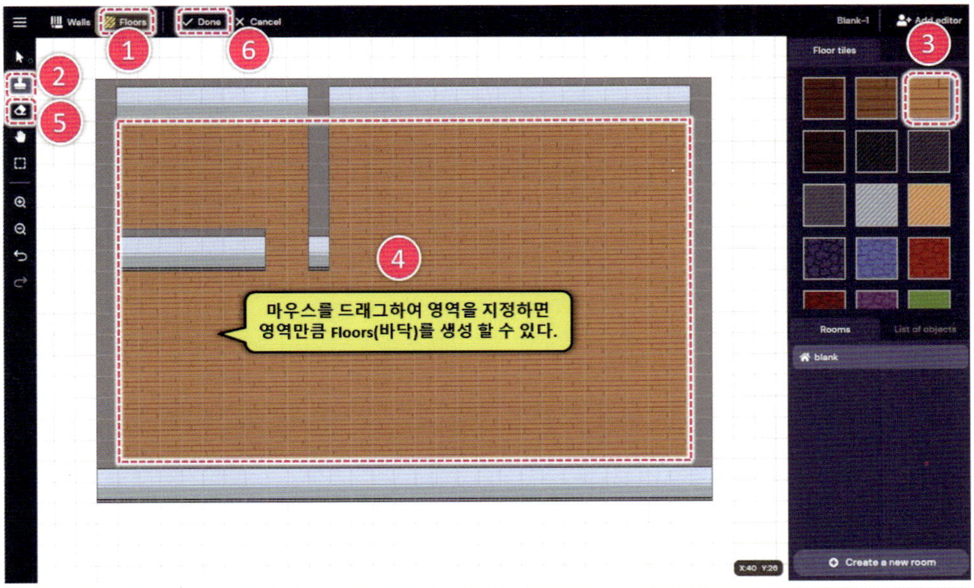

그림6-54 Floors 설치하기

Objects(물체)

상단 메인 메뉴에서 ①Objects를 선택하여 이동, 배치, 편집 또는 삭제할 수 있다. Objects는 가구나 장식품, 조경 등과 같이 내부와 외부를 꾸밀 수 있는 모든 요소를 제공한다. ②More Objects를 클릭하면 다양한 Objects와 상호작용을 사용하여 참가자들과 소통할 수 있는 기능을 추가할 수 있다. 상호작용 사용 방법은 다음 장에서 설명한다.

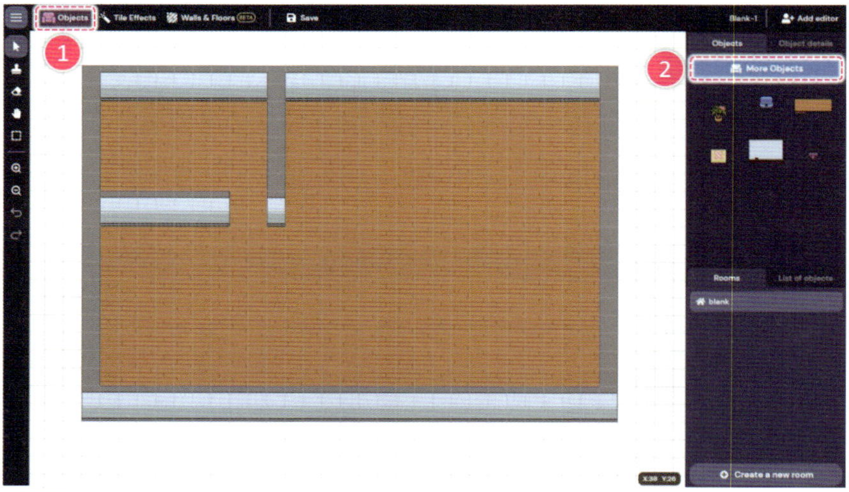

그림6-55 Objects(물체) 설치하기 (1)

More Objects를 클릭하여 활성화된 패널에서 ①원하는 카테고리를 선택한다. ②원하는 Objects를 선택하면 ③과 같이 색상과 방향을 설정할 수 있다. 설정을 한 뒤 ④Select를 클릭하여 활성화시킨다.

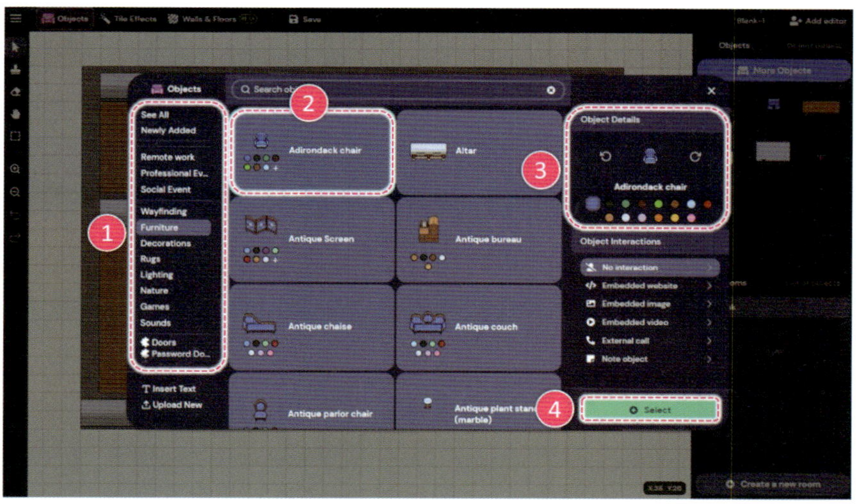

그림6-56 More Objects 패널 사용하기

활성화된 Objects는 마우스 커서로 원하는 위치 ①클릭하여 배치하면 된다. 여러번 클릭하면 같은 Objects를 계속해서 배치할 수 있다. 한번 설정하여 사용한 Objects는 오른쪽 패널에 ②기록되기 때문에 편리하게 사용 가능하다. 배치를 그만하려면 ③Select를 선택하면 된다. 바닥에 놓은 위치를 바꾸려면 Select로 해당 Objects를 선택해서 재배치를 할 수 있다. 삭제하고 싶을 때는 ④Eraser가 활성화된 상태에서 설치된 Objects를 클릭하면 된다.

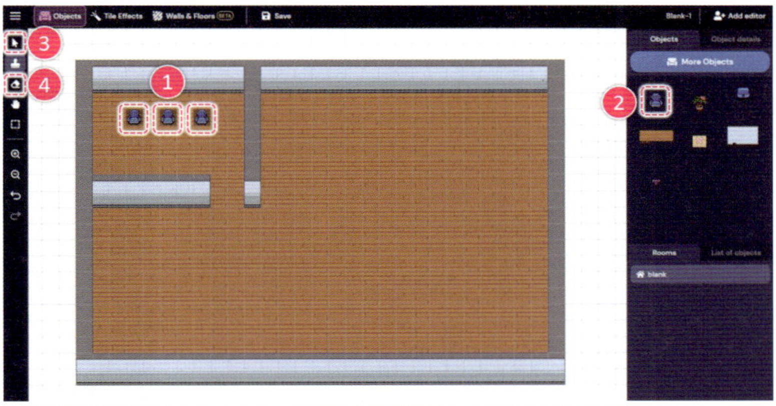

그림6-57 Objects(물체) 설치하기 (2)

More Objects 패널에서 ①Insert Text를 사용하여 간단한 글자를 삽입할 수 있다. 입력창에 ②글자를 입력하고 글자 크기와 위치를 ③조정하여 Objects와 같은 방법으로 배치한다. ④Upload New를 사용하면 내가 원하는 사진 파일을 Objects처럼 사용할 수도 있다. PC에 저장된 사진 파일을 드래그 또는 ⑤업로드한다. 업로드된 사진 파일은 ⑥이름을 설정해야 Objects로 사용이 가능하다.

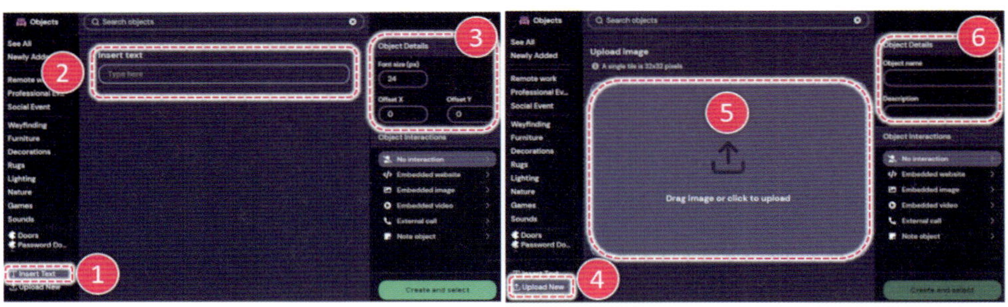

그림6-58 Text와 Image 업로드하여 사용하기

Tile Effects(타일 효과)

상단 메인 메뉴에서 ❶Tile Effects를 선택하여 실제 Space 공간으로서의 완성도를 높이기 위한 ❷기능을 사용할 수 있다. 맵 메이커에서 기본적인 공간 구성과 Objects 배치가 끝나면 Tile Effects를 사용하여 기능과 효과들을 추가한다. Objects 수가 많아 복잡하다면 배치하기 전에 미리 Tile Effects를 사용하는 방법도 추천한다.

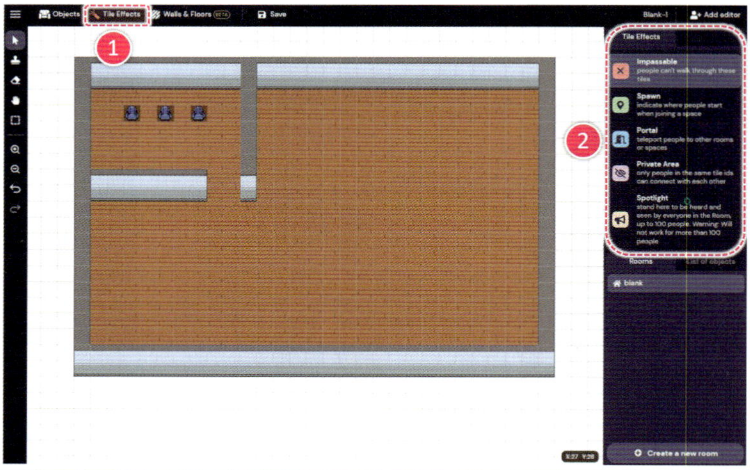

그림6-59 Tile Effects 사용하기

표6-2 Tile Effects(타일 효과)의 종류와 활용용도

Tile Effects(타일 효과)	활용용도
Impassable(임패서블) 아바타가 통과할 수 없는 타일	• 공간 구획 및 내부와 외부 분리 등
Spawn(스폰) 아바타가 공간에 처음 나타나는 타일	• 메인 Room(룸) 첫 입장
Portal(포털) 다른 Room(룸),Space(스페이스)로 이동되는 타일	• 층과 층, 방과 방, 내부와 외부 이동
Private Area(프라이빗 에리어) 같은 영역에 있는 아바타만 소통이 가능한 타일	• 소모임, 조별과제, 독립공간에서 화상 회의 등
Spotlight(스포트라이트) 한 아바타가 Room(룸) 전체에 방송할 수 있는 타일	• 일대다 발표, 공지사항, 강의 등

(1) Impassable(임패서블)

오른쪽 패널 메뉴에서 ①Impassable을 선택하고 ②Stamp로 지정이 되었는지 확인한다. 아바타가 지나갈 수 없도록 지정하고 싶은 타일 위에 마우스를 클릭하거나 ③드래그하면 빨간색 타일로 효과가 설치된다.

삭제하고 싶을 때는 ④Eraser가 활성화된 상태에서 설치된 빨간색 타일을 클릭하면 된다. 자동저장 기능이 없기 때문에 반드시 ⑤Save를 클릭하여 저장해야 한다.

그림6-60 Impassable 사용하기

(2) Spawn(스폰)

오른쪽 패널 메뉴에서 ①Spawn을 선택하고 ②Stamp로 지정이 되었는지 확인한다. 참여자의 아바타가 게더타운 Space에 처음 접속했을 때 배치되는 곳을 지정해야 한다. 로비나 중앙 등 원하는 위치의 타일 위에 마우스를 ③클릭하면 초록색 타일로 효과가 설치가 된다. Ⓐ와 같이 Spawn Tile ID에 글자를 입력한 뒤 타일을 지정하고 특정 참가자의 아이디를 입력하면 특정 참가자를 원하는 곳에 입장시킬 수 있다. 삭제나 저장하는 방법은 앞서 설명한 방법과 동일하다.

주의할 점은 내가 만든 구획 밖에 설치가 되어 있는지 주의하고, 최대 접속자 수에 비례하게 타일의 수를 적절히 설치해야 한다. 또한 Spawn 타일을 2~3칸 정도 띄어서 설치를 하면 접속하자마자 다른 참여자와 바로 화상채팅이 되는 것을 막을 수 있다.

그림6-61 Spawn 사용하기

(3) Portal(포털)

Portal을 사용하기 위해서는 2개 이상의 Room이 생성되어야 한다. 그 이유는 Portal의 기능 자체가 방과 방, 맵과 맵을 이동하기 때문이다. 먼저 새로운 Room을 생성해보자.

오른쪽 패널 메뉴에서 아래쪽의 ❷Create a new room을 클릭하면 ❸과 같이 새로운 Room의 이름을 입력하는 칸이 생성된다. 영문으로 이름을 입력하면 그림6-63의

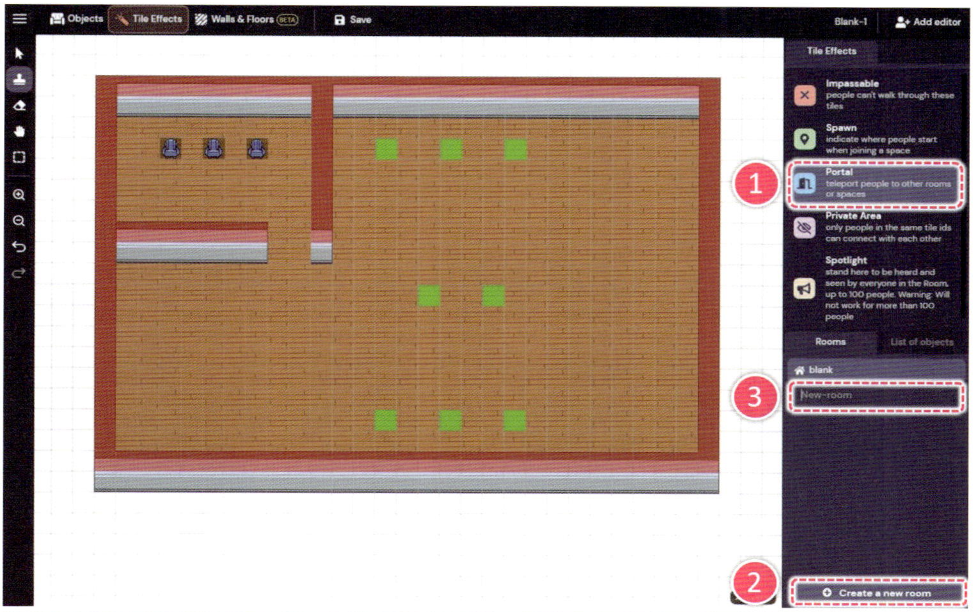

그림6-62 Room 추가 생성하기 (1)

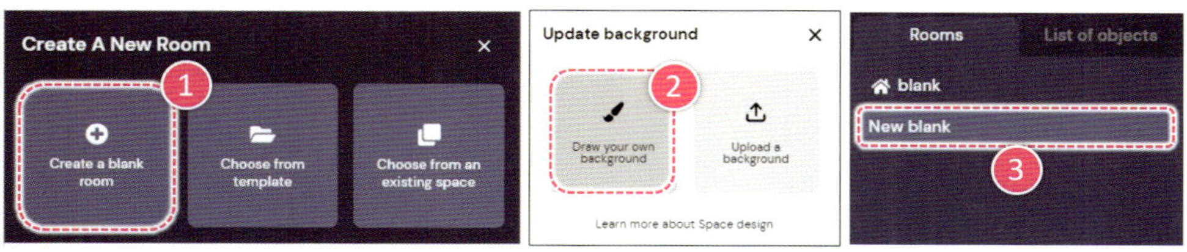

그림6-63 Room 추가 생성하기 (2)

창에서 ①Create a blank room을 선택한다. ②Draw your own background를 클릭하면 왼쪽 아래 Rooms 패널에 ③새로운 Room이 생성된 것을 확인할 수 있다. 새로운 Room은 앞서 배운 내용들을 바탕으로 빈 공간을 꾸며준다.

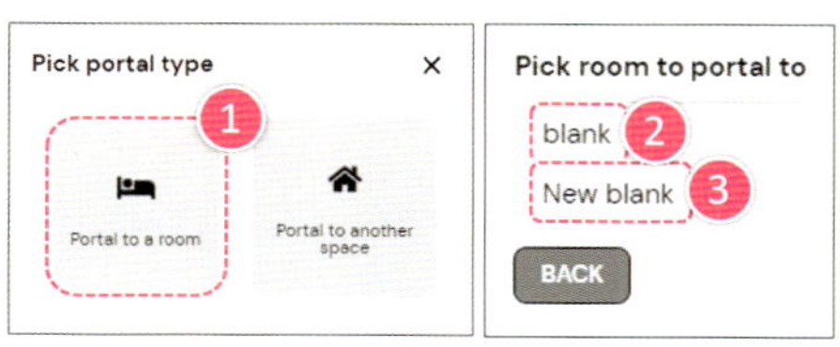

그림6-64 Porta 사용하기 (1)

이제 그림6-62 Portal을 ①선택하고 원하는 위치에 마우스를 클릭한다. 그림6-64의 ①Portal to a room을 클릭한 뒤, 이동하고 싶은 Room의 이름을 선택하고 이동되는 지점을 선택한다. 만약 ②blank 방에서 ③New blank로 이동하고 싶다면 Portal 타일을 처음 지정하는 곳은 ②blank 방이어야 한다.

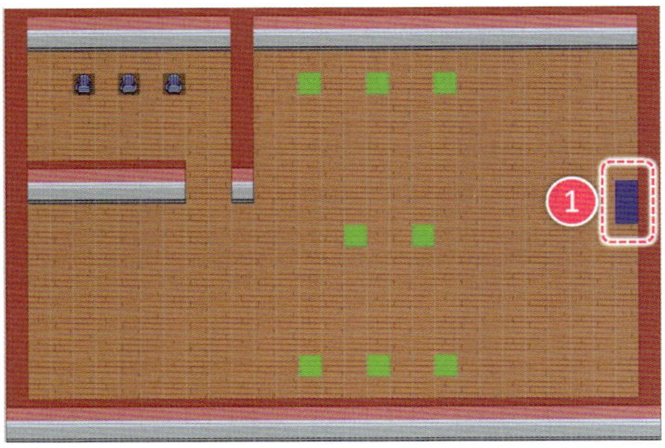

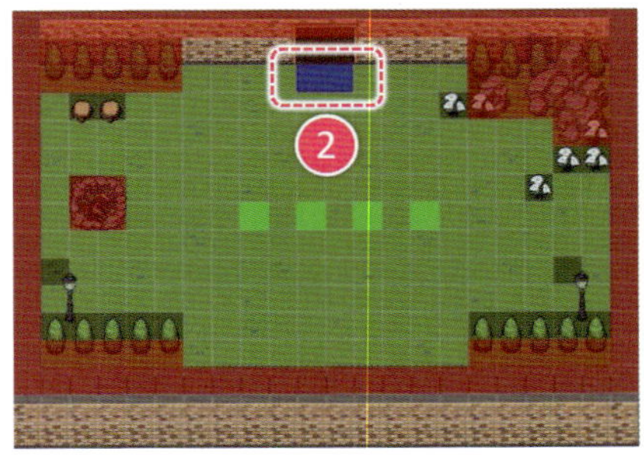

그림6-65 Portal 사용하기 (2) (좌:blank /우:New blank)

그림6-65와 같이 Portal(포털) 타일을 지정하면 파란색 타일로 표시된다. 위 방법으로 설정했을 경우 아바타가 ①로 이동하면 ②로 이동된다. 삭제나 저장하는 방법은 앞서 설명한 방법과 동일하다.

(4) Private Area(프라이빗 에리어)

프라이빗 에리어는 일정한 장소에 아바타가 모였을 경우 그곳에서만 화상채팅이 활성화되도록 지정하고 싶을 때 사용한다. 오른쪽 패널 메뉴에서 ①Private Area을 선택하고 ②Stamp로 지정이 되었는지 확인한다. ③Area ID에 숫자나 글자를 입력한 뒤 원하는 타일 위에 마우스를 ④클릭하면 자주색 타일로 효과가 설치된다. 삭제나 저장하는 방법은 앞서 설명한 방법과 동일하다.

그림6-66 Private Area 사용하기

(5) Spotlight(스포트라이트)

오른쪽 패널 메뉴에서 ①Spotlight를 선택하고 ②Stamp로 지정이 되었는지 확인한다.

그림6-67 Spotlight 사용하기

지정하고 싶은 타일 위에 마우스를 ③클릭하면 주황색 타일로 효과가 설치가 된다. 이때 다른 사용자들이 알기 쉽도록 Spotlight를 지정한 타일에 확성기나 마이크 같은 가구를 중복으로 배치해주면 좋다. 삭제나 저장하는 방법은 앞서 설명한 방법과 동일하다.

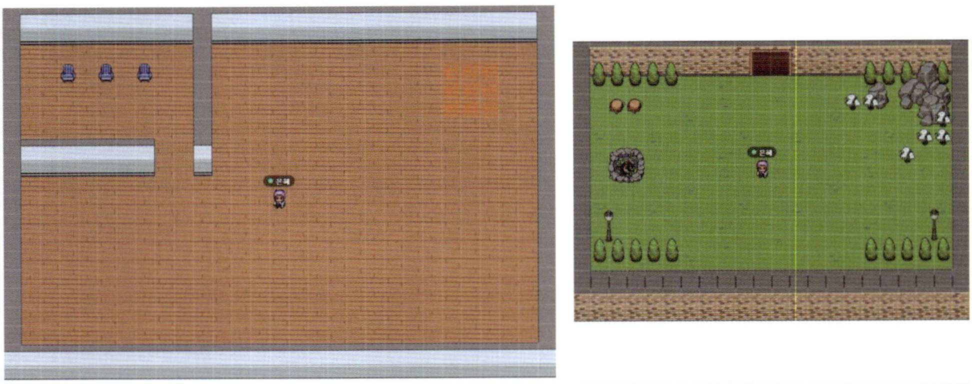

그림6-68 Map maker로 완성된 나만의 Space (좌:blank /우:New blank)

대면활동과 비대면 활동을 넘나드는 것이 익숙해진 지금, 메타버스는 생활과 점점 밀접해지고 있다. 메타버스 플랫폼 중에서도 게더타운은 무료로 손쉽게 가상 공간을 만들 수 있다. 현실의 삶을 완벽하게 반영하지는 못하지만, 시간과 물리적인 공간에 얽매이지 않으며 게더타운 속 다채로운 공간들을 창조해 낼 수 있다.

게더타운 속에는 아바타와 아바타, 아바타와 물체가 적극적으로 상호작용할 수 있도록 만들어진 효과나 설정들이 많이 있다. 앞서 배운 게더타운의 맵 메이커를 사용하여 만든 간단한 맵도 다른 아바타들과 평범한 의사소통을 소화하기에는 무리가 없지만, 우리가 일상 속에서 이미 사용하고 있는 콘텐츠들을 게더타운의 맵 구성에 추가적으로 연결하면 아바타들의 더욱 효과적이고 적극적인 의사소통을 기대할 수 있다. 이를 위해서는 심화 단계의 배움이 필요하다. 다음에 이어지는 장에서는 게더타운 맵 제작의 심화 과정으로 다양한 콘텐츠들의 연결을 통해 아바타들이 협업하고 즐길 수 있도록 설정하는 방법을 알아볼 예정이다.

익숙하지 않은 새로운 플랫폼을 배우고 사용하기가 쉽지는 않겠지만, 메타버스 시대에 적응하여 스스로를 개발하고 확장시켜 본다는 것은 아주 중요하다고 생각한다. '게더타운 시작하기'를 통해 메타버스 세계로의 뜻 깊은 첫 발걸음이 시작되기를 바라며, 이어지는 장에서 심화과정을 통해 더 깊고 넓은 메타버스 가상공간 속으로 헤엄쳐 나가보자!

1. Map maker(맵 메이커)
2. 상호작용하는 Object(물체) 만들기
3. 특별한 기능이 탑재되어 있는 Object(물체)들
4. 맵 복사 및 삭제하기
5. 기타 설정 기능 확인하기

7

게더타운 맵 메이커

앞 장에서 게더타운의 기본적인 이해와 맵 메이커 화면의 구성, Floors(바닥), Walls(벽) 그리고 Object(물체) 만들기에 대해서 간략하게 알아보았다. 이번 장은 게더타운 맵 제작의 심화 과정이라고 생각하면 된다.

게더타운이 다른 메타버스 플랫폼과 차별화된 특징 중 하나는 아바타들끼리 다양하게 콘텐츠들을 이용하여 협업과 게임 등을 즐길 수 있다는 점이다. 따라서 게더타운 맵 제작에 있어 콘텐츠를 연결하는 것은 매우 중요한 부분이기도 하다. 콘텐츠와 아바타가 interaction(상호작용)하기 위해 Object에 연결하는 것을 Embedded(임베디드)라고 부른다.

이번 장에서는 맵 메이커에서 직접 Space(공간)를 만들기 위해 사이즈 개념을 정리하고, 게더타운이 교육 목적으로 쓰이는 주된 이유인 interaction(상호작용)을 할 수 있는 Object를 세팅하는 방법에 대해서 자세하게 설명할 예정이다.

게더타운에서는 아바타들이 Space(공간)에서 즐거움을 느끼며 협업할 수 있도록 다양한 게임적인 요소들을 만들어 가고 있다. 예를 들면 비밀번호가 달린 문, 자라는 식물 등이다. 이는 사용자가 직접 자신만의 게임을 만들 수 있음을 의미하기도 한다.

이 외에도 타인의 게더타운을 나의 게더타운에서 사용할 수 있게 하는 방법과 나의 게더타운 Space를 복제해서 사용하는 방법, 게더타운 Space 전체에 대한 설정 방법들에 대해서도 알아볼 예정이다.

1
Map maker(맵 메이커)

게더타운의 공간은 공간(Space)과 방(Room) 2가지 개념으로 나눌 수 있다. Space는 한 개 혹은 여러 개의 룸(Room)으로 연결되어 있다. Room이란 공간(Space) 안에 각각의 개별적인 성질을 가진 공간으로 현실의 방과 같은 개념이다.

그림7-1 게더타운의 홈 화면
그림 하나가 각각의 Space다.

룸 개수와 명칭 확인을 위해서 Map maker 화면 오른쪽 하단에 Room을 클릭하면 만들어진 룸의 이름이 나열되어 있다.

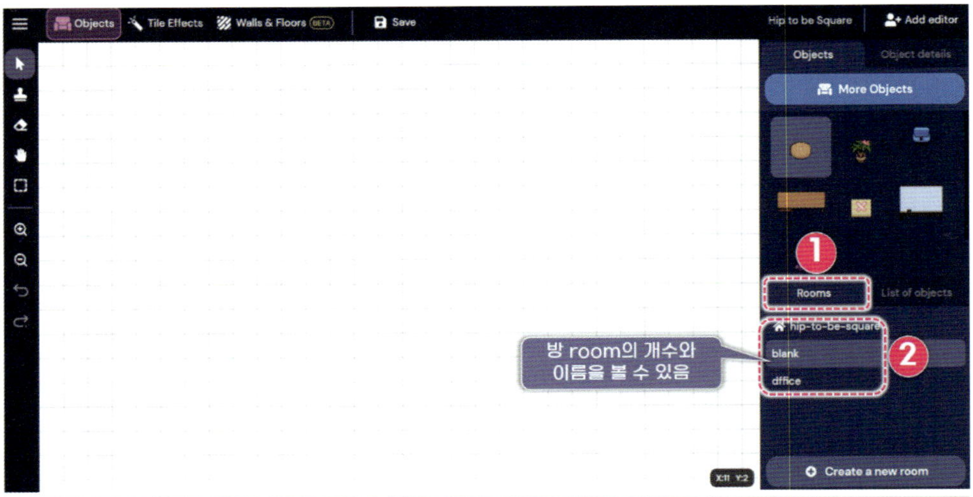

그림7-2 게더타운의 맵 메이커 화면 Room 이름과 개수 확인

게더타운의 맵핑(mapping)이란 한 가지의 스페이스를 생성하고 용도에 따라 Room을 만든 다음 현실에서 방 공사를 하는 것과 같이 바닥재를 깔고 벽을 만드는 것이다. 또한 방의 인테리어를 위해서 필요한 오브젝트를 찾아서 조화롭게 배치하여 꾸미는 과정이다.

Floors, Walls, Objects 설치가 끝난 Room에는 Tile Effects의 기능들을 이용하여 방 안에서도 각 영역에 맞는 타일 효과를 줌으로써 방의 기능을 완성한다. 예를 들어, 앞에서 배운 포털(potal)이라는 타일 효과를 이용하여 방과 방을 연결한다.

그렇게 만들어진 각 Room에 사용된 Objects를 이용하여 동영상, 이미지, 글씨, 인터넷 페이지 등의 삽입 기능(Embedded)을 통해 다양한 상호작용(X키 누르기)을 구성하는 것이다. 이 모든 것을 하기 위해 사용되는 것이 Map Maker이다.

맵 메이커는 아바타가 활동하는 게더타운 공간(Space)이 아니라 새롭게 생성되는 인터넷 페이지라는 점을 유의하라! 처음 사용하는 유저들은 아바타가 활동하는 페이지와 맵 메이커 페이지를 혼돈하는 경우가 종종 있다(실제 교육을 하면 그렇다).

맵 메이커는 게더타운 공간(Space)에 접속한 첫 화면 하단 오른쪽 아래에 있는 망치 모양의 아이콘()을 클릭함으로써 새로운 인터넷 페이지에 접속된다. 다음 URL의 차이를 구별하고 아래 그림을 구별해서 본인이 어떤 페이지에서 작업하고 있는지

구별해야 한다.

맵 메이커 URL: https://app.gather.town/mapmaker/iSe3MuD6mxwrghuD/KMCI

아바타 활성화면 URL: https://app.gather.town/app/iSe3MuD6mxwrghuD/KMCI

그림7-3 크롬(crome) 창 하단 혹은 상단에 보여지는 맵 메이커와 활성창

Room(방) 만들기

게더타운의 맵 메이커를 이용하여 Room을 만드는 것은 2가지 방식이 있다. 첫 번째는 앞장에서 배운 게더타운이 제공하는 Object나 Walls, Floors을 이용하여 만드는 것이다.

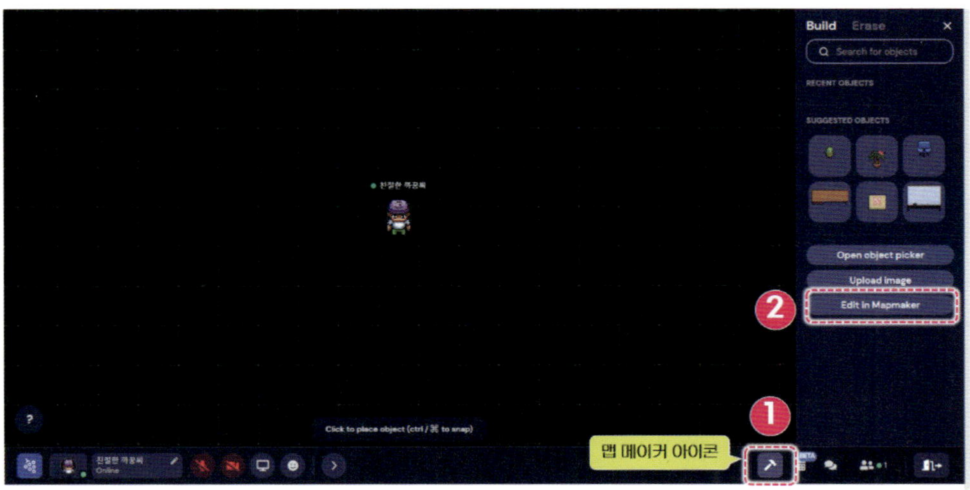

그림7-4 Map maker로 이동하는 순서

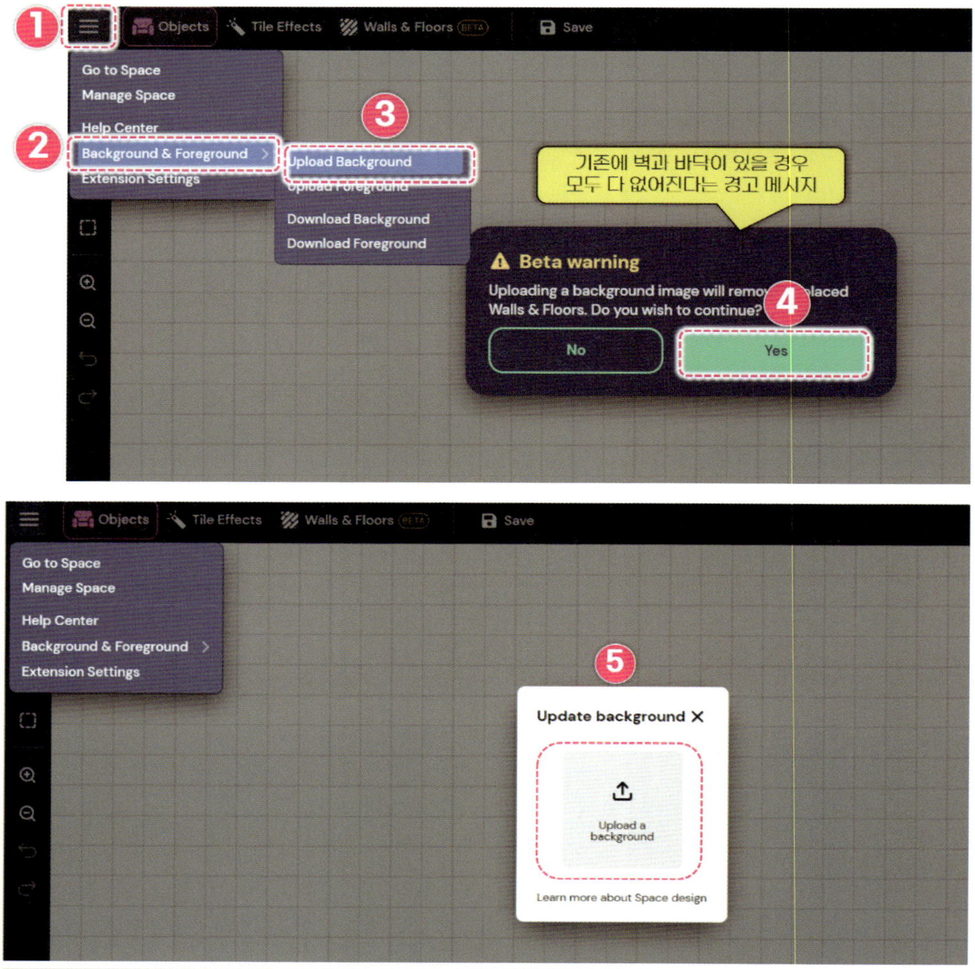

그림7-5 룸 만들기에서 배경화면 PNG 이미지 사용하기

두 번째는 포토샵, 일러스트, 아이코그램 등 다른 그래픽 툴을 이용하여 만들어진 PNG 파일을 게더타운 맵 메이커 상에 업로드하여 사용할 수 있다.

타일의 개념과 이미지 사이즈 계산하기

맵 메이커의 방(Room) 바닥은 격자 무늬의 그리드로 구성되어 있는데, 그것을 타일

(Tile)이라고 한다. 타일 하나는 픽셀로 환산할 수 있으며, 1개의 타일은 32×32픽셀이다. 이때 타일의 개념과 픽셀의 개념을 구별해서 생각해야 한다. 왜냐하면 게더타운의 맵 메이커 상에서는 이미지 파일의 사이즈를 조절할 수 없기 때문이다. 다른 그래픽 툴에서 만들어진 PNG 파일을 업로드하여 사용할 경우, 맵 메이커 페이지 상에서 미리 어느 정도 크기를 사용할 것인지 미리 계산한 후 PNG 파일을 만들어야 두 번 일하지 않는다. 맵 메이커 화면에서 화면을 이루고 있는 타일의 한 지점에 마우스 커서를 가지고 가면 화면 하단에 숫자가 나오는 것을 볼 수 있다.

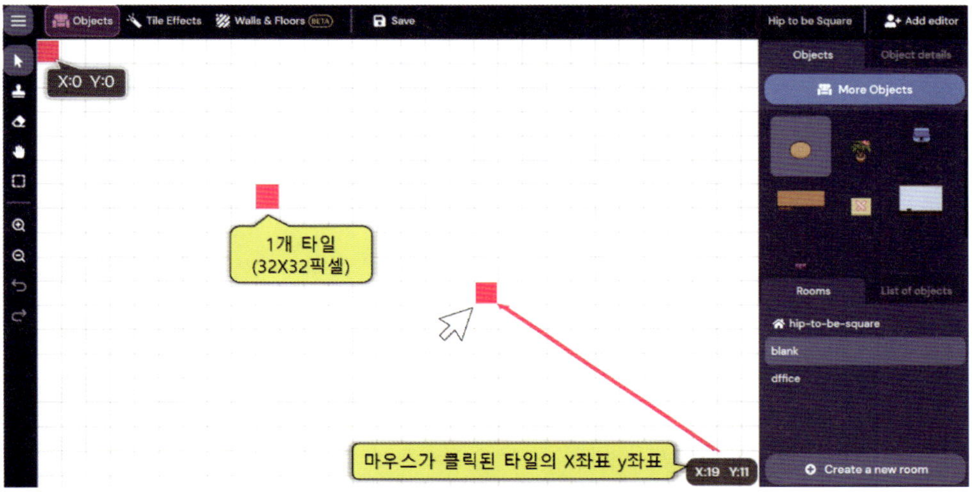

그림7-6 맵 메이커 기본 화면의 타일들과 좌표 개념

그림7-7의 방의 크기를 픽셀로 환산해 보자. X축으로는 28개의 타일이 사용되었고 Y축으로는 24개의 타일이 사용되었으므로, X축 크기를 이미지 픽셀 사이즈로 환산할 경우 896픽셀 사이즈이며, Y축 크기를 이미지 픽셀 사이즈로 환산할 경우 768 픽셀 사이즈가 되는 것이다.

X축 28×32픽셀 = 896 픽셀

Y축 24×32픽셀 = 768 픽셀

따라서 포토샵이나 아이코그램즈에서 이미지를 만들어 업로드하여 사용할 때는 맵 메이커 상에서 타일 사이즈를 몇으로 할 것인지 대충이라도 계산하는 것이 좋다.

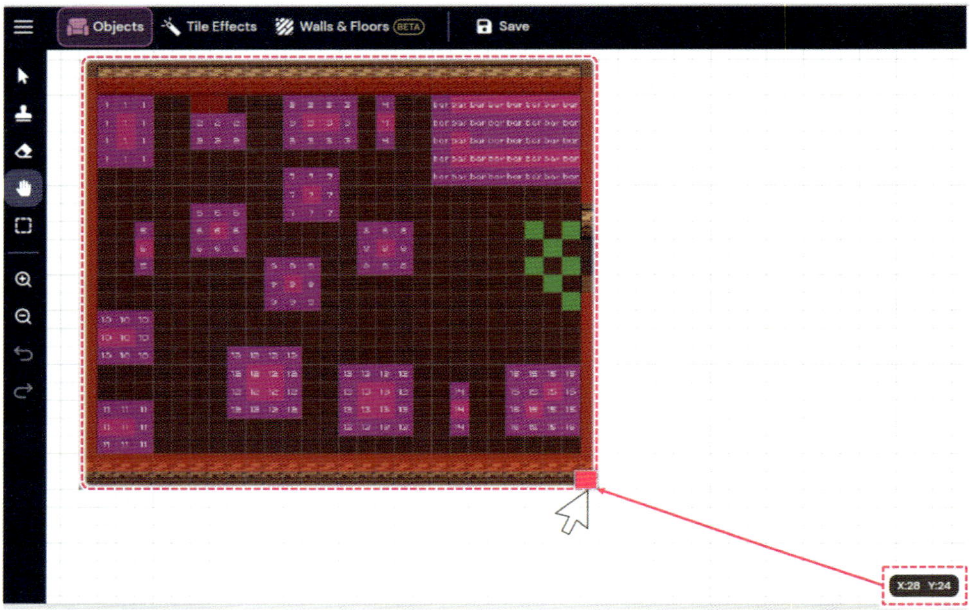

그림7-7 다음 룸의 사이즈는 28×24타일

Tip!

Room(방) 1개 사이즈 계산

맵 메이커 방(Room) 1개의 최대 사이즈는 100×100타일로서 3200×3200픽셀이다.
게더타운 본사에는 외부에서 만들어지는 이미지의 크기에 대해 최대 3000×3000픽셀 혹은 이미지 사이즈 3MB를 넘지 않기를 권장하고 있다. 방의 사이즈가 너무 크면 컴퓨터 사양에 따라 게더타운의 공간(Space)으로 접속할 때 시간이 오래 걸리기도 한다. 방(Room)의 최대 개수를 정하고 있지는 않지만 한 공간(sapce)안에 방(Room)이 많을수록 초기 접속 시간이 길어진다.

외부에서 이미지를 만들어 올 경우, 32로 곱한 사이즈로 만드는 것이 나중에 오브젝트를 배치할 때 용이하다.

2
상호작용하는 Object(물체) 만들기

맵 메이커에서 왼쪽 상단의 Object를 선택하고 다시 오른쪽 상단에 'more Object'를 클릭하면 아래와 같은 팝업창이 나타난다.

팝업창 오른쪽 하단에는 그림7-8 과 같은 메뉴구성을 확인할 수 있다. 이 하위요소를 세팅함으로써 Object에 다양한 콘텐츠를 연결할 수 있다. 이렇게 콘텐츠를 연결하는 것을 Embedded라고 부른다. Embedded를 구성하는 하위요소들은 모든 콘텐츠

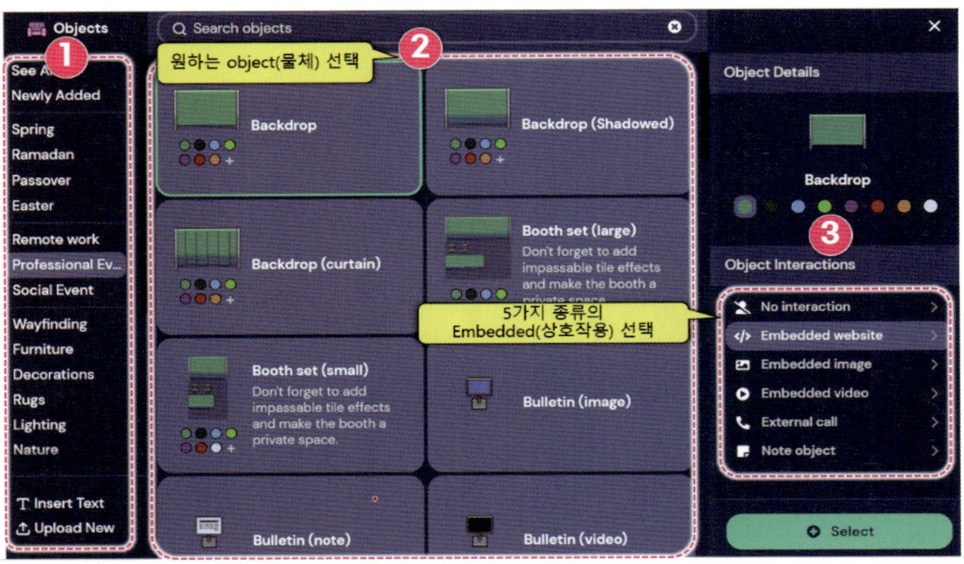

그림7-8 Object 선택 페이지

연결에 필요한 공통요소와 각 콘텐츠 연결에 따른 개별요소가 있다. 또한 각 하위요소는 기본적으로 설정해야 하는 것과 Advanced options으로 나뉘어져 있다. 각 하위요소와 기능에 대해서는 표7-1에 정리했다.

표7-1 Adeveced Option 정리표

Prompt message	아바타의 행동 지침을 제공하는데 사용되기 때문에 상호작용 가능한 물체에 접근하면 메시지가 나타난다. 기본적으로 이 메시지는 "상호작용하려면"를 누르십시오"이며, 사용자 정의 메시지를 작성할 수 있다.
Object image	원 오브젝트 대신 사용자가 업로드한 이미지가 나타난다.
Active imgae	아바타가 다가가면 나타나는 새로운 이미지다. 예를 들면 문이 닫혀 있다가 열리게 하는데 사용할 수 있다.
Loading icon (Embedded Website Only)	웹 사이트를 연결하는 동안 기다릴 때 나타나는 아이콘이다. 기본적으로 Gather 포도 로고이며 기다리는 동안 회전한다.
Caption (Embedded image Only)	임베디드 이미지 사용의 경우 사용 가능하며 캡션에 추가한 텍스트는 이미지가 열려 있고 확장된 이미지의 오른쪽에 있는 "I" 아이콘에 마우스를 가져가면 표시된다(캡션은 대체텍스트가 아님).
Preview image (Embedded image Only)	화면 하단에 나타나는 안내용 이미지로 사용 가능하다(440X100픽셀 사이즈로 할 경우 한눈에 볼 수 있음).
SynchronizedStart Time (Embedded Video only)	TV 오브젝트를 이용하여 동영상 시작 시간을 설정해 두면 지정 시간이 되었을 때, 자동적으로 동영상이 재생된다. 라이브스트림과는 함께 사용이 불가능하다.
Display(start)	오브젝트를 지정한 특정날짜와 시간에 나타나게 한다.
Display(end)	오브젝트를 지정한 특정날짜와 시간에 사라지게 한다.

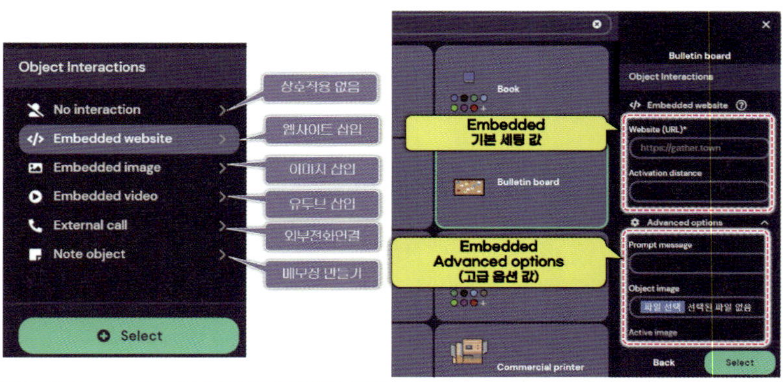

그림7-9 웹사이트와 상호작용을 위한 메뉴와 하위요소들의 예제

이 부분이 처음에는 복잡하게 느껴질 수도 있지만 3~4번의 실습을 통해서 자연스럽게 익혀지므로 걱정할 필요는 없다.

모든 상호작용 실행법은 동일하다

연결된 콘텐츠를 가진 물체(Object)에게 아바타가 일정한 거리(Activation distance) 안으로 들어가면 Object 주변에 노란색 선이 나타나게 되고, 'X키를 누르세요(press X to interact)'라는 메시지가 나타난다. X키를 누르면 해당 콘텐츠로 연결 가능하다.

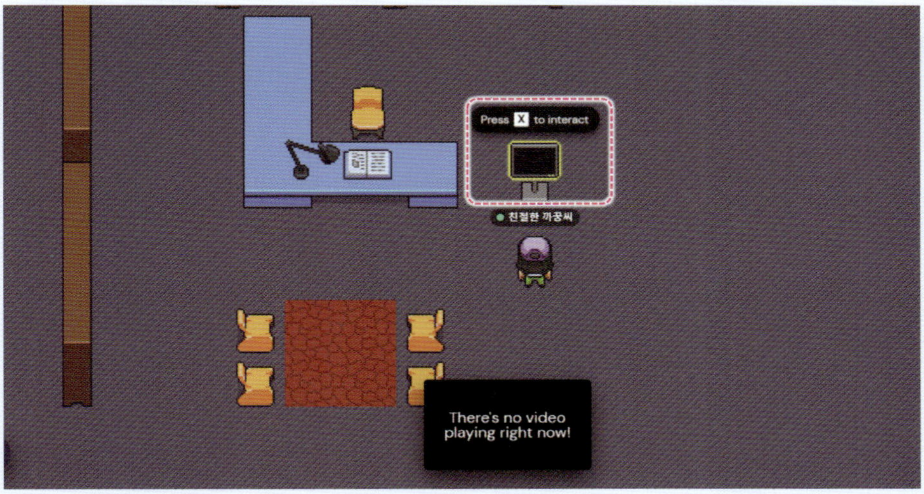

그림7-10 Space에서 상호작용 메시지가 나타남

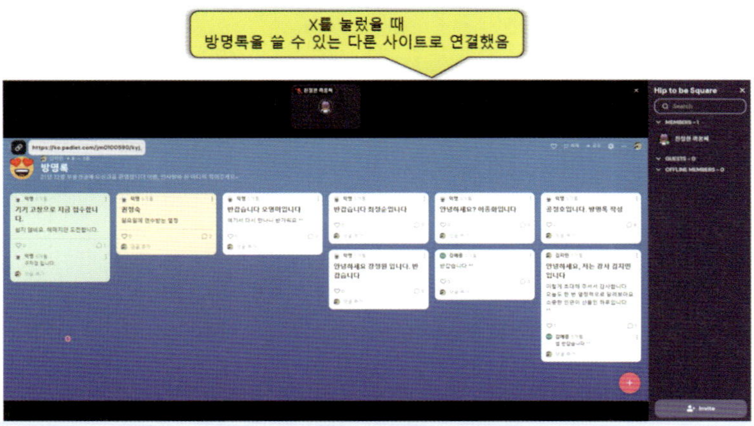

그림7-11 웹사이트 상호작용 실행의 예제

Activation distance(활성화 거리)

Activation distance는 모든 Embedded에 구성에서 공통 부분이다. Object와 상호작용하기 위해 아바타가 얼마나 가까이 있어야 하는지를 나타낸다. 이 거리는 모든 대각선을 포함하며 Object가 포함된 타일의 가장 바깥쪽 가장 자리부터 측정된다. 방명록 작성을 위해 ①웹 사이트 URL을 Embedded하여 ②5타일 내에 있는 사람과 상호작용하길 원한다고 해보자.

그림7-12 웹 사이트 연결을 위해 ,URL 삽입과 활성화 거리 5를 입력

Activation distance가 5인 것은 핑크색 사각형으로 표시된 것처럼 Object에서 5타일 이내에 있는 아바타들은 상호작용이 가능하다는 의미이다. Object가 하나의 타일보다 사이즈가 큰 경우에는 Object가 배치된 타일의 가장자리에서 시작된다.

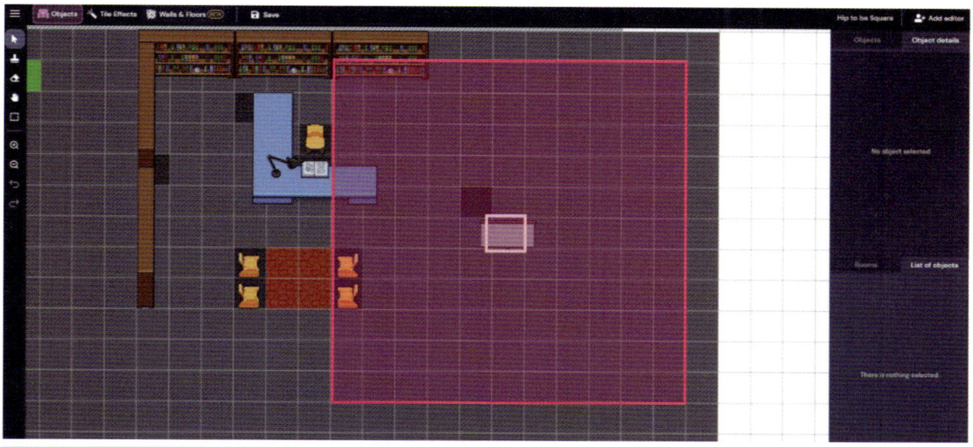

그림7-13 활성화 거리가 5일 경우 영향이 미치는 영역 표시

Activation distance를 설정하지 않을 경우는 3으로 자동 설정된다.

- Activation distance를 1로 설정하는 경우 아바타는 Object 바로 옆에 있는 타일에 서 있을 때만 상호작용할 수 있다.
- Activation distance를 0으로 설정하면 아바타는 Object와 상호작용하기 위해 Object(물체)바로 위에 서 있어야 한다.
- 게더타운이 제공하고 있는 Object 중에는 Activation distance가 미리 설정되어 있는 경우도 있다.

Embedded(임베디드)

앞서 설명했듯이 Embedded란 '심다'라는 뜻으로 게더타운에서는 Object에 콘텐츠를 연결하는 것을 의미한다. Embedded 할 수 있는 콘텐츠는 이미지, 동영상, 메모, 웹사이트, 외부 화상 플랫폼(zoom, 웨빅스)이다. 콘텐츠별 임베디드 방법에 대해 알아보자.

(1) No interaction

Object에 콘텐츠를 연결하지 않는 경우 사용한다.

설정순서

① No interaction을 선택 후 바로 Select를 클릭하면 맵 메이커 상에 Object가 나타나고 도장찍기 할 수 있다.

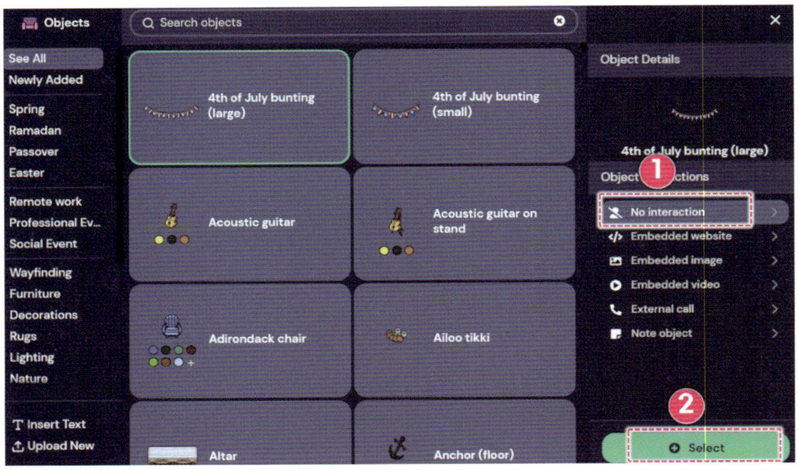

그림7-14 상호작용이 없는 경우

② 혹은 Advance options까지 설정한 후 Select를 클릭하면 맵 메이커 상에 물체를 도장찍기 할 수 있다. Advance options의 하위 구성요소들은 다음과 같다.

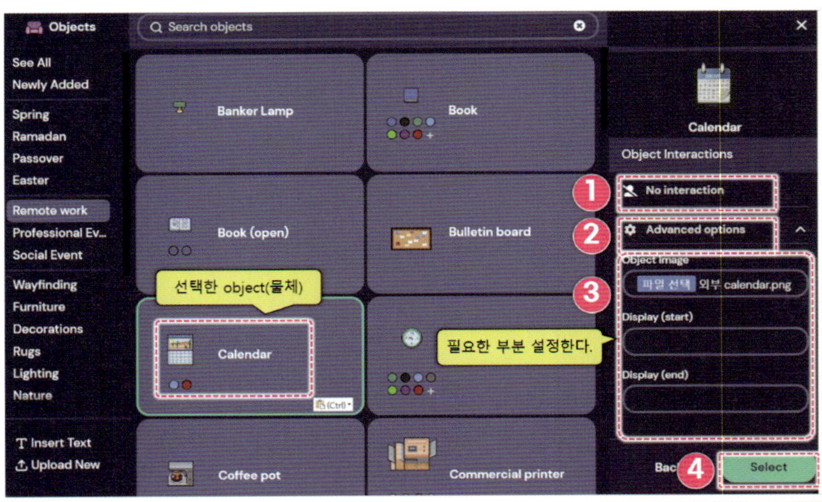

그림7-15 상호작용은 없지만 Advanced option을 설정하는 경우

- **Object image**: 선택한 오브젝트 대신 맵 메이커가 업로드한 다른 이미지로 Space에 나타난다. 마치 Object 선택 창에서 가장 하단에 있는 Upload New를 이용하여 이미지를 Object로 사용한 것과 마찬가지이다. 예를 들면 Object가 Calender였다고 가정해 보자. Advanced option에서 예쁜 달력 이미지 파일을 선택하였을 경우 Space에서는 게더타운에서 제공한 달력이 아닌 파일 이미지로 나타난다.
- **Display(start)**: 해당 Object가 세팅한 시간에 나타난다.
- **Display(end)**: 세팅한 시간에 Object가 사라진다.

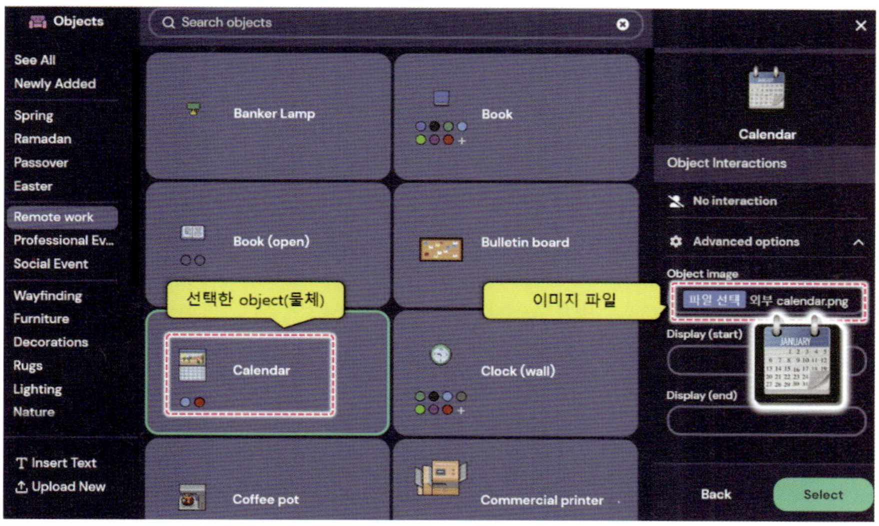

그림7–16 Advanced option의 Object image 설정하는 방법

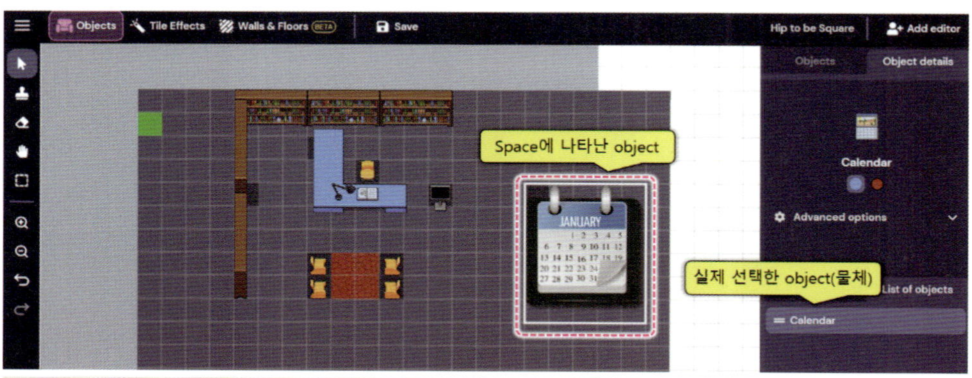

그림7–17 Object image 설정하는 후 Space에 나타나는 모습

그림7-18 Display 설정 화면

(2) Embedded website

개별 웹사이트를 Object에 연결할 수 있다. 개별 구글문서, 스프레드시트는 가능하지만 구글 드라이브의 폴더 자체를 연결할 수는 없다. 또한 모든 사이트가 연결되는 것이 아니라 웹사이트 관리자가 허용하는 사이트만 직접 연결이 가능하다. 직접적으로 연결되지 않는 경우는 다른 방법을 사용해야 한다. 다음은 Embedded website의 하위 구성요소들이다.

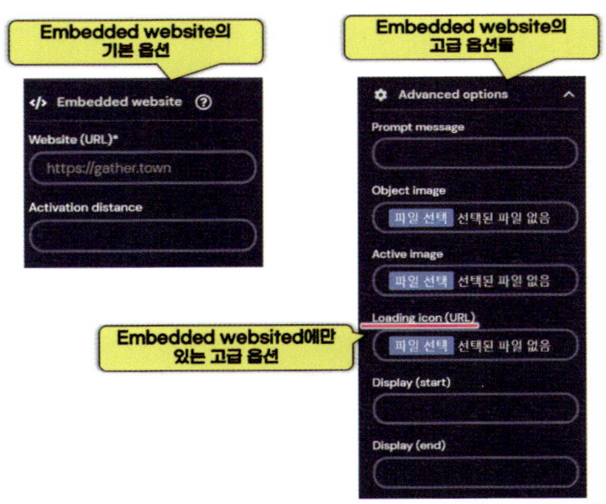

그림7-19 Embedded website의 기본옵션과 Advanced option들

설정순서

① 맵 메이커에서 Object를 선택한 후 화면 오른쪽 하단에 Object Interaction에서

Embedded website를 클릭한다.

② 연결하려는 웹사이트 URL을 입력한다.

③ Activation distance를 설정하고(설정하지 않으면 기본값은 3), Select 버튼을 클릭하면 맵 메이커 화면에 Object가 나타나고 도장찍기 할 수 있다.

④ Advanced options를 클릭하여 하위요소들을 설정한 후 Select를 클릭하면 Object가 나타나고 도장찍기 할 수 있다. 다음은 Advanced option의 하위 구성요소들에 대한 설명이다.

그림7-20 Object Interaction에서 Embedded website 선택

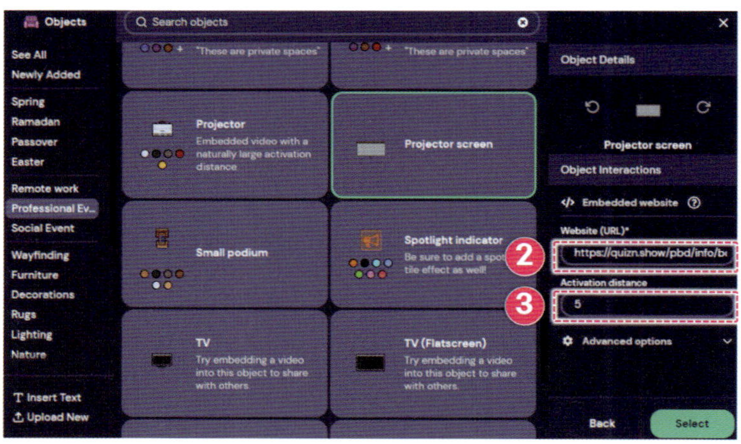

그림7-21 웹사이트 URL과 활성화거리 설정

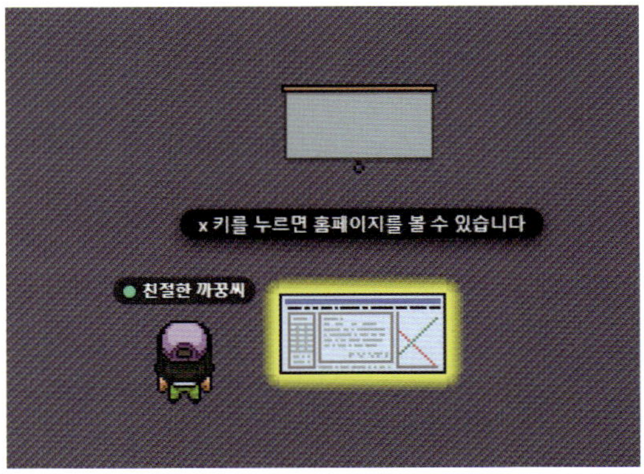

그림7-22 활동공간에서 Prompt message가 보여지는 것

- **Prompt message**: 아바타의 행동 지침을 제공하는 데 사용되기 때문에 상호작용 가능한 물체에 접근하면 메시지가 나타난다. 기본적으로 이 메시지는 "상호작용하려면 X를 누르십시오"이며, 사용자 정의 메시지를 작성할 수 있다. (예: X키를 누르면 홈페이지를 볼 수 있습니다.)
- **Object image**: 선택한 오브젝트 대신 메이커가 업로드한 다른 이미지로 Space에 나타난다. 마치 Object 선택 창에서 가장 하단에 있는 Upload New를 이용하여 이미지를 Object로 사용한 것과 마찬가지이다.
- **Active image**: 아바타가 Object에 접근하여 활성거리 내에 있으면 Object가 Active image로 변경된다. PNG 혹은 JPG 파일을 선택하여 Active image로 사용할 수 있다. 예를 들면, 문이 닫혀 있다가 열리게 하는 데 사용할 수 있다. 닫힌 문에 아바타가 활성거리 안으로 들어가면 Active image로 변경되는 것이다.
- **Loading icon(Embedded Website Only)**: 웹사이트를 포함하는 경우 웹사이트가 로드되는 동안 iframe에 표시되는 사용자 정의 로딩 아이콘을 선택할 수 있다. 기본적으로 Gather 포도 로고가 로딩 아이콘으로 회전한다.
- **Display(start)와 Display(end)**: Object가 나타나고 사라지는 시간을 지정하는 경우에 사용된다.

Tip!

웹 사이트 임베디드(Embedded)의 문제해결

- 웹 사이트 URL은 반드시 http로 시작하는 URL이어야 하며 연결 거부되는 경우는 iframe이 포함되어 있는지 확인하자.
- 그럼에도 연결이 거부되는 경우는 노트(Note Embedded)를 사용하여 연결해야 하는 웹 사이트의 URL을 Note에 적어서 사용할 수 있다(실제 활용은 그림7-47을 참조).

(3) Embedded image

Object에 다른 이미지를 연결할 수 있으며, 아바타가 Object의 활성화 거리 내에 있으면 미리보기처럼 팝업 형태로 이미지가 나타난다. Object와 상호작용할 때는 해당 이미지가 화면 전체를 꽉 채운다. 다음은 Embedded image의 하위 구성요소들이다.

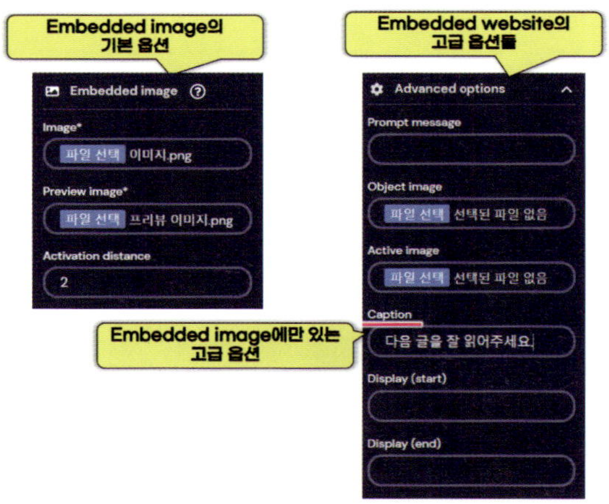

그림7-23 Embedded image의 기본옵션과 Advanced option들

설정순서

① 맵 메이커에서 Object를 선택한 후 화면 오른쪽 하단에 Object Interaction에서 Embedded image를 클릭한다.

② 기본요소들인 Image*와 Preview image*를 설정한다. (*는 필수)

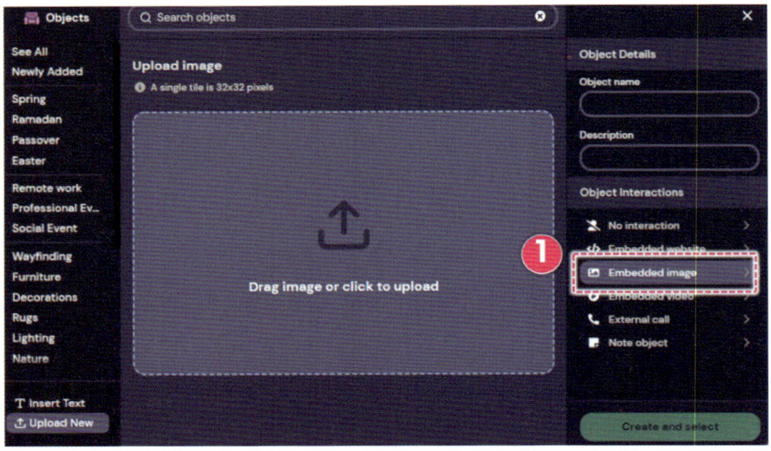

그림7-24 Object Interaction에서 Embedded image를 선택

- **Image***: 상호작용(X 클릭) 시 iframe을 채우는 확대 이미지다. PNG 혹은 JPG 파일이어야 한다.
- **Preview image***: 화면 중앙 하단에 미리보기로 나타낼 이미지다. 마치 배너와 같은 기능을 한다. 이미지 사이즈는 500×300픽셀이면 미리보기 창에 딱 맞는다.

Tip!

- 이미지 비율은 16:9 사용하고 이미지 사이즈는 1000×600픽셀을 권한다.
- 세로방향은 스크롤 기능이 있지만 되도록이면 한눈에 보이게 하는 것이 편리하다.
- 이미지 크기는 3MB이다. 투명한 배경은 사용하지 않는다.

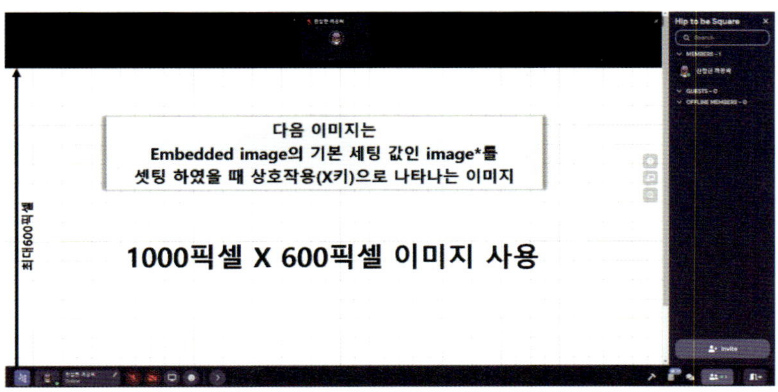

그림7-25 Space에서 상호작용(X키 사용) 시 나타나는 모습

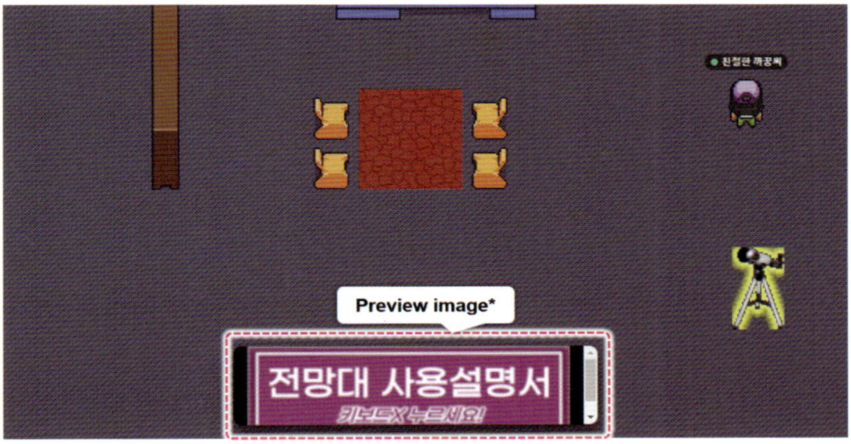

그림7-26 Space에서 preview image*가 나타나는 모습

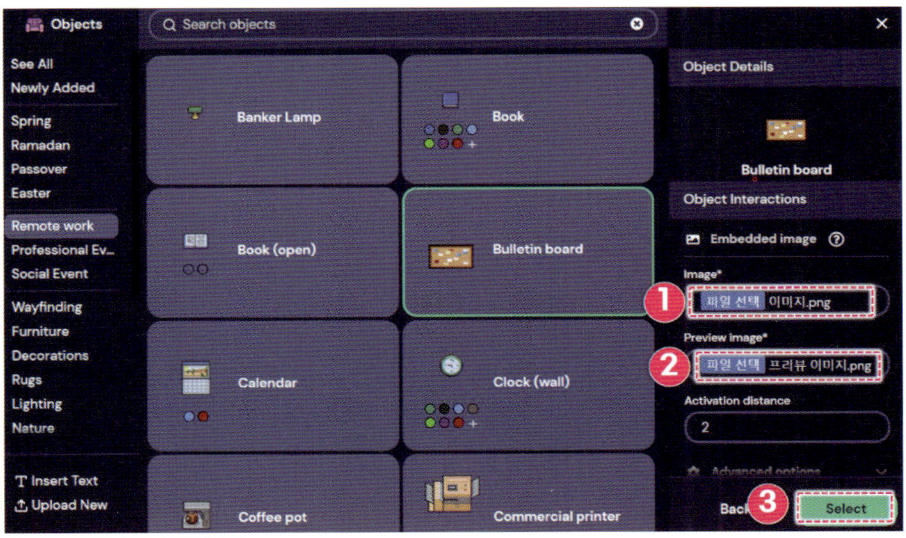

그림7-27 Embedded image의 기본옵션 설정

③ Activation distance를 설정하고(설정하지 않으면 기본값은 3), Select 버튼을 클릭하면 맵 메이커 화면에 Object가 나타나고 도장찍기 할 수 있다.

④ Advanced options을 클릭하여 하위요소들을 설정한 후 Select를 누르면 Object가 나타나고 도장찍기 할 수 있다. 다음은 Advanced option의 하위 구성요소들에 대한 설명이다.

- Prompt message, Object image, Active imgae는 앞과 동일하다.
- **Captions**: Embedded image에서만 사용 가능한 기능이며, Captions에 적은 텍스트는 확장된 이미지의 오른쪽에 있는 '?' 아이콘에 마우스를 가져가면 표시된다. 예를 들어 '다음 글을 잘 읽어주세요'를 Captions에 적을 경우 다음 그림처럼 나타난다.
- Display(start), Display(end)는 앞과 동일하다.

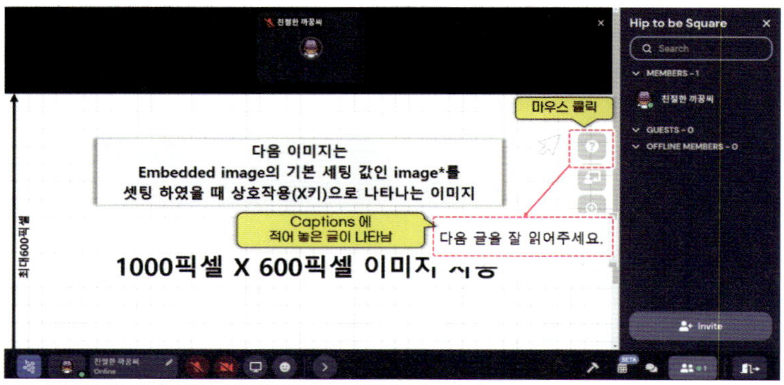

그림7-28 Space에서 Captions 글이 보여지는 모습

Tip!

발표자 모드

Image*와 상호작용할 때 발표자 모드를 사용하여 토론 중인 이미지 또는 포스터의 특정 영역을 클릭하고 표시할 수 있다. Image*가 열려 있는 모든 사람은 발표자 모드에서 클릭한 위치를 볼 수 있다. 표시는 몇 초 후에 사라지는 작은 색 원으로 나타난다.

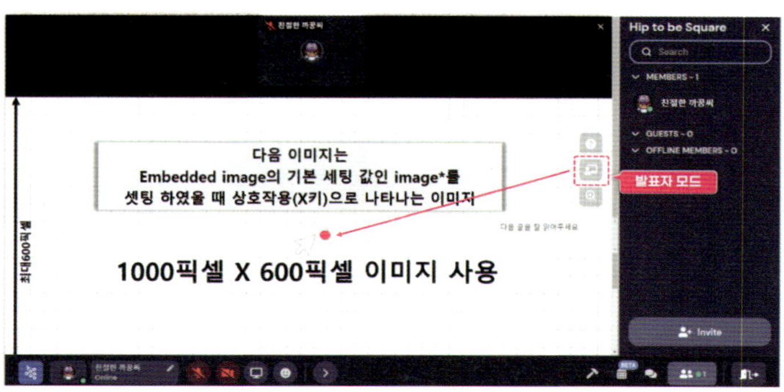

그림7-29 다른 사용자들이 발표자 모드 사용할 경우의 모습

(4) Embedded video

쇼케이스 비디오를 보여주거나 라이브 스트리밍을 설정하려는 경우 상호작용할 물체(Object)에 비디오를 연결하면 된다. 다음은 Embedded video의 하위 구성요소들이다.

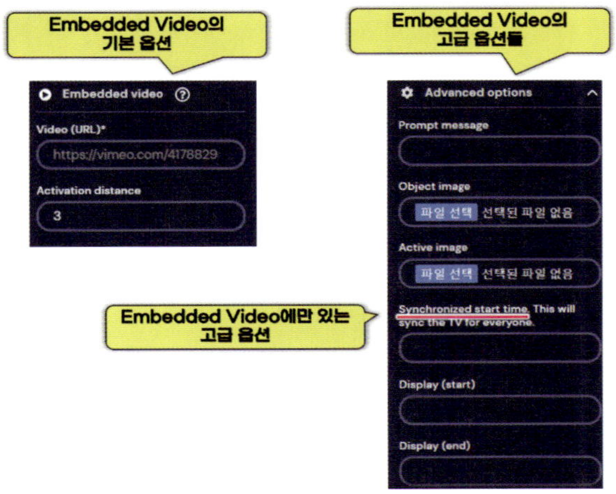

그림7-30 Embedded Video의 기본옵션과 Advanced option들

설정순서

① 맵 메이커에서 Object를 선택한 후 화면 오른쪽 하단에 Object Interaction에서 Embedded video를 클릭한다.

② Video(URL)* 칸에 동영상를 재생할 수 있는 URL을 세팅한다. (*는 필수)
연결 가능한 동영상 플랫폼은 유튜브, 유튜브 라이브(스트리밍), 비메오, 트위치(라이브 스트리밍), HTTPS와 비디오 임베드 링크가 있는 곳이면 다 가능하다.

③ Activation distance 세팅한다.
Video 기능이 탑재된 Object들이 있는데 거리 또한 설정되어 있다. 그림7-33은 Video 기능이 탑재된 Object들의 목록이다.

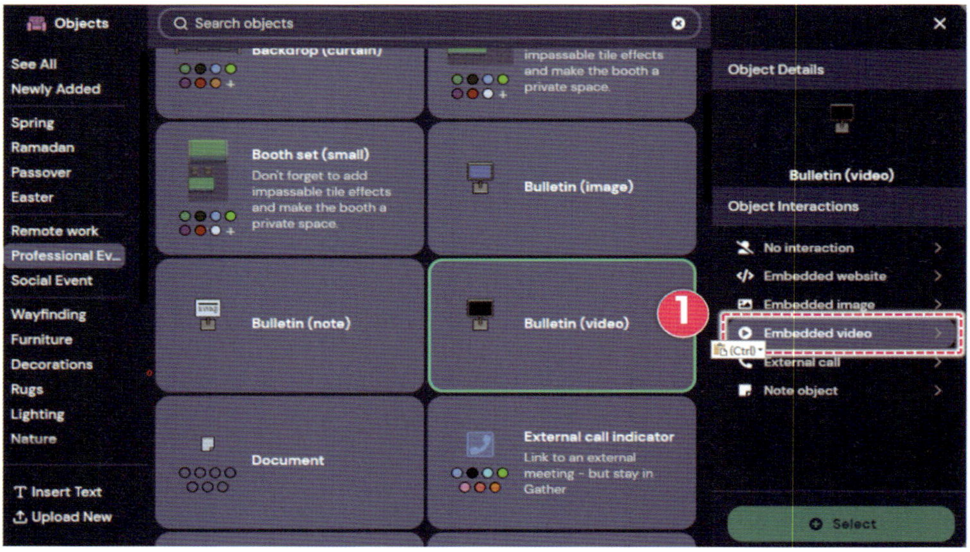

그림7-31 Object Interaction(물체상호작용)에서 Embedded video를 선택

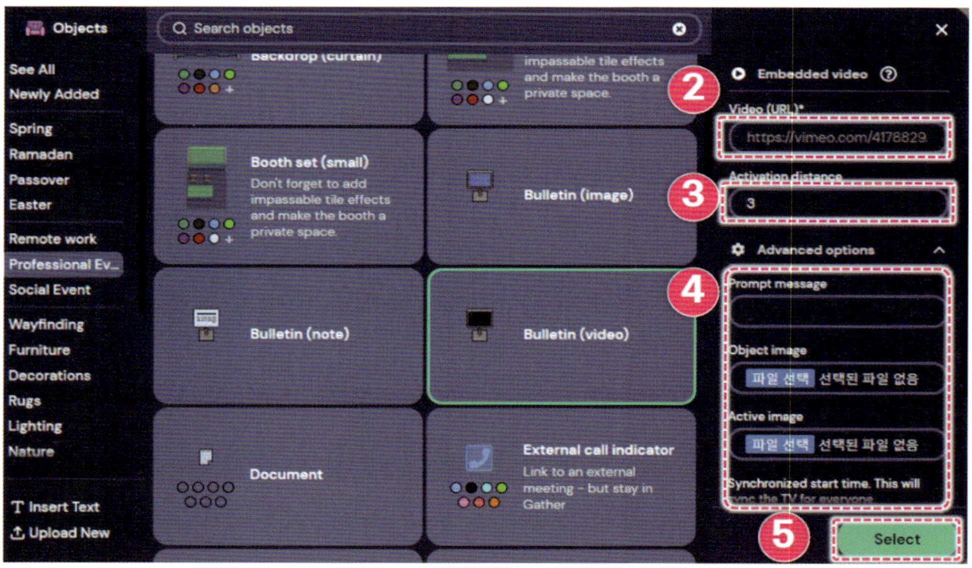

그림7-32 Embedded video 설정 방법

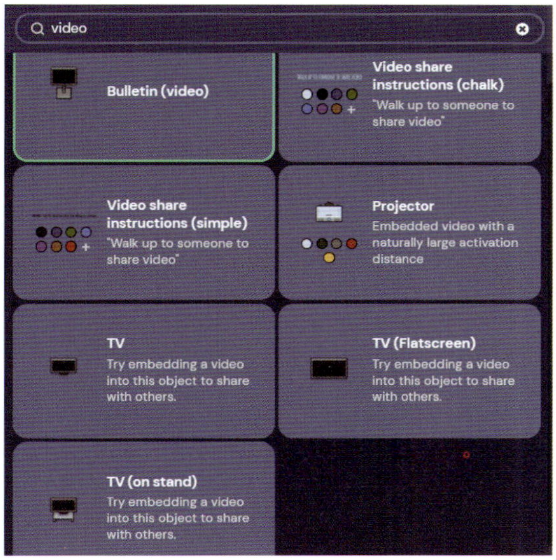

그림7-33 이미 video 기능이 탑재되어 Object들

아바타가 활성거리 안으로 다가가면 상호작용의 메세지 혹은 프롬프트 메시지가 나타나면서, 비디오의 작은 미리보기 화면이 컴퓨터 화면 중앙에 표시된다.

상호작용을 위한 X키를 누르거나 화면 중앙 하단의 미리보기 화면을 클릭하면 동영상은 화면 전체로 확장된다. 다시 확장된 화면을 없애고 싶으면 확장화면 닫기 X아이콘을 누른다.

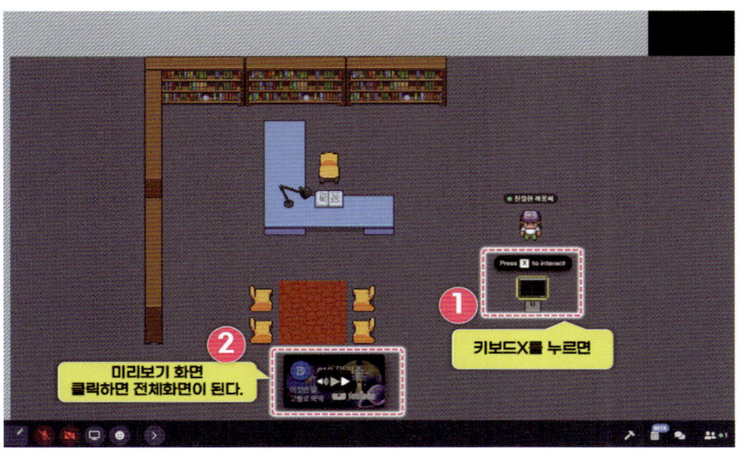

그림7-34 Embedded video의 상호작용을 실행할 경우 Space에서 모습

그림7-35 Embedded video에서 동영상이 실행되는 장면

④ 혹은 Advanced options를 클릭하여 하위요소들을 설정한 후 Select를 누르면 맵 메이커 상에 물체를 도장찍기 할 수 있다. 다음은 Advanced option의 하위 구성 요소들에 대한 설명이다.

- Prompt message, Object image, Active imgae, Display(start), Display(end)는 앞과 동일하다.
- **Synchronized start time**: 이 기능은 Embedded video에서만 사용 가능한 기능이다. Object를 이용하여 동영상 시작 시간을 설정해 두면 설정 시간이 되었을 때 동영상이 자동적으로 재생된다. 라이브 스트리밍으로 동영상 플랫폼을 설정하였을 경우에는 사용할 수 없다.

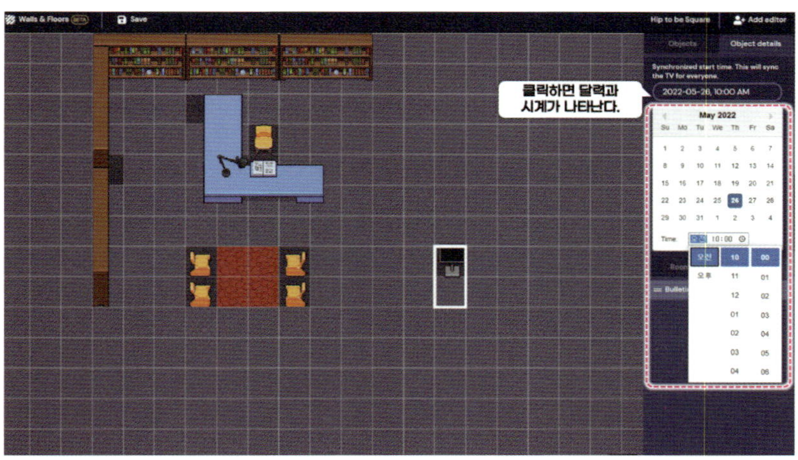

그림7-36 Synchronized start time 설정 방법

(5) External call

Zoom, Google Meet, Teams 또는 Webex와 같은 타사의 외부 화상 플랫폼으로 연결한다. 다음은 External call의 하위 구성요소들이다.

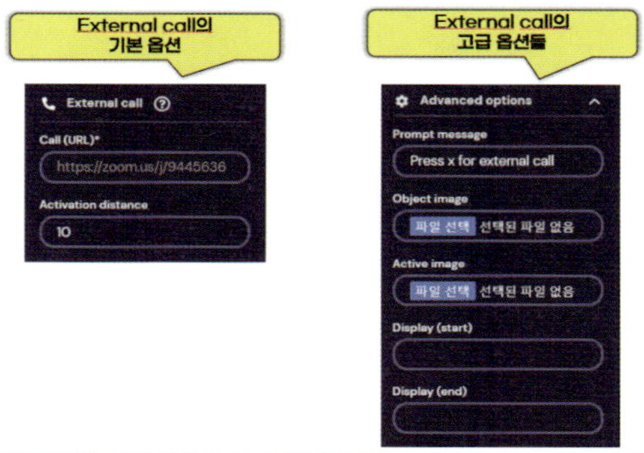

그림7-37 External call의 기본옵션과 Advanced option들

설정순서

① 맵 메이커에서 Object를 선택한 후 화면 오른쪽 하단에 Object Interaction에서 External call을 클릭한다.

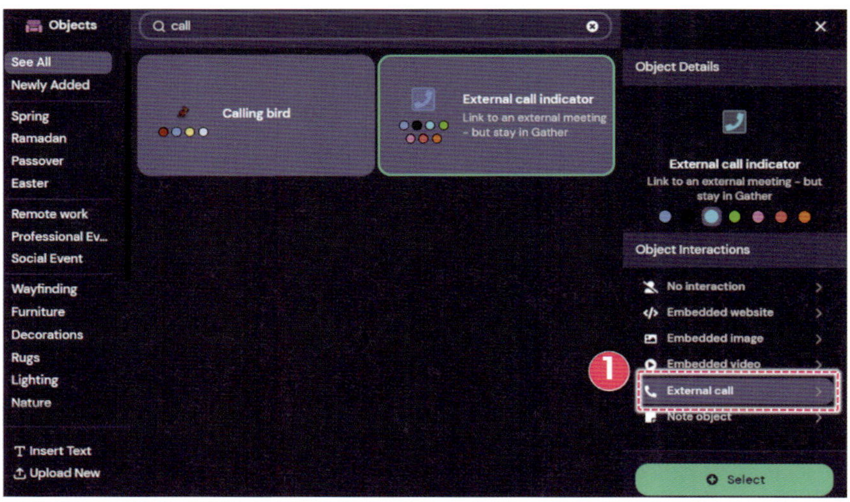

그림7-38 Object Interaction에서 External call 선택

② External call*칸에 연결하고 싶은 화상플랫폼의 초대 URL을 설정한다. (*는 필수)

- **call(URL)***: 연결할 화상 플랫폼의 초대 URL을 복사한 후 붙여넣는다. 공간에서 상호작용(X키)을 실행할 경우 아래 그림과 같이 나타나며 화면에 나타난 화상 플랫폼 URL을 클릭하면 사이트가 팝업된다.

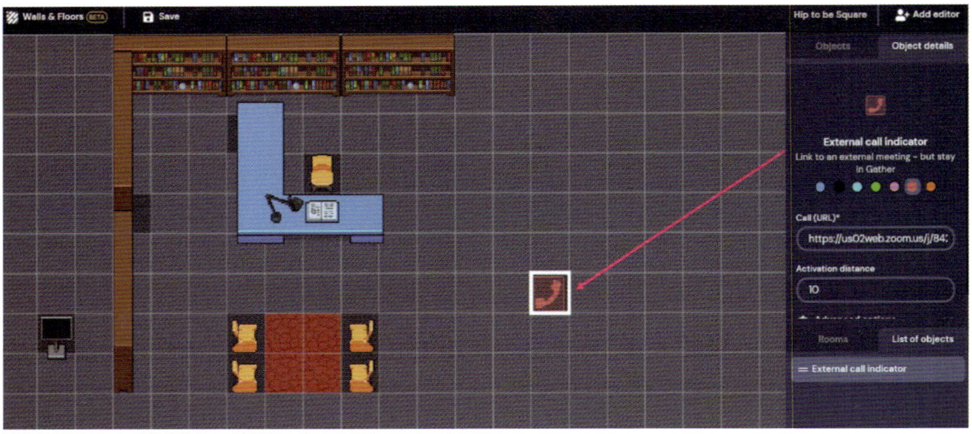

그림7-39 저장 후 맵 메이커 상의 모습

그림7-40 External call 세팅 후 Space에서 상호작용 모습

그림7-41 외부 화상 플랫폼을 사용하다가 Space로 돌아오는 것

외부 화상 플랫폼(External call) 활동이 다 끝나고 재입장을 누르면 다시 게더타운의 Space에서 활동할 수 있다.

③ Activation distance를 설정하고(설정하지 않으면 기본값은 3), Select를 클릭하면 맵 메이커 화면에 Object가 나타나고 도장찍기 할 수 있다.
현재 Activation distance는 10으로 설정되어 있다.

④ 혹은 Advanced options를 클릭하여 하위요소들을 설정한 후 Select를 클릭하면

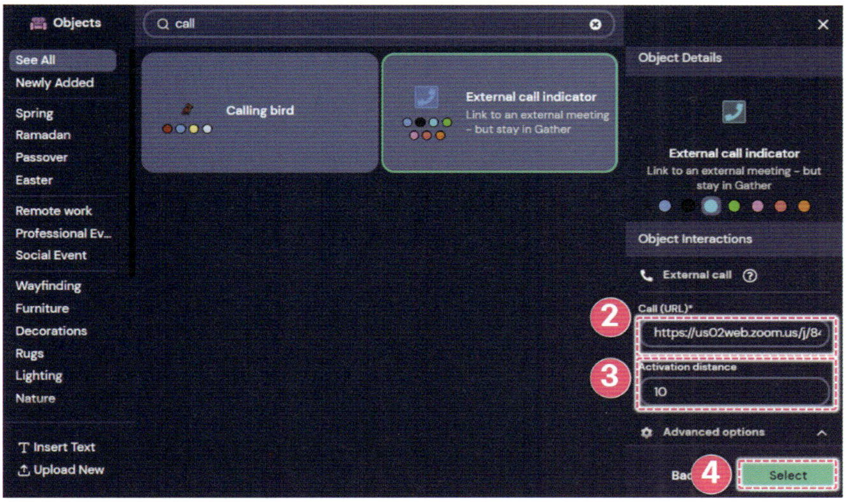

그림7-42 External call의 기본 설정

맵 메이커 상에 물체를 도장찍기 할 수 있다.

Advanced options은 Prompt message, Object image, Active imgae, Display (satrt), Display(end)로서 다른 것과 동일하다.

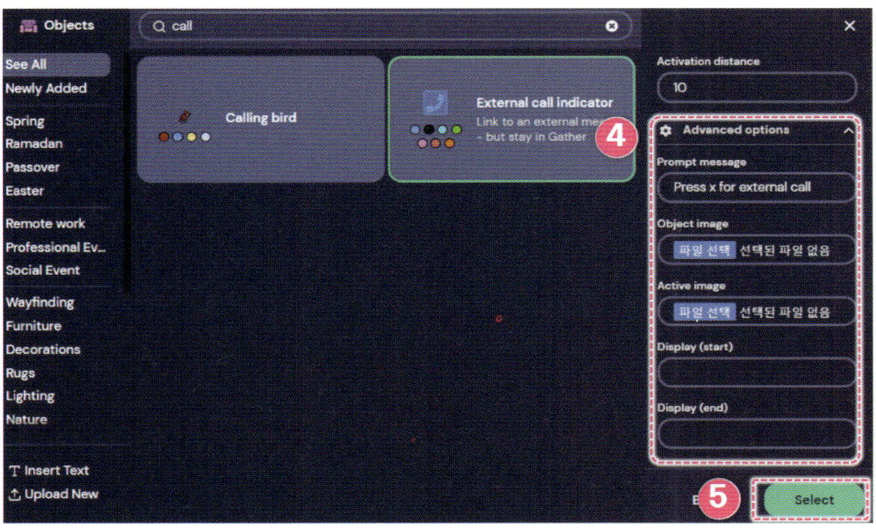

그림7-43 External call 고급옵션 설정

(6) Note Object

Object에 메모를 남기는 기능이다. 이것은 게임 설명을 하거나, 해당 상호작용에 대한 설명이 필요할 경우, 혹은 다른 아바타들에게 어떤 메시지를 전달하고 싶을 때, 혹은 다른 Embedded website 혹은 Embedded video 기능이 원할하지 않을 경우 해당 URL을 Note Object에 적어 놓을 수 있다. 다음은 Note Object의 하위 구성요소들이다.

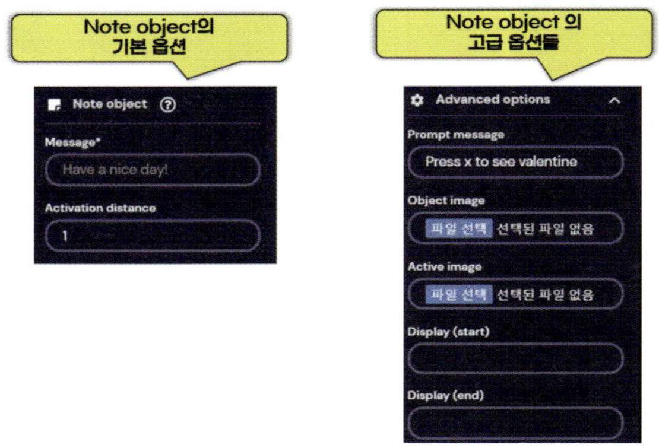

그림7-44 Note object의 기본옵션과 Advanced option들

설정순서

① 맵 메이커에서 Object를 선택한 후 화면 오른쪽 하단에 Object Interaction에서 Note Object를 클릭한다.

② Message* 칸에 필요한 내용을 직접 쓴다.

③ Activation distance 설정하고(설정하지 않으면 기본값은 1), Select를 클릭하면 맵 메이커 화면에 Object가 나타나고 도장찍기 할 수 있다.

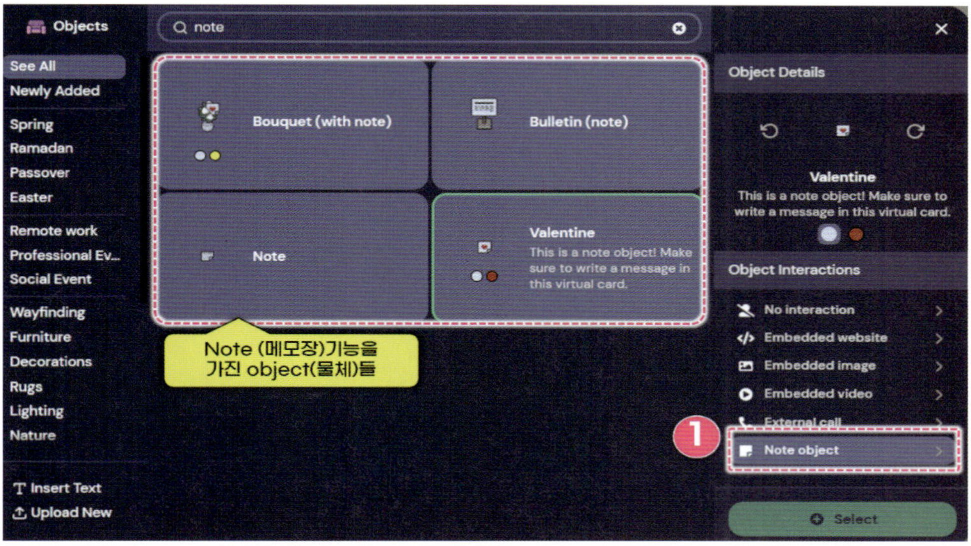

그림7-45 Note Objec 선택

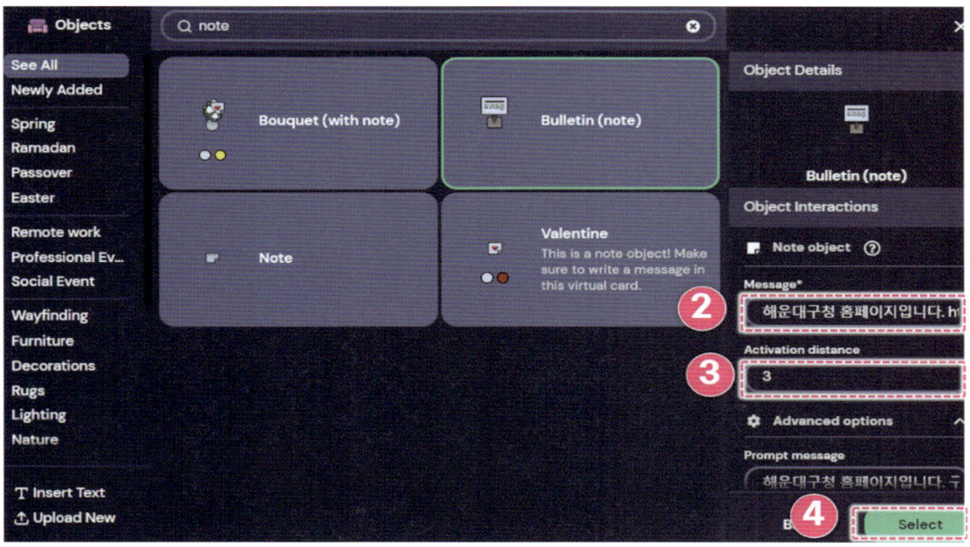

그림7-46 Note Object 기본옵션 설정

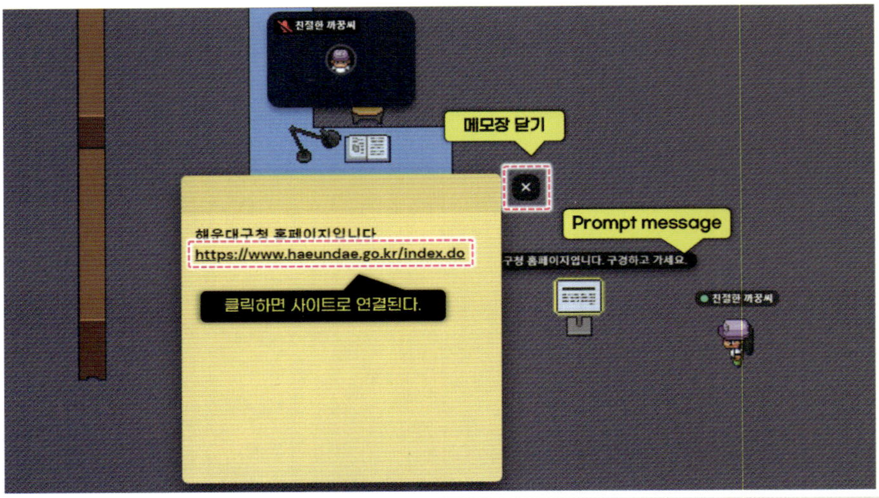

그림7-47 Space에서 Note Object 실행 화면

④ 혹은 Advanced options를 클릭하여 하위요소들을 설정한 후 Select를 맵 메이커 상에 물체를 도장찍기 할 수 있다.

Advanced options은 Prompt message, Object image, Active imgae, Display (satrt), Display(end)로서 다른 것과 동일하다.

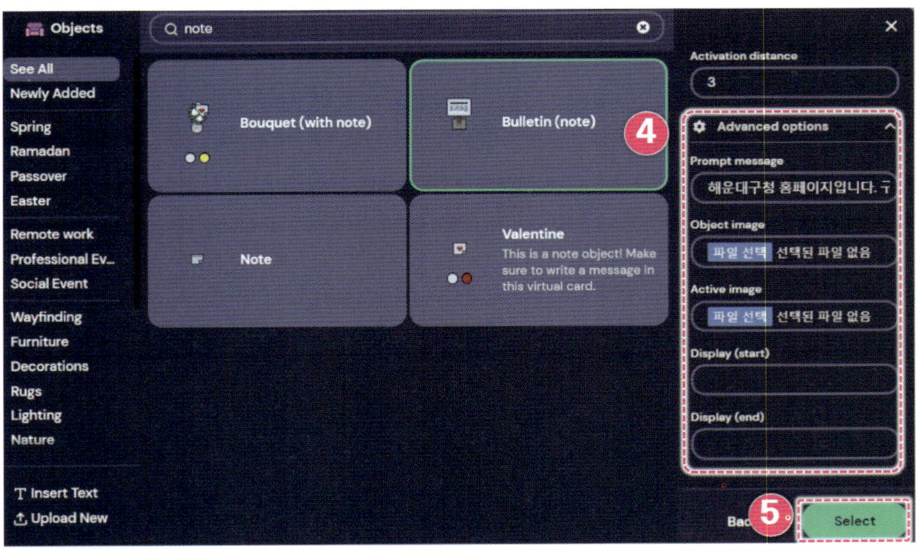

그림7-48 Note Object 고급옵션 설정

3
특별한 기능이 탑재되어 있는 Object(물체)들

게더타운에는 재미있는 기능을 탑재하고 있는 Object들이 있다. 이 기능들을 사용하기 위해서는 처음 Space를 생성할 때 공간의 기능을 Remote Office로 설정해 두어야만 한다. (Space 생성편 참고)

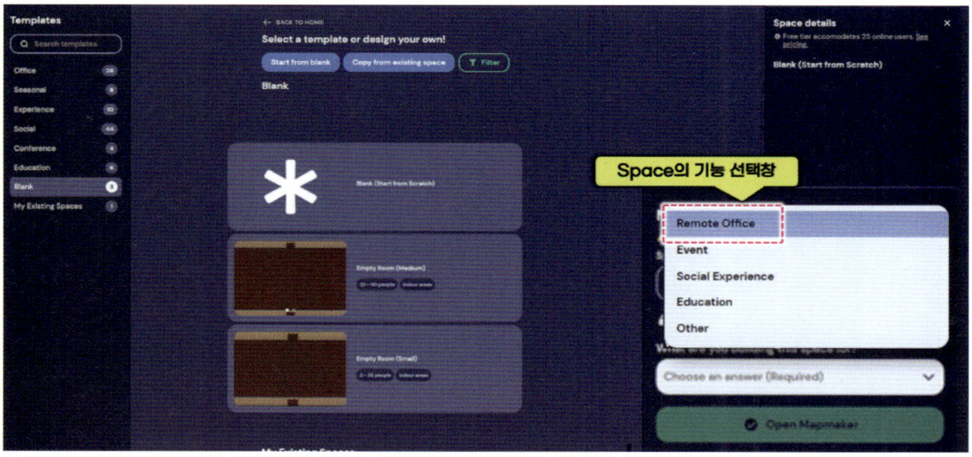

그림7-49 Space 만들기에서 이름 설정 후 세팅값

특별한 기능이 있는 Object를 생성하기 위해서는 Extension Setting에서 설정한 후 사용 가능하다. 필요한 기능을 가진 Object를 클릭한 후 옆에 'Activate Extension'을 클릭하여 'Deactivate Extension'으로 바꾸면 Object 이름 옆에 ∨ 표시가 나타난다.

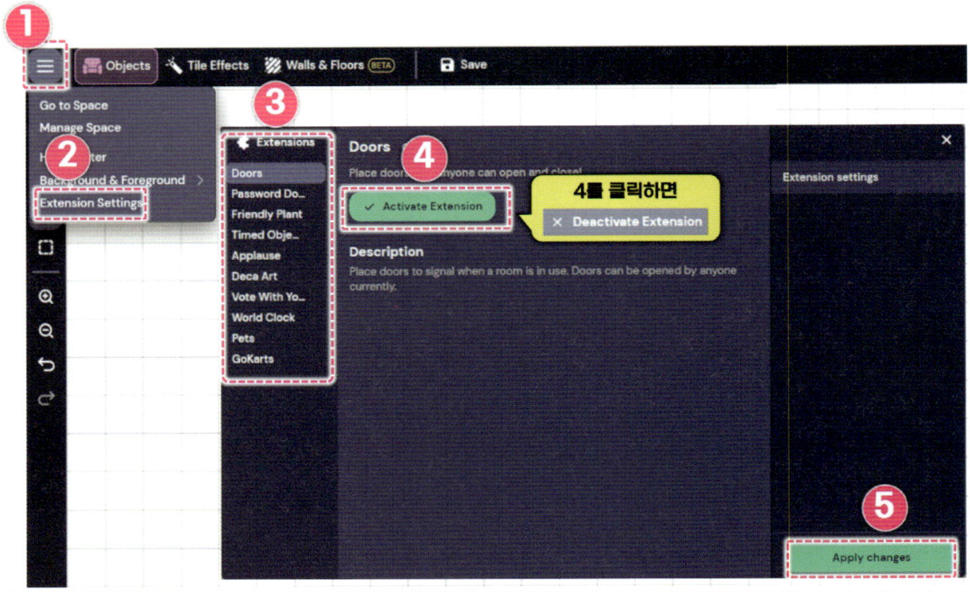

그림7-50 Extension Setting 방법

∨표시가 된 Object들은 More Object 창 가장 아래쪽에 나타난다. (스크롤로 내려야 보인다.)

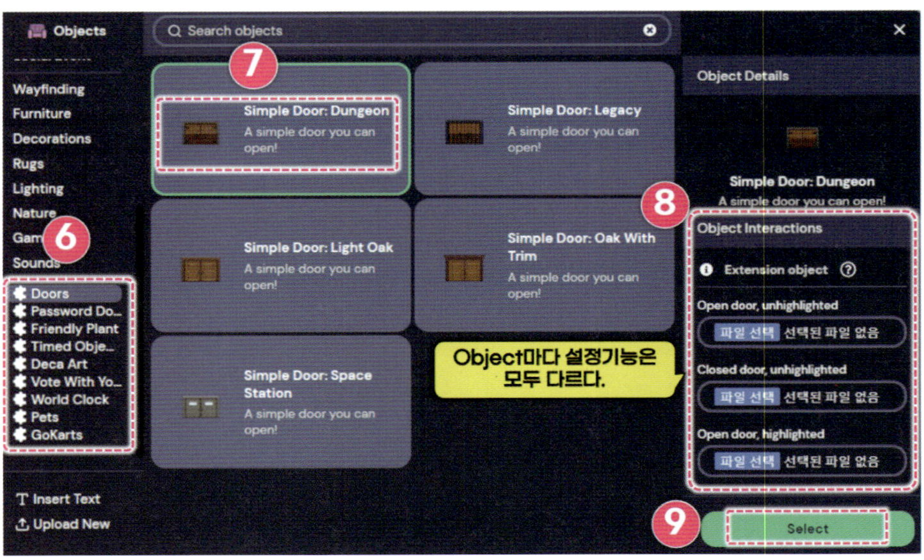

그림7-51 Extension Setting을 적용한 Object 만드는 순서

이 Object들도 상호작용하는 Object에 해당하므로 X키를 눌러서 사용한다. 기획한 공간에 필요한 Object를 선택하여 옵션을 설정한다. 가장 많이 사용하는 Object는 Go-Kart이며, 이외에 자라는 식물, 열리는 문이 있고 최근(2022년 5월)에 강아지가 추가되었다. 그 외에 지속적으로 추가되고 있는 중이다.

Go-karts(차)

기본 설정에서 Go-karks의 수량을 적는다. (기본 3대)

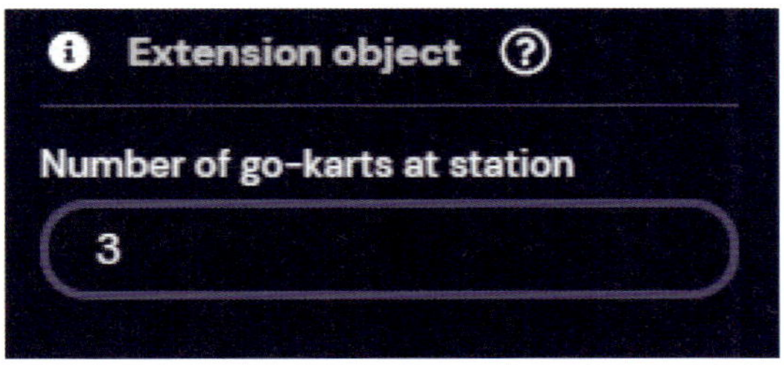

그림7-52 Go-karts의 기본 설정창

X키를 한 번 누르면 차에 타지고 X키를 한 번 더 누르면 내려진다.

그림7-53 Space에서 실행된 모습

Pets(애완동물)

애완동물을 생성하고 X키를 이용하여 쓰다듬을 수 있으며, Space 상에서 아바타를 따라 다닌다.

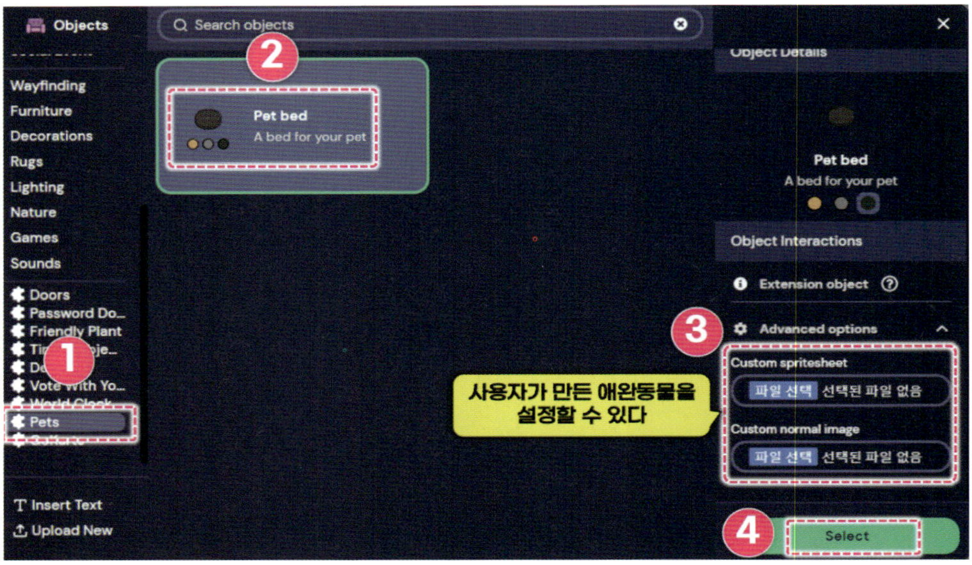

그림7-54 Pet Object 설정하는 방법

Pet Object는 맵 메이커에서는 애완동물 방석만 보여지고, Space에서는 애완동물이 함께 보인다.

그림7-55 Pet Object가 실행된 모습
pet(애완동물)은 Space에 4마리만 생성 가능하다. 4마리 이상은 방석만 보이고 애완동물은 안 보인다.

Friendly Plants(자라는 식물)

하루에 한 번만 물을 주면 조금씩 키가 자란다. X키를 이용하여 물을 주면, 다음날 식물의 키가 커져 있는 것을 확인할 수 있다.

Door & Password Door(문과 비밀번호 문)

설정 순서

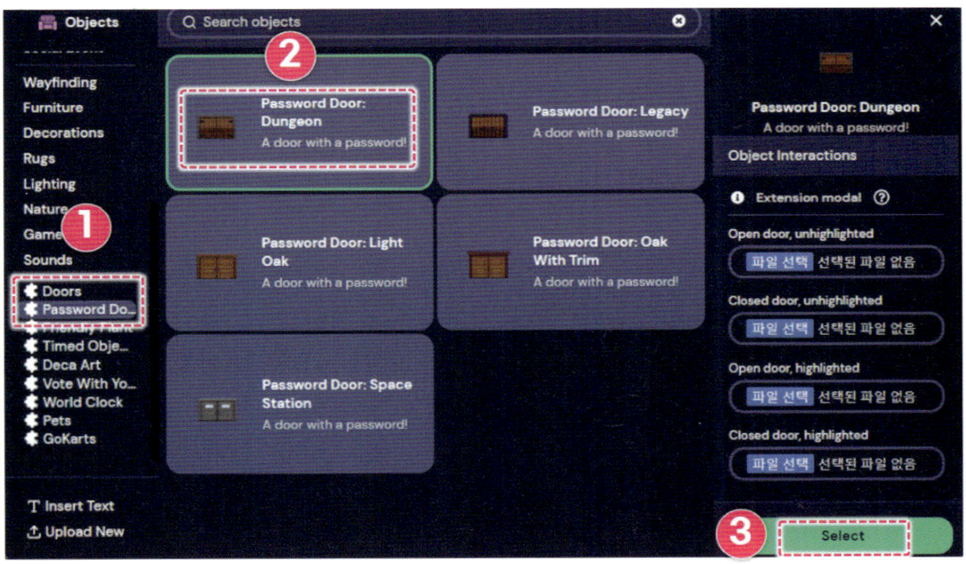

그림7-56 door와 password Door의 설정 순서

비밀번호 설정 방법

Space로 이동한 후 활성거리 안으로 들어가서 X키를 누르면 다음과 같은 팝업창이 나타난다.

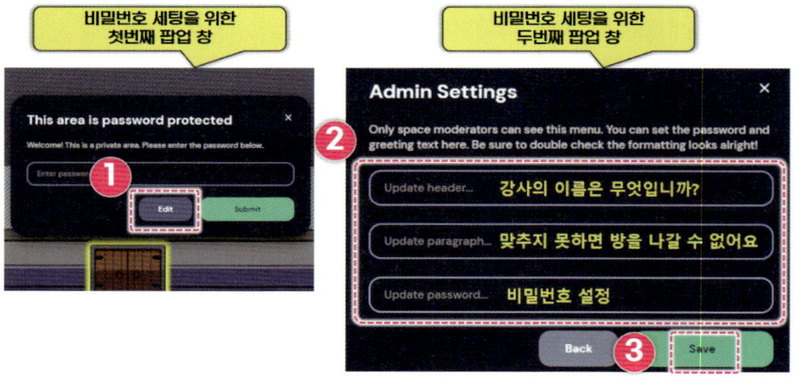

그림7-57 비밀번호 설정 방법

그림7-58 비밀번로 문이 Space에서 실행된 순서

4
맵 복사 및 삭제하기

맵 복사에는 2가지 방법이 있다. 첫 번째는 이미 만들어진 맵을 자신의 다른 맵에 복사하는 방법이고, 두 번째는 타인의 맵을 자신의 맵으로 복사하는 방법이다. 자신의 맵을 복사하는 이유 첫 번째는 혹시 모를 에러를 대비해서 한 개 더 복사해 두는 것이다. 두 번째는 같은 맵이지만 공간의 상호작용이 달라지거나, 디자인은 같지만 의뢰기관이 다를 경우 같은 맵을 복사하여 의뢰기관에 맞게 수정하기 위해서이다.

자기 맵 복사하기

일단 자기 맵 복사를 위해서는 복사할 맵을 확인한 후 ①Create Space를 통해 새로운 맵을 생성한다. 페이지가 전환되면 ②Advanced setup for experts를 클릭한다.

화면 왼쪽에 ③My Existing Spaces 클릭하고 ④에서 복사하고 싶은 맵을 선택한다. ⑤영문으로 Space 이름을 적고, ⑥Space의 성질(예: Remote Office)을 선택한 후 ⑦Create를 클릭한다.

그림7-59 자기 맵 복사하기 (1)

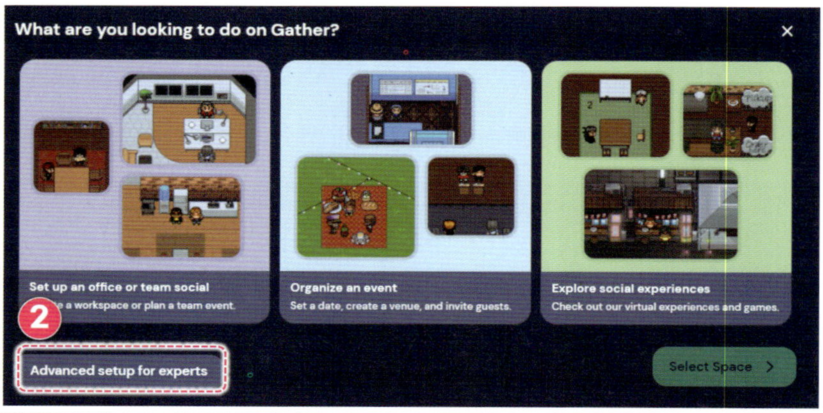

그림7-60 자기 맵 복사하기 (2)

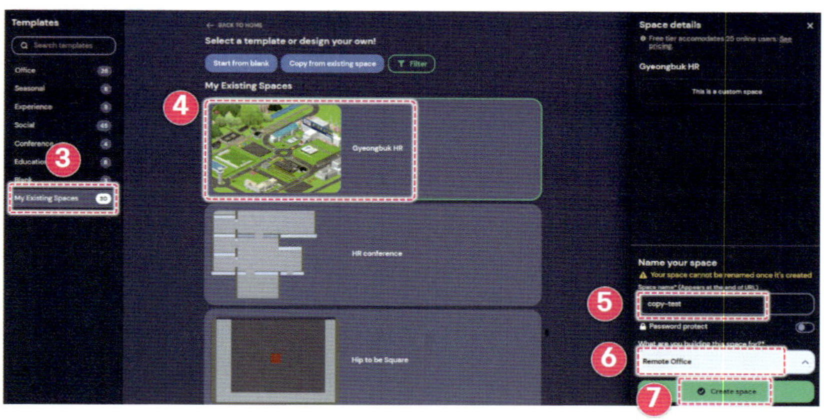

그림7-61 자기 맵 복사하기 (3)

다른 사람 맵 가져오기

다른 사람의 맵을 가져오기 위해서는 다른 사람의 맵 Space dashboard의 User Roles에 나의 이메일 계정을 추가한(add) 후 Builder 권한에 체크가 되어 있어야 한다.

(1) 복사해 줄 맵 사용자가 할 일

①created Space로 내가 만든 맵만 볼 수 있게 한다. ②복사를 허용하는 맵에서 ⋮ 아이콘을 클릭하고 ③Manage Space를 클릭한다.

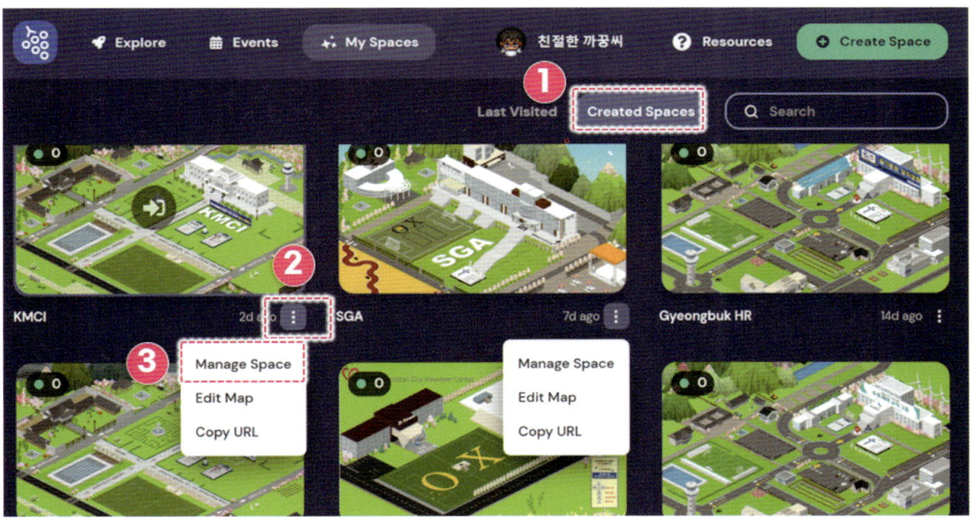

그림7-62 내가 제작한 게더타운에서 Manage Space에 접속하는 방법

④Space dashboard 페이지 세 번째 줄 User Roles의 ⑤오른쪽에 ⑤Add Members 빈칸에 복사해 갈 사용자의 이메일 주소를 쓰고 ⑥Add 버튼을 클릭한다. ⑦Builder 체크박스에 체크를 함으로써 권한을 ⑧Apply한다.

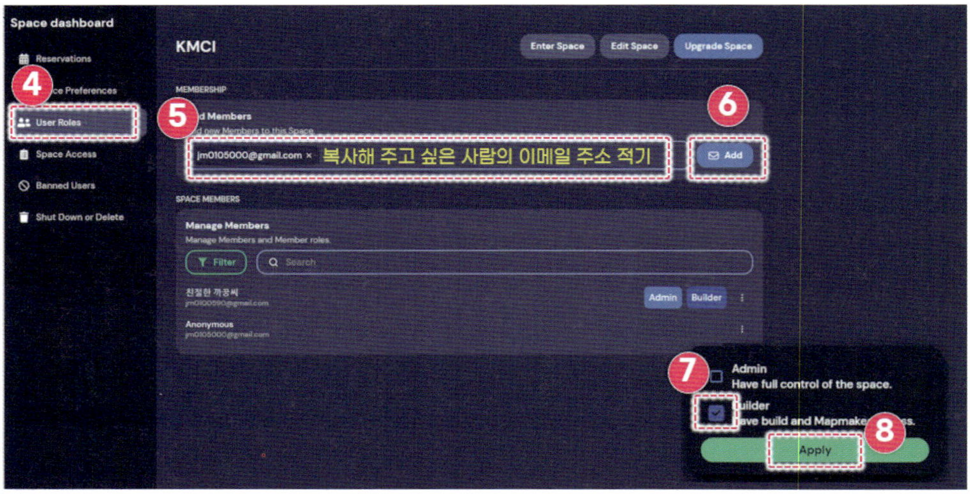

그림7-63 내가 제작한 게더타운의 Space dashboard에서 사용자 추가

⑨복사해 간 것을 확인한 후 체크박스를 해제하거나 Space dashboard에서 ⋮ 다음 아이콘을 클릭한 후 ⑨Remove Member 한다.

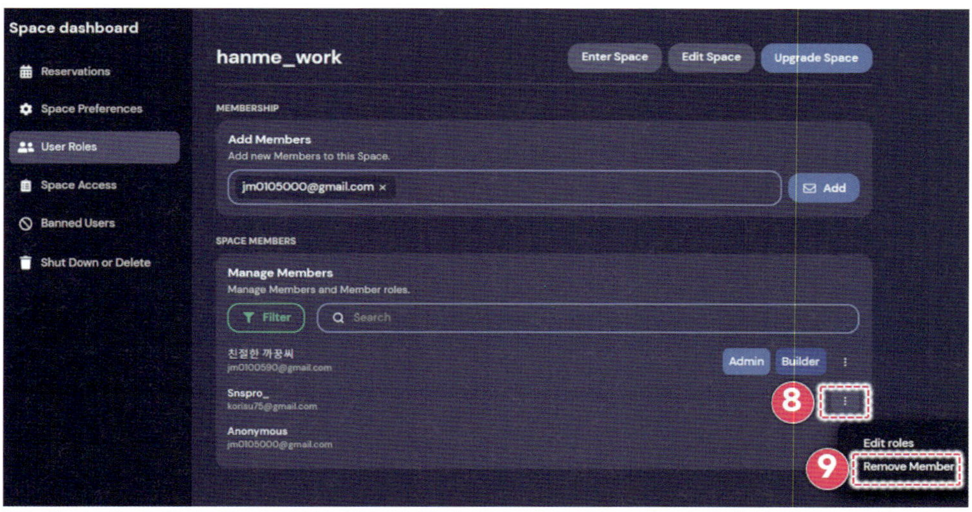

그림7-64 맵 복사 후 멤버에서 지우는 과정

(2) 맵을 받고자 하는 사용자가 할 일

Create Space를 하나 만들기 위해서 그림7-59, 그림7-60까지 진행한다. 그 다음에 ③ Copy from existing sapce을 클릭해 보면 복사하려고 하는 맵이 나타나 있는 것을 확인할 수 있다. ④복사하고자 하는 맵을 클릭한 후 ⑤, ⑥, ⑦ 과정을 거쳐서 복사 맵을 새로운 Space로 만들 수 있다.

그림7-65 새로운 Space 만드는 과정

맵 삭제하기

내가 만든 맵이나 나에게 samin 권한이 주어져 있는 맵만이 삭제 가능하다.

①홈 화면 혹은 Space 안에서 ②Manage Sapce를 클릭하고, Space dashboard 페이지로 접속한다.

Space dashboard에서 Shut Down or Delete를 통해 삭제할 수 있다. Shut Down은 일시적으로 맵을 막는 것이고, Delete는 말 그대로 맵 자체를 지워버리는 것이다.

그림7-66 Manger Sapce에서 Space dashboard로 가는 방법

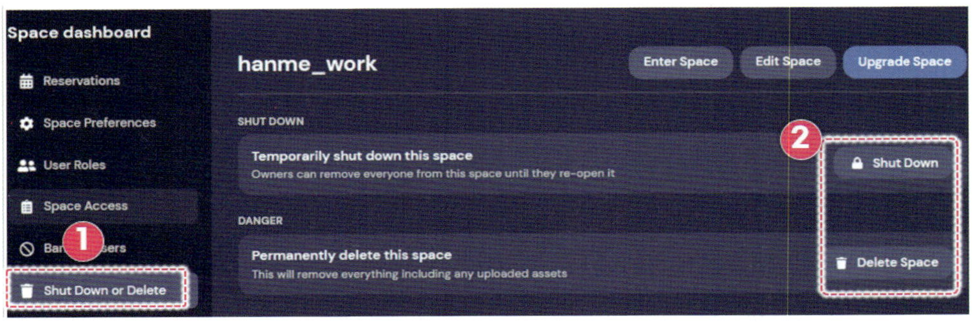

그림7-67 Space dashboard 맵 삭제하는 방법

5
기타 설정 기능 확인하기

유료결제

Manage Space 〉 Space dashboard에서 결제할 수 있다.

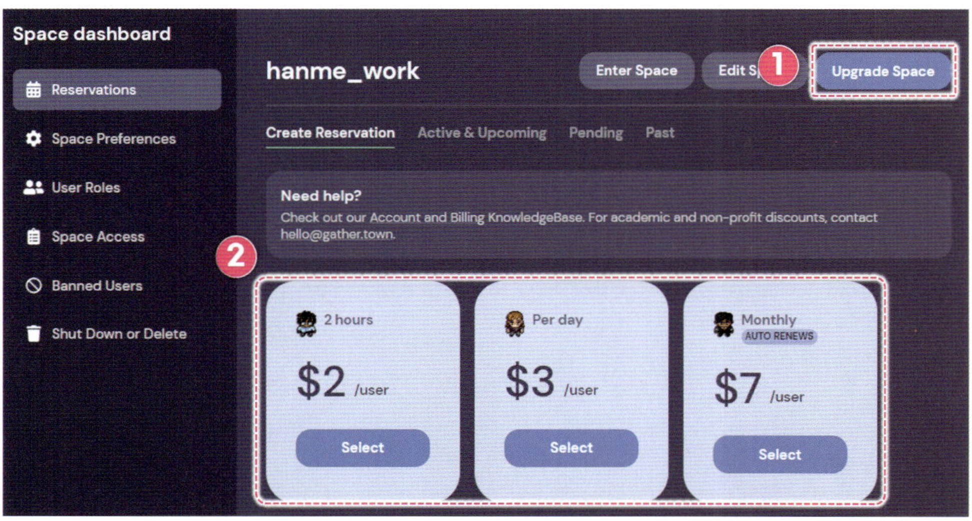

그림7-68 Space dashboard 유료 결제

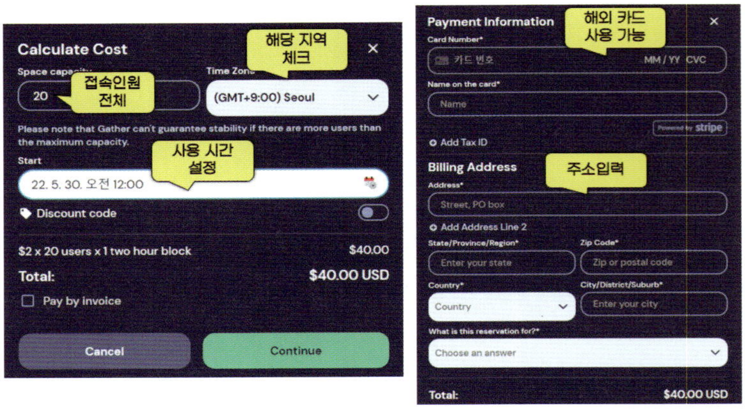

그림7-69 유료 결제 설정

참여자가 26명일 경우 접속인원 칸에 26을 입력해야 한다. 25명까지 무료라고 해서 1명분만 결제하는 것이 아니다.

화면 축소와 확대

Space 내 화면 아래 왼쪽의 포도송이 아이콘을 클릭하면 여러 가지 설정과 도움말을 볼 수 있다.

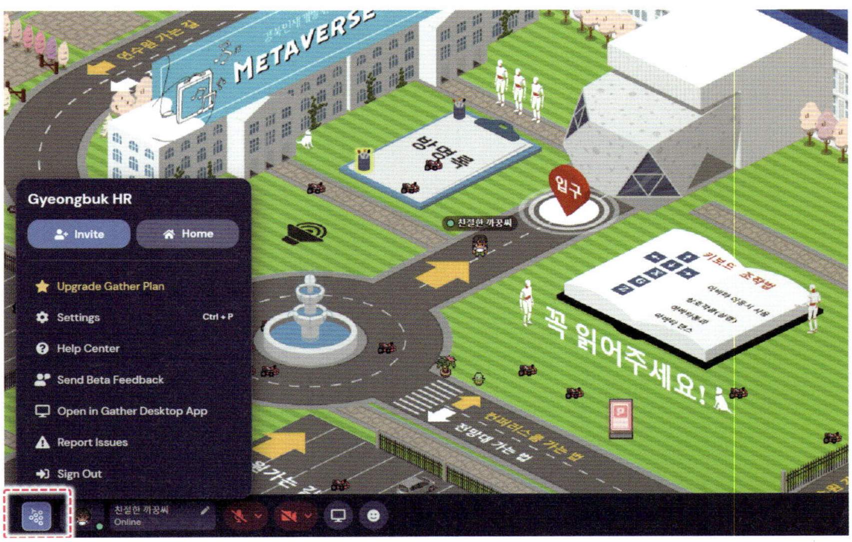

그림7-70 여러 가지 설정 및 도움말 기능들

Space 내 화면 아래 왼쪽의 포도송이 아이콘을 클릭하면 두 번째에 Settings이 있다. Settings의 ①User의 Apparance에서 ②Use Smart zoom이 꺼져 있어야 ③Manual Map zoom을 이동시켜서 확대·축소가 가능하다.

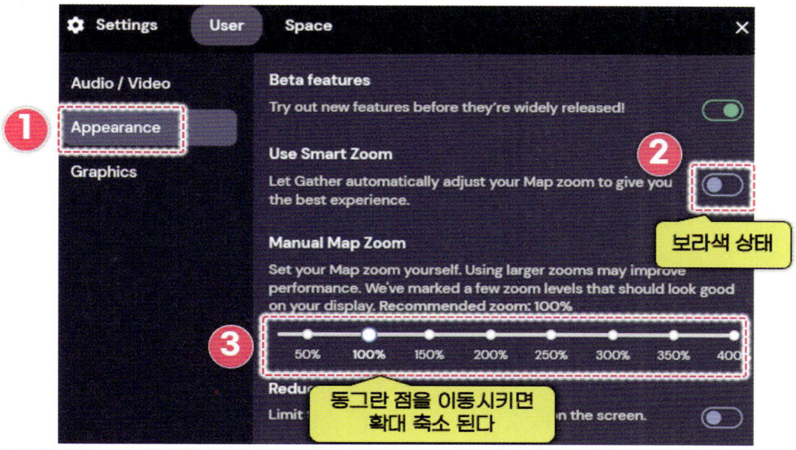

그림7-71 화면 확대 축소 기능

제페토를 등에 업은 ZEP과 경쟁하기 위해 게더타운은 지금도 끊임없이 변화하고 있다. 사용자의 입장에서는 조금은 불편할 수도 있지만, 진화하고 있다는 긍정적인 관점에서 본다면 호기심 어린 변화이기도 하다. 필자는 개인적으로 게더타운이 좋은데, 그 이유는 ZEP보다 메뉴의 구성이 잘 정리되어 있기 때문이다.

기업에서 진행되고 있는 비대면 교육과 재택근무 차원에서 본다면 게더타운은 가장 최적화되어 있는 메타버스 플랫폼이라고 할 수 있다. 그렇기 때문에 앞으로 기업에서 비대면으로 진행되는 리더십, 커뮤니케이션, 정서관리, 조직활성을 위한 팀빌딩 등은 게더타운에서 활성화될 가능성이 높다. 또 다시 코로나로 비대면을 해야 한다면 아마 ZOOM보다는 메타버스를 이용하여 강의를 하게 될 것이고, 그 선두에 서게 될 플랫폼 중의 하나는 게더타운이 아닐까 예측해본다. 이 때문에 게더타운 본사는 재택근무에서 더욱 스마트하게 일할 수 있고, 나아가 협업까지 할 수 있는 툴을 주로 강화해 나가고 있는 것이 아닐까 생각한다.

비대면 시대가 도래하고 처음에 많은 교육자들은 ZOOM과 같은 비대면 화상 플랫폼 사용을 힘들어 했다. 3년이 지난 지금까지도, 단지 화면에 접속해서 일방적으로 전달하는 형태로 사용할 뿐, 플랫폼 사용을 적극적으로 배우지 않은 사람들이 많다. 하지만 누군가는 화면상에서의 교육이지만 여러 가지 툴을 이용하여 학습자(이용자)의 흥미를 유발하고 몰입감을 끌어내기 위해 다양한 방법을 배우고 사용하였다.

게더타운 또한 마찬가지이다. 기업에서는 이미 게더타운을 이용한 교육 몰입도와 성취도에 대한 평가를 실시하였다. 결과는 단순 화상수업보다 몰입도나 성취도가 높았다. 특히 MZ세대 혹은 더 젊은 세대일수록 게더타운에서의 교육 효과가 좋다는 것을 알 수 있었다. ZEP을 사용하던 게더타운을 사용하던 그것은 중요하지 않다. 중요한 것은 우리의 비대면 교육이 다시 한번 새로운 플랫폼으로 이동할 예정이라는 것!

우리는 종종 미래를 그린 영화를 보며 '정말 그런 세상이 올까…'라고 상상한다. 하지만 이미 그런 세상에 살고 있는 것은 아닐까? 우리만 느끼지 못하는 것은 아닐까? 변화는 준비한 자에게만 위기를 기회로 바꿔준다. 누군가는 준비를 할 것이며, 누군가는 비대면의 세상이 종결되기를 바랄 것이다. 지금 이 책을 읽고 있는 여러분은 어떤 마음인가? 스스로에게 되물어 보길 바란다.

8

ZEP

2020년 우리는 팬데믹이라는 세상 속에서 무력화되고 고통 받았으며 몇천 년간 이어져 왔던 전통적 사회적 활동 관계인 대면 활동이 급격히 무너졌을 뿐만 아니라 사회, 경제, 교육, 문화, 예술 전반에 큰 충격과 변화를 가져왔다. 단적인 예로 직장인은재택 원격근무가 일반화되었으며 학생들은 줌(Zoom)과 같은 화상 프로그램으로 재택 수업을 진행하며 소통했다.

하지만 단절된 관계적 소통 누적은 '줌 피로 증후군'이라는 신조어를 만들었고 전문가들은 이 원인을 의사소통의 비언어적 단절에 있다고 보았으며, 인간의 의사소통에 있어 우리가 인식하고 있지 못한 비언어적인 부분도 상당한 부분을 차지하고 있었다는 것을 알 수 있다. 이러한 점을 보완하고 해결한 것을 필자는 '관계형 화상 플랫폼'이라고 정의한다.

이제는 엔데믹의 시대로 이어지는 시점이지만 비대면 시대의 삶 속에서 아이러니하게도 비대면의 편리함에 빠져 그 자체가 익숙해진 모습을 발견할 수 있다. 단언컨대 '관계형 화상 플랫폼'은 앞으로도 우리 생활 속에 깊숙이 관여할 것이다. 지금부터는 '관계형 화상 플랫폼' 중에 하나인 ZEP에 대해 알아보자. 물론 앞으로 더 많은 메타버스 플랫폼이 나오겠지만, 현시점에서 ZEP은 누구나 쉽게 참여할 수 있는 가장 진보한 메타버스 '관계형 화상 플랫폼'이라고 생각한다.

1
ZEP이란?

ZEP은 팬데믹 시대에 대면보다 비대면이 강요되는 시점에서 기존에 구현되고 있는 화상 프로그램과 단순한 2D 아바타를 가상의 공간에 결합하여 만든 믹서 플랫폼이며, 기존 화상회의 플랫폼에 비언어적 요소 등을 보완해서 나온 '관계형 화상 플랫폼' 이라고 말할 수 있다. 유저들은 메타버스 공간 안에서 실제로 업무와 수업, 회의, 기업활동이 가능하며 용도에 맞게 맵을 직접 커스터마이징도 가능하다.

ZEP의 탄생과 특징

ZEP은 기존 화상회의 프로그램에서 결핍된 비언어적 요소 등을 보완해서 나온 '관계형 화상 플랫폼' 중 하나이지만 이러한 플랫폼의 선두주자가 게더타운임은 누구도 부정할 수 없다. 이를 뒷받침하듯 초창기에 관공서 및 기업은 게더타운을 각종 행사 및 기업활동에 활용하고 학교에서 일부 선생님들이 시범적으로 운용하여 긍정적인 반응을 얻었다.

하지만 한국인이라면 게더타운에 대한 부족함이 늘 한편에 자리 잡고 있었을 것이다. 한국적 디자인과는 다소 동떨어져 있으며 어려운 인터페이스와 거친 해상도는 한국인에게 무엇인가 갈증을 남겼다. 이런 시점에 아시아 최대 메타버스 플랫폼 '제페토'를 운영하는 네이버 제트와 모바일 게임 '바람의나라: 연'을 개발한 슈퍼캣이 합작으로 만든 ZEP이 탄생했다.

ZEP은 게더타운과 마찬가지로 웹 기반으로 작동하여 복잡한 과정을 생략하고 간단하게 이용할 수 있다. 아바타가 활동하는 가상공간은 ZEP에서 제공되는 템플릿을 이용하거나 필요에 따라 직접 만들 수 있으며, 화상 시스템을 이용하여 프리젠테이션 또는 강의를 할 수 있는 기능도 게더타운과 유사하다. 하지만 ZEP은 위에서 언급했던 게더타운의 이질적인 디자인과 거친 그래픽의 표현을 깔끔하게 개선한 것은 물론 '미디어 추가'라는 툴의 편리함은 토종 프로그램 ZEP을 더욱 빛나게 만들고 있으며 디지털 선진국인 한국인의 정서에 맞게 이 시간에도 더욱더 진화하고 있다.

2
ZEP 활용사례

엔터테인먼트

기상청 사람들

JTBC 드라마 '기상청 사람들: 사내연애 잔혹사 편'은 드라마 속 세계관을 메타버스 공간으로 확장하여, 시청자들이 직접 콘텐츠에 참여하고 즐길 수 있도록 했다. 메타버스의 기술을 적극 이용해 드라마의 주요 공간인 기상청을 구축했고, 유저들은 커스텀 할 수 있는 각자만의 아바타로 가상과 현실을 넘나들며 드라마에 더욱 이입하고 공감할 수 있게 됐다.

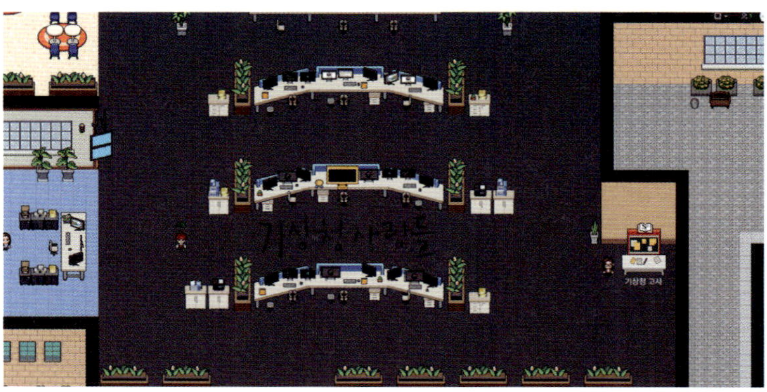

그림8-1 기상청 사람들
출처: ZEP

서울체크인

ZEP 속 '서울체크인' 메타버스는 서울에 체크인하는 이효리처럼 공항에서 시작하는 설정으로 이용자들이 직접 다리를 건너 서울 곳곳을 엿볼 수 있어 흥미를 유발한다. 무엇보다 서울맵에서는 〈서울체크인〉에 나온 브런치 카페, 칵테일 바, 포토스팟, 요가센터 등 이효리의 시선을 따라 서울을 경험해 볼 수 있다.

그림8-2 서울체크인
출처: ZEP

기업홍보

기업 홈페이지는 기업의 설립 배경, 역혁, 조직 등 건조한 이미지를 가지고 있다. 이에 최근에는 메타버스를 이용하여 소통하는 기업들이 점점 많아지고 있다. 특히 제품 광고나 기업홍보 이벤트에 더욱 특화되어 있으며, 다음 그림처럼 링티는 연구소를 ZEP에 구현하여 구매 링크와 여러 가지 콘텐츠를 제공하고 있다. 재미적 요소와 소비자가 궁금해 하는 제품의 특징을 직접 전달하여 홍보에 이용하는 것이다.

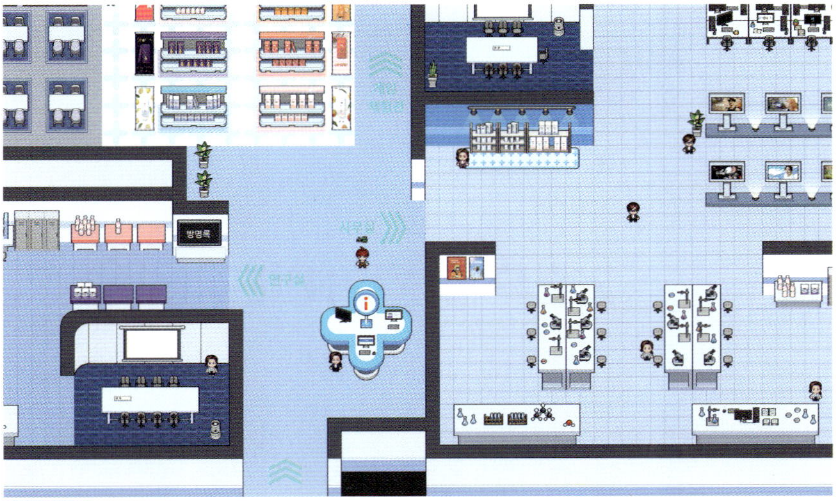

그림8-3 링티 연구소
출처: ZEP

대학 진로·취업 준비 등

이화여대 인재개발원은 이화인들의 커리어 개발을 위해 다양한 프로그램을 운영하고 있다. 최근에는 메타버스에 '인재개발 ON'을 만들었는데, 가상공간임에도 불구하고 ECC와 멀리 보이는 본관까지 이화의 캠퍼스를 그대로 옮겨온 듯한 모습이 펼쳐진다.

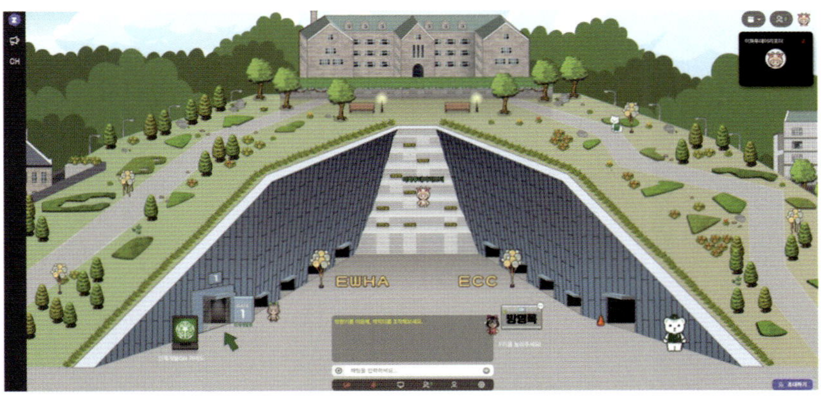

그림8-4 인재개발원 메타버스「인재개발ON」
출처: 이화여대

3
ZEP 이용가이드

ZEP 계정만들기

처음 ZEP을 사용하는 경우에는 계정을 만들어 로그인을 해야 하는데, ZEP 계정은 구글이나 다른 이메일 2가지 방법을 통해 생성할 수 있다.

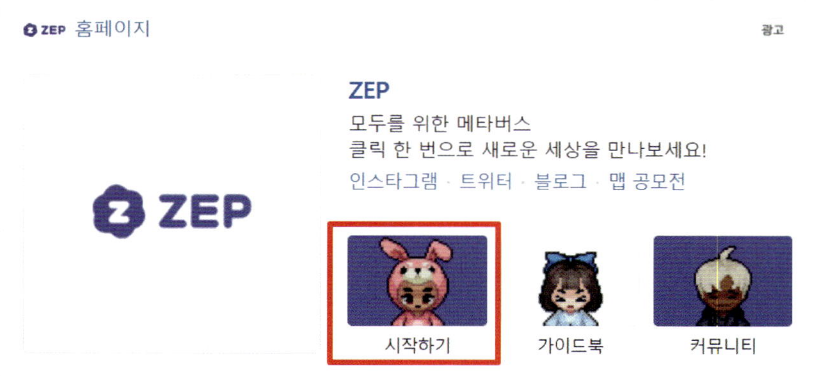

그림8-5 젭 시작하기

구글 로그인은 구글 계정에 이미 로그인되어 있는 경우 팝업창에서 구글 계정을 선택만 하면 로그인할 수 있다. 만약 구글 계정에 로그인되어 있지 않은 경우라면 로그인 창에 직접 입력하여 로그인하면 된다.

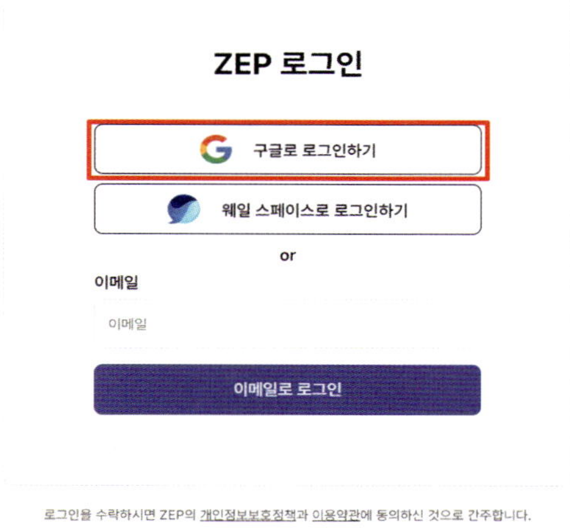

그림8-6 구글로 로그인하기

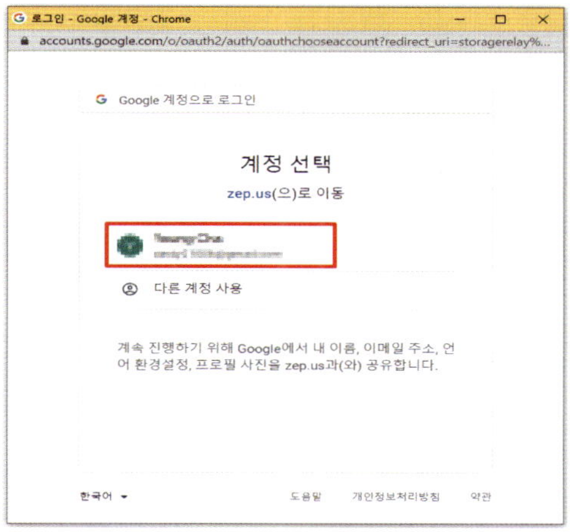

그림8-7 계정선택 후 클릭하기

다른 이메일을 사용할 경우에는, 이메일 주소를 입력하고 이메일로 로그인 버튼을 클릭 후 이메일로 받은 6자리 코드를 입력하면 가입이 완료된다.

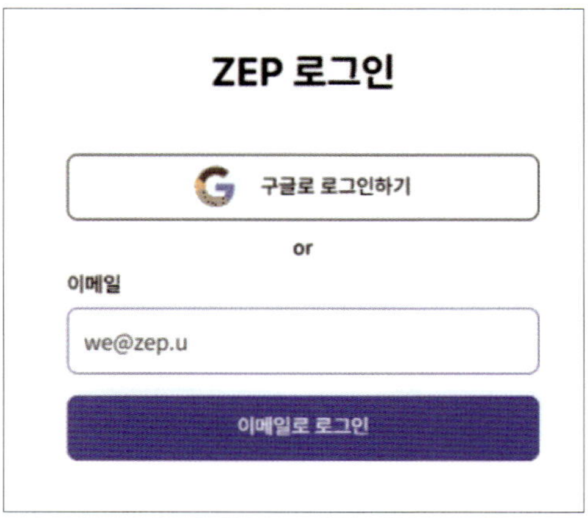

그림8-8 이메일로 로그인하기

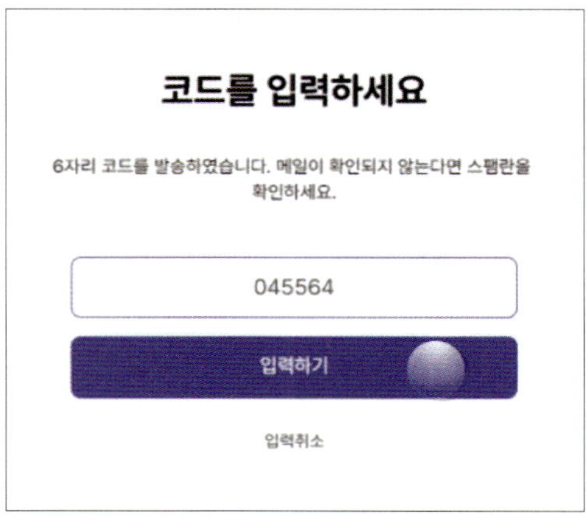

그림8-9 코드 입력하기

스페이스 만들기

스페이스란 아바타가 직접 이동하고 상호작용을 하는 공간을 말하며, 2개 이상의 스페이스는 포털로 연결하여 아바타가 공간과 공간을 이동할 수 있다. 로그인을 하면 오른쪽 상단 ①프로필에서는 도움말 등 다양한 기능을 보여준다. 우리는 ②스페이스 만들기를 클릭해 보자.

스페이스는 템플릿 고르기와 직접 만들기 2가지 방법을 통해 만들 수 있다. 우선 제공되는 템플릿을 골라 스페이스를 만들어 보자. 직접 만들기는 7. 맵 만들기를 참고한다.

그림8-10 스페이스 만들기

ZEP은 기본적으로 사용자에게 다양한 템플릿을 제공하고 있다. 카페, 미팅룸, 교실, 사무실, 워크샵, 콘서트 등 다양한 템플릿 중에 용도에 맞게 선택한다.

그림8-11 템플릿 고르기

템플릿을 선택했으면 ①스페이스 이름 입력 후 ②만들기를 클릭하면 스페이스가 생성된다. 스페이스 이름 변경은 [5. 맵 에디터 - 3) 맵 관리자]를 참고한다.

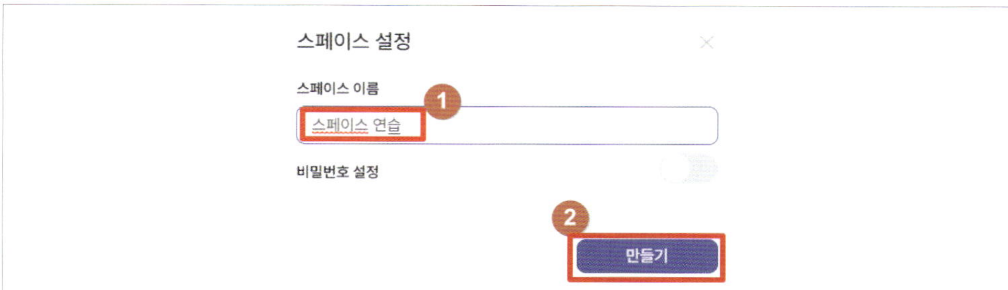

그림8-12 스페이스 이름 입력하기

카메라 · 마이크 설정하기

ZEP을 처음 실행한 경우 카메라·마이크 사용 권한을 요청한다. 화면 하단 오디오·비디오 버튼을 통해 쉽게 기능을 활성화/비활성화할 수 있다. ③'허용'을 누르고, ④카메라·마이크 켜기를 클릭하여 활성화하면 사용자 화면이 전환된다.

그림8-13 카메라 · 마이크 활성화 설정

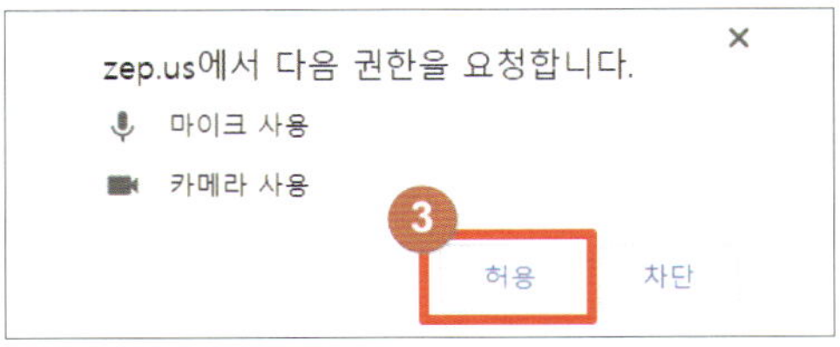

그림8-14 카메라 · 마이크 권한 요청

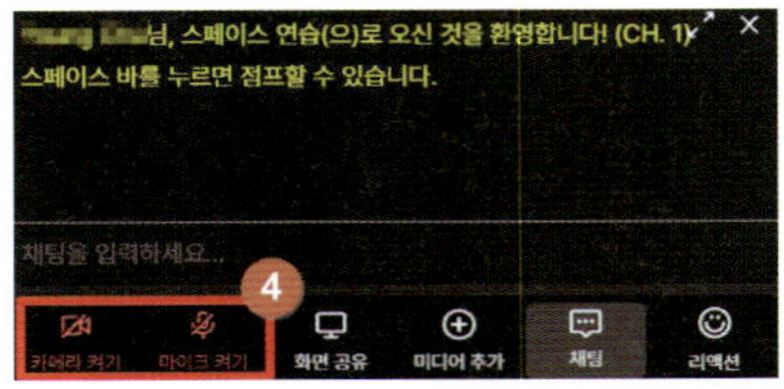

그림8-15 카메라 · 마이크 활성화

그림8-16 카메라 · 마이크 활성화 전

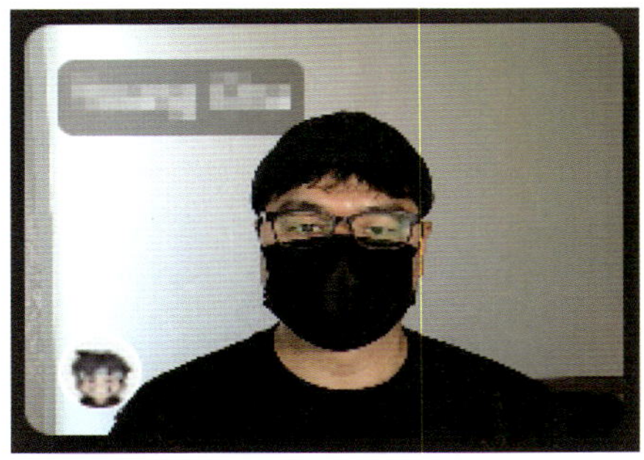

그림8-17 카메라 · 마이크 활성화 후

아바타 프로필 변경 및 아바타 꾸미기

(1) 아바타 프로필 변경

새로운 스페이스에 입장해서 사용자의 프로필을 설정해 보자. 그림8-18 또는 그림8-19 를클릭하면 본인의 아바타 이름과 상태를 입력할 수 있다.

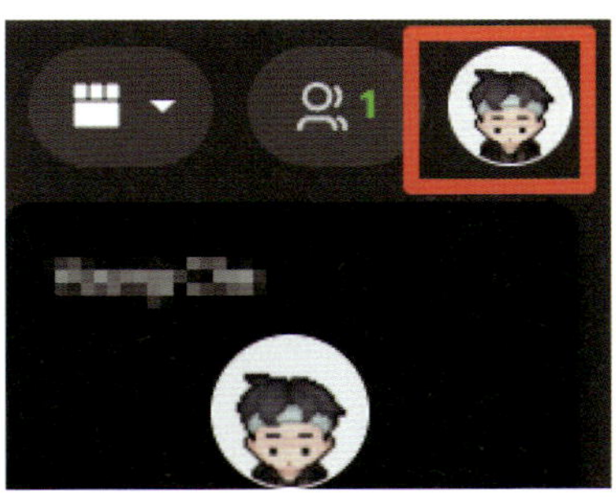

그림8-18 오른쪽 상단 아바타 클릭

그림8-19 사용자 아바타 클릭

연필 아이콘을 클릭하면 ①아바타 이름이나 ②상태를 수정할 수 있다. 수정을 마쳤으면 ③'저장'을 클릭한다.

상태명은 필수는 아니지만 참가자 목록에서 자신의 기분 등을 표현할 수 있고, 특히 행사 진행 시 팀별 이름 또는 소속 단체를 쉽게 구별할 수 있어 도움이 된다.

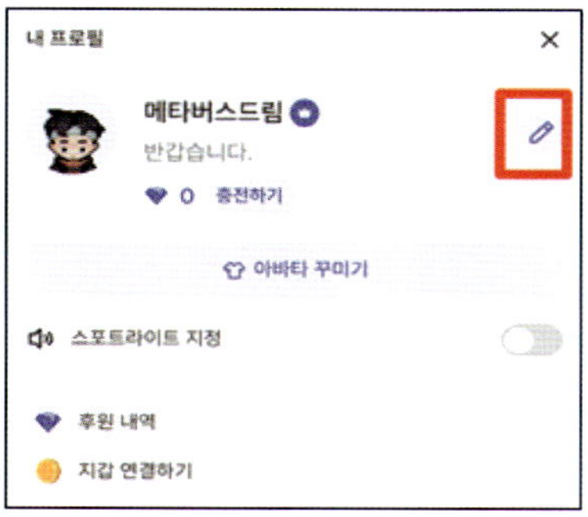

그림8-20 연필 아이콘 클릭

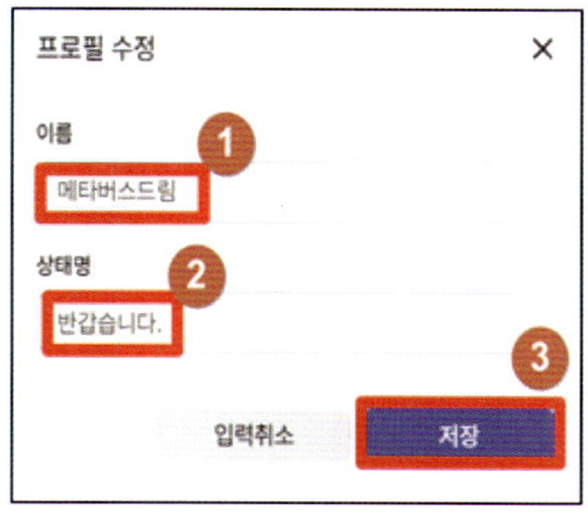

그림8-21 프로필 저장

(2) 아바타 꾸미기

제페토의 젬과 유사한 충전 시스템으로 10 ZEM당 1,000원을 지급하고 아이템 등을 구입할 수 있다.

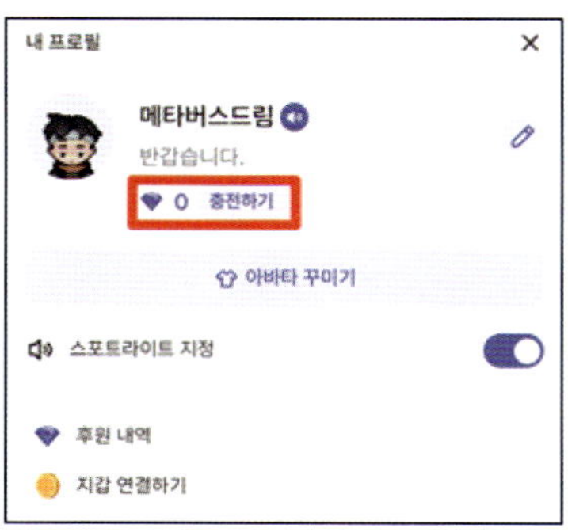

그림8-22 ZEM 충전하기

그림8-23 ZEM 충전금액

이번에는 프로필 설정 창에서 아바타 꾸미기를 눌러보자.

❶헤어, 의류, 피부, 얼굴 등을 자신의 취향에 맞게 변경할 수 있으며, ❷랜덤으로 아바타 설정하기를 누르면 손쉽게 아바타를 꾸밀 수 있다.

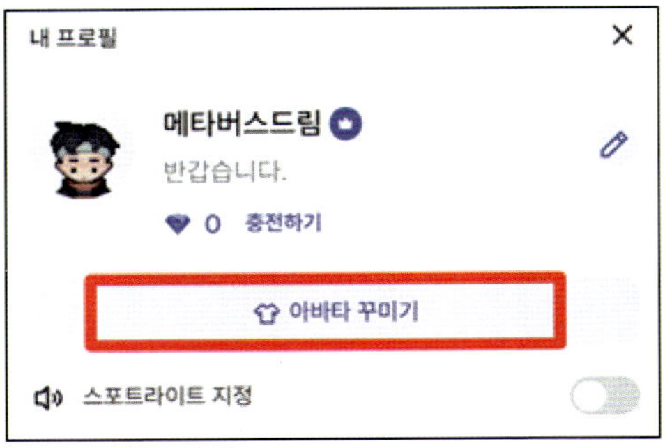

그림8-24 아바타 꾸미기

그림8-25 캐릭터 꾸미기 저장

(3) 스포트라이트 지정 및 지갑 연결하기

❶토글 스위치를 이동시켜 스포트라이트를 활성화시킬 수 있다. 스포트라이트가 활성화 되면 스페이스에 있는 사람들 모두에게 나의 음성이 전달된다. ❷를 클릭하면 ZEM 또는 Token 후원 내역을 볼 수 있다. ❸'지갑 연결하기'는 코인을 보관하는 개인 지갑 메타마스크와 카이카스로 연결된다.

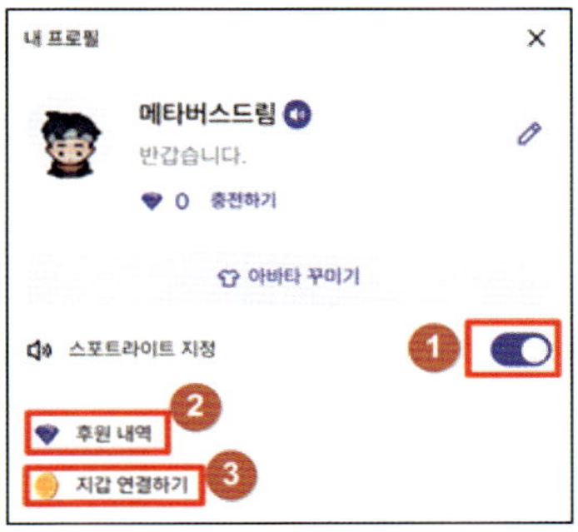

그림8-26 내 프로필

그림8-27 지갑 선택하기

(4) 아바타 이동하기

ZEP에서 아바타를 움직이는 방법은 영문 키 W, A, S, D와 방향키를 사용하여 이동한다. 이동하고 싶은 공간을 마우스로 더블 클릭하면 해당 위치로 이동하며 스페이스바를 누르면 아바타가 점프한다.

> **Tip!**
>
> Shift +화살표 키 / W, A, S, D 키를 사용하면 제자리에서 아바타의 방향만 전환할 수 있다.

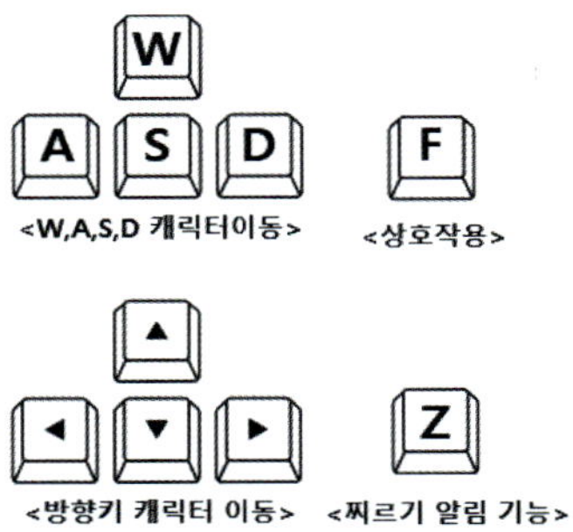

그림8-28 아바타 조작 단축키

(5) 초대하기

화면 오른쪽 하단의 초대하기 버튼을 클릭하면 초대할 수 있는 링크가 나타난다. 초대 링크를 복사한 후 초대할 친구에게 공유한다. 친구를 초대하기 전 '비밀번호 변경하기' 버튼을 눌러 스페이스의 이름 또는 비밀번호를 설정할 수 있다.

그림8-29 초대 링크

(6) 커뮤니케이션

채팅창 하단의 참가자 버튼을 누르고 참가자의 이름을 클릭하거나 다른 사람의 아바타를 클릭하면 인터랙션 창이 나타난다.

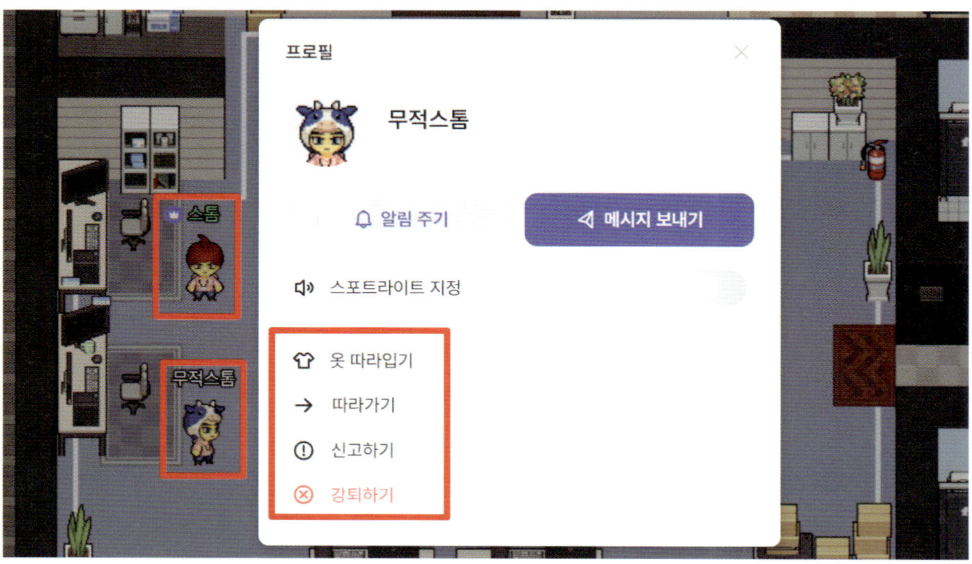

그림8-30 커뮤니케이션

옷 따라입기

스페이스 내에 멋진 스타일의 옷을 입은 아바타가 있다면 옷 따라입기 기능을 사용해 같은 옷을 입을 수 있다. 참가자를 누른 후 목록에서 따라 입고 싶은 참가자의 이름을 클릭하거나 다른 참가자의 아바타를 클릭하고 옷 따라입기를 클릭하면 아바타 의상이 선택한 참가자와 동일하게 변한다. 한 공간에서 여러 조직이 혼재할 때 팀 구별 및 구성원 파악이 수월하며 참여자 간에 소속감도 생길 수 있다.

따라가기

함께 하고 싶은 참여자의 이름을 클릭해 따라가기를 선택하거나 다른 참가자의 아바타를 클릭한 후 '따라가기'를 누르면 해당 참가자의 아바타 옆으로 이동한다. 목표 아바타가 이동하면 이동 경로를 따라 내 아바타도 이동한다. 여행객들이 가이드를 따르는 것과 유사하게 스페이스가 큰 공간에서 행사 진행을 할 수 있다.

알림 주기

대화를 원하는 참가자의 주의를 끌려면 참가자 버튼을 클릭하거나 아바타를 클릭해서 알림 주기를 선택하면 해당 참가자에게 알림 소리가 전달된다.

메시지 보내기

화면 하단의 공개 채팅창 외에 특정 참가자에게 1:1 메시지를 보낼 수 있다. 참가자 버튼 목록에서 메시지를 보내고 싶은 참가자의 이름을 클릭하거나 참가자의 아바타를 클릭한 후 Send message를 선택하면 해당 참가자와 1:1로 메시지를 주고 받을 수 있는 창이 열린다.

유용한 기능

ZEP에서는 다양한 자료를 편리하게 공유할 수 있는데, 스페이스 메인화면 하단 툴바에는 그중 카메라, 마이크, 화면공유, 미디어추가, 채팅, 리액션 등 6개의 메뉴가 있다. 참여자들은 의사소통은 물론이고 멀티미디어를 통한 쉽고 명확한 정보 전달이 가능하다.

그림8-31 다양한 공유 툴바

(1) 화면 공유

줌과 같은 화상회의에서 화면 공유를 통해 효율적인 화상회의 등을 진행하는 것처럼 ZEP에도 화면 공유 기능이 있다. ❶화면 공유 아이콘을 클릭하면 ❷화면 공유하기 ❸화면/오디오 공유하기가 인터랙션 된다. ❷는 마이크 음성과 화면만 공유되며 화면 오디오는 공유되지 않으므로, PPT 사용 시 추천한다. ❸은 화면/오디오 공유는 화면과 함께 화면의 오디오도 함께 공유되나 마이크의 음성은 공유되지 않는다(차후 업데이트를 통해 영상음성과 마이크 음성이 동시에 구현되어야 하겠다).

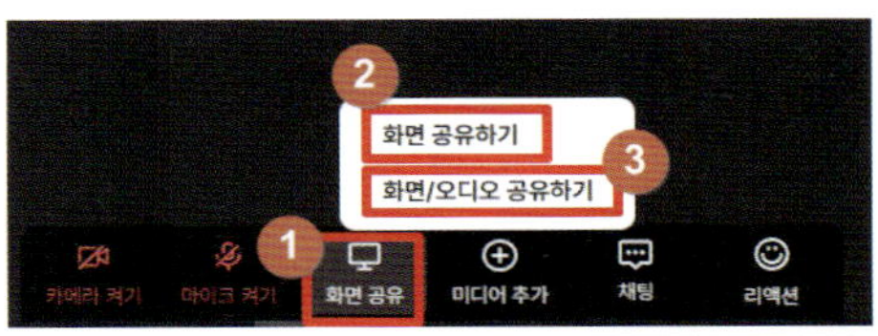

그림8-32 화면 공유하기

① 화면 공유하기

그림8-32 ❷를 클릭하고 전체화면/윈도우에 실행 중인 창/실행 중인 chrome 탭 중 공유할 콘텐츠를 선택한 후 공유를 클릭하면 상대방과 내용을 공유할 수 있다.

그림8-33 공유할 정보 선택

② 화면/오디오 공유하기

그림8-32 ❸을 클릭하면 화면 공유창에서 반드시 시스템 오디오 공유를 체크하라는 알림이 팝업된다.

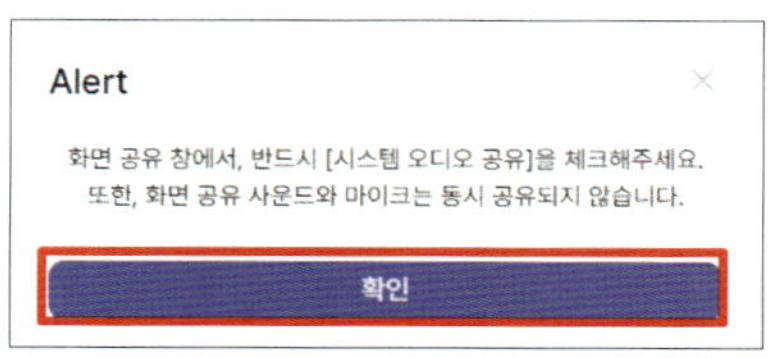

그림8-34 시스템 오디오 체크 경고

❶ 전체화면/윈도우에 실행 중인 창/실행 중인 chrome 탭 중 공유할 콘텐츠를 선택한다.

❷ 화면/오디오 공유 시 반드시 '시스템 오디오 공유'를 체크해야 해당 화면의 오디오까지 전체 참가자들에게 공유된다(발표자의 '화면 공유'가 필요할 경우 반드시 스포트라이트가 되어 있어야 한다).

❸ 공유를 클릭하면 상대방과 내용을 공유할 수 있다.

그림8-35 화면/오디오 공유 정보 선택

(2) 미디어 추가

'미디어 추가'는 같은 공간 안에서 사용자 간의 의사를 쉽고 분명하게 전달해주는 무척이나 유용한 툴이다. 함께 공유할 영상이나 이미지 또는 파일을 실시간으로 공유할 수 있을 뿐만 아니라 화이트 보드를 이용한 협업 회의도 ZEP에서는 손쉽게 표현이 가능하다.

그림8-36 미디어 추가

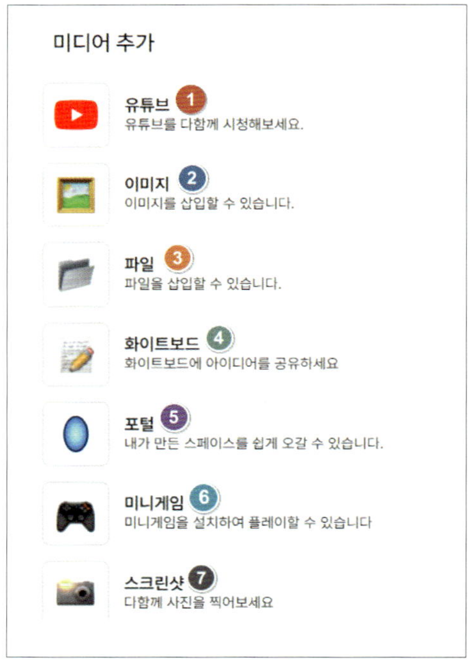

그림8-37 미디어 추가 팝업창

① 유튜브

유튜브를 클릭한 후 검색 또는 URL을 입력하면 유튜브 동영상을 스페이스에 쉽게 공유할 수 있다. 유튜브 링크를 복사해서 붙여넣지 않고 키워드로 원하는 동영상을 검색할 수도 있다.

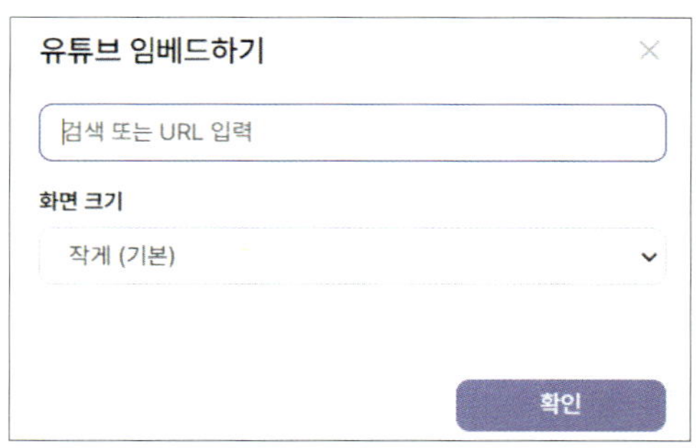

그림8-38 유튜브

② 이미지

스페이스에 공유하고 싶은 이미지가 있으면 '이미지'를 클릭하면 내 컴퓨터에서 이미지를 선택할 수 있다. 이미지 공유를 종료하고 싶을 때는 이미지 오른쪽의 [X] 버튼을 누르거나 생성된 블록 위로 점프하여 이미지를 종료할 수 있다.

③ 파일

스페이스에 공유하고 싶은 파일이 있으면 '파일'을 클릭하면 내 컴퓨터에서 파일을 선택할 수 있다. 파일 공유를 종료하고 싶을 때는 이미지와 마찬가지로 파일 오른쪽의 [X] 버튼을 누르거나 생성된 블록 위로 점프하여 파일을 종료할 수 있다.

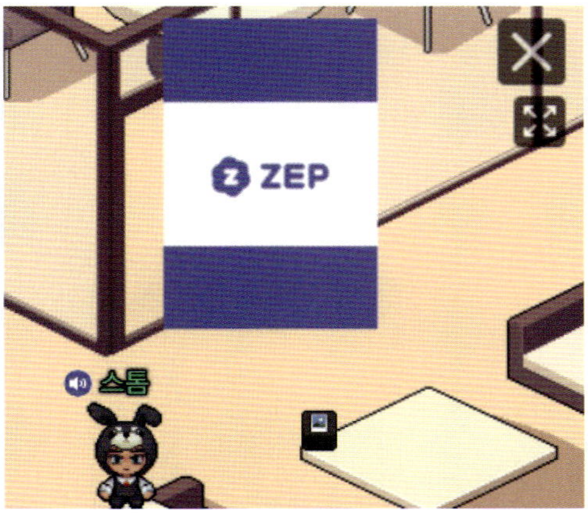

그림8-39 이미지

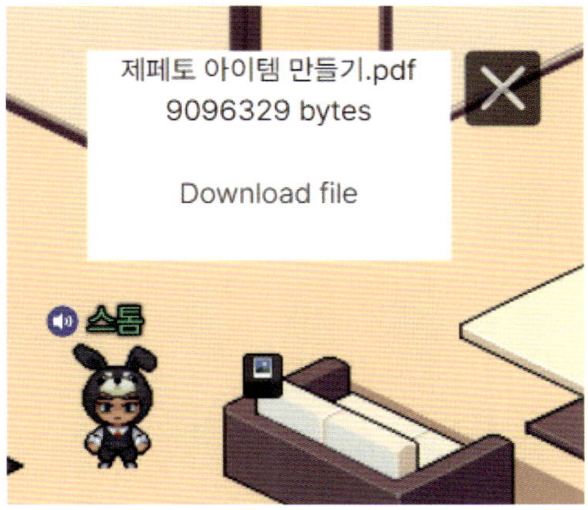

그림8-40 파일

④ 화이트보드

화이트보드에 도형/텍스트/이미지 등을 삽입하여 서로 아이디어를 소통할 수 있다. '화이트 보드'를 누르면 스페이스에 화이트보드를 활성화된다. 화이트보드 왼쪽 아래의 '메뉴바'에서는 내용 초기화/업로드/내보내기/이미지로 저장 등이 가능하며 공유가 끝난 후엔 [X] 버튼을 누르거나 블록 위로 점프해서 종료할 수 있다.

⑤ 포털

포털은 아바타가 포털이 생성된 자리로 가면 맵으로 가기 버튼이 나타난다. 맵으로 가기를 클릭하면 목록에서 선택했던 스페이스로 이동한다. 다른 참가자들도 포털을 이용하여 이동할 수 있으며, 일정 시간이 지나면 포털은 자동으로 사라진다.

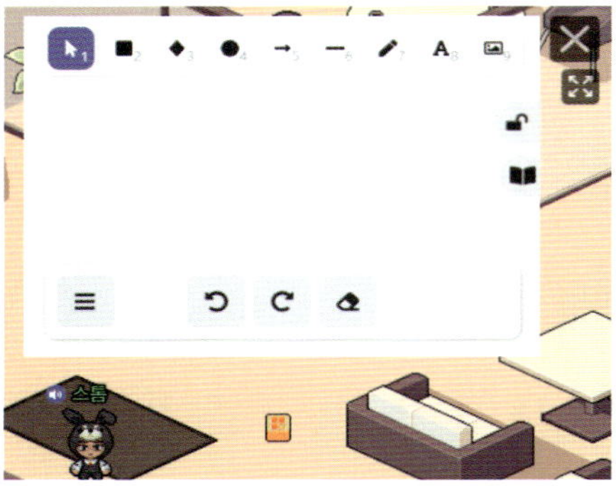

그림8-41 화이트보드

그림8-42 포털

⑥ 스크린샷

'스크린샷'을 선택하면 화면에 보이는 순수한 스페이스 공간 영역만 PC에 이미지로 자동 저장된다. 툴바나 메뉴바 등은 나타나지 않아 행사 시 단체 인증사진 용도로 사용된다.

그림8-43 스크린샷

(3) 미니게임

왼쪽 조이스틱 아이콘을 클릭하면 미니게임을 통해 스페이스 공간에 있는 동료 아바타들과 다양한 게임을 즐길 수 있다. 미니게임을 선택하면 좀비 게임/똥 피하기/초성 퀴즈/페인트맨/봄버맨즈 등을 플레이할 수 있다. OX게임은 [6. 미니게임 OX 퀴즈]에서 다루기로 한다.

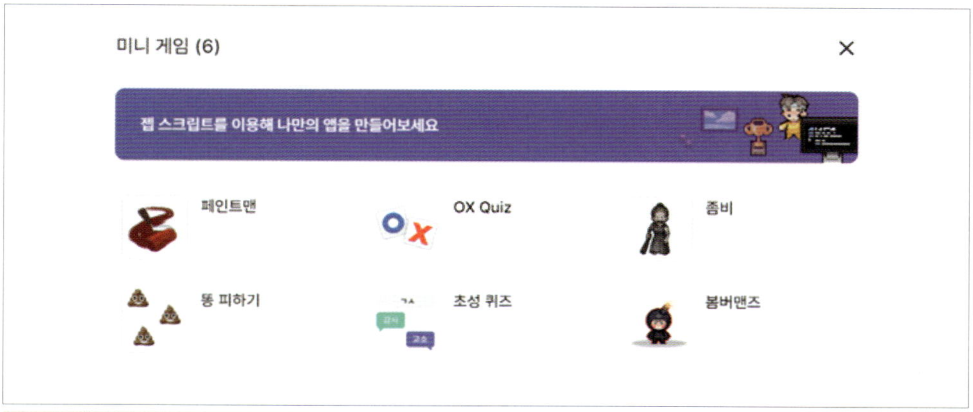

그림8-44 미니게임

(4) 채팅

채팅창 입력 후 엔터를 누르면 아바타 위에 말풍선이 생기고 잠시 후 사라진다. 불특정 다수의 행사 시 채팅창에 글의 내용 등에 문제가 있을 때에는 관리자의 판단에 의해 채팅창을 비활성화시키거나 채팅 내역을 삭제 또는 다운로드 할 수 있다.

그림8-45 채팅

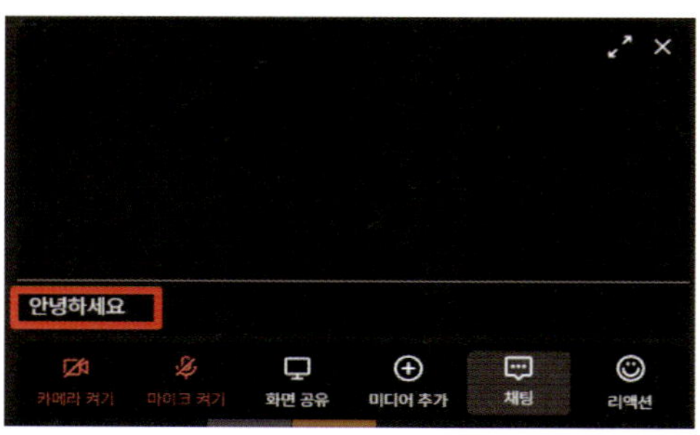

그림8-46 채팅창 입력

그림8-47 말풍선

그림8-48 호스트 메뉴

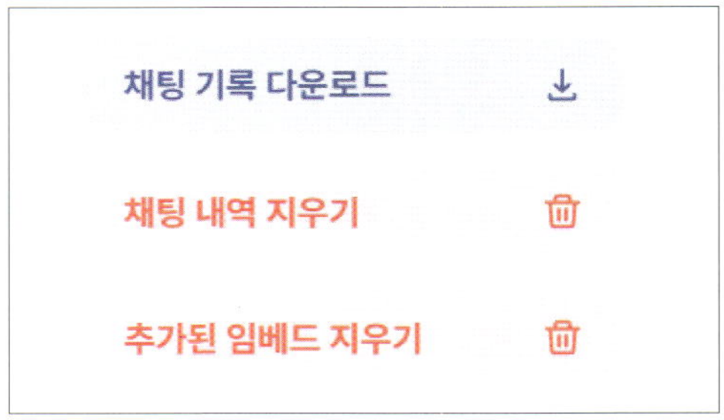

그림8-49 채팅 내역 지우기

(5) 리액션

그림8-50 리액션

리액션을 누르면 하단에 다양한 감정 상태를 나타내는 아이콘들이 나타난다.

그림8-51 감정 아이콘

리액션 아이콘을 클릭하여 자신의 상태와 재미있는 감정을 표현할 수 있다.

그림8-52 리액션

관리자 명령어

(1) 커맨드 키워드

커맨드는 채팅창에 입력하면 특정 기능을 실행할 수 있는 키워드이다. 커맨드는 본인의 스페이스거나 스페이스의 주인으로부터 특별한 권한을 받은 경우에 사용할 수 있다.

표8-1 관리자 명령어

명령어	설명
!help	사용할 수 있는 모든 커맨드 목록을 보여준다.
!destroy	모든 플레이어를 일시적으로 강퇴하고 방을 새로고침한다.
!kick NAME	해당 플레이어를 방에서 강퇴한다. 강퇴 당한 플레이어는 24시간 동안 해당 스페이스에 접속하지 못한다.
!clear	모든 대화 내용을 삭제한다.
!muteall	맵에 있는 영상의 음소거를 한다.
!unmuteall	맵에 있는 영상의 음소거를 해제한다.
!spotlight NAME	해당 유저에게 스포트라이트 권한을 토글한다(같은 플레이어를 대상으로 해당 커맨드를 두 번째 입력하면 스포포트라이트 권한 토글이 취소된다).
!spawn NAME	해당 유저를 현재 자신의 위치로 소환한다.
!chatinterval SECONDS	채팅 슬로우 모드를 적용한다. N초마다 채팅이 가능하여 도배를 방지할 수 있다.

출처: https://docs-kr.zep.us/guide/host/undefined-1

(2) 역할 및 권한

스페이스에서 역할은 멤버, 에디터, 스태프, 관리자 4가지로 구분되고, 각 역할에 따라 다른 관리 권한을 갖는다.

표8-2 역할 및 권한

	맵 에디터	관리자 메뉴	스페이스설정	채팅커맨드	권한부여	스페이스삭제
멤 버	–	–	–	–	–	–
에디터	●	▲	–	–	–	–
스태프	●	●	●	●	●	–
관리자	●	●	●	●	●	●

출처: https://docs-kr.zep.us/guide/host/undefined-1

(3) 역할 부여하기

스페이스 설정 페이지에서 다른 참가자에게 역할을 부여할 수 있다.

① 관리자 메뉴 〉 스페이스 세부설정 페이지를 열면 화면 하단에서 현재 스페이스의 플레이어 정보를 확인할 수 있다.

② 플레이어 초대하기를 통해 권한을 부여하고자 하는 사람을 초대해 보자. 초대한 참가자는 참가자 목록에 등록된다.

③ 참가자 목록에서 오른쪽 끝에 위치한 Menu를 클릭하면 해당 참가자에게 권한을 부여할 수 있다.

4
설정

오디오/비디오 설정

스페이스 소유자인 경우 버튼을 클릭하면 오디오/비디오 설정에서 카메라 및 마이크 스피커 소스, 비디오 품질, 영상 미러 모드, 마이크 볼륨, 노이즈 제거, 배경 흐리게 하기 등을 조절할 수 있다.

그림8-53 오디오/비디오 설정 화면

기타 설정

스페이스 배경음악 볼륨을 조정할 수 있으며 이때 다른 유저의 볼륨은 변경되지 않는다. 방화벽 프록시 사용을 활성화할 수도 있다. 이 경우에는 새로고침이 필요하다.

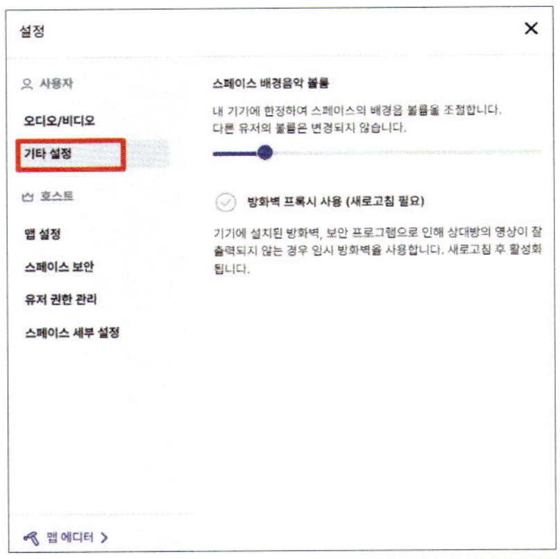

그림8-54 기타 설정 화면

맵 설정

맵 설정에서 체크 박스를 통해 현재 맵에 있는 유저들에게만 적용되는 기능을 제한하고 허용할 수 있다.

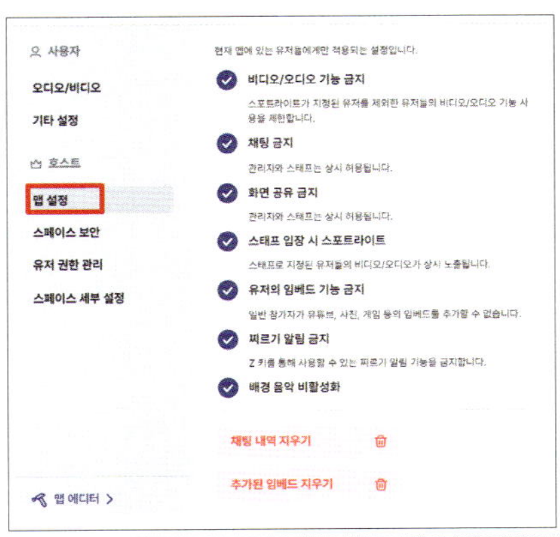

그림8-55 맵 설정 화면

스페이스 보안

스페이스의 비밀번호를 설정 또는 수정할 수 있다.

그림8-56 스페이스 보안

스페이스 세부 설정

스페이스 세부 설정에서는 스페이스의 이름, 스페이스 소개, 썸네일 이미지를 설정 및

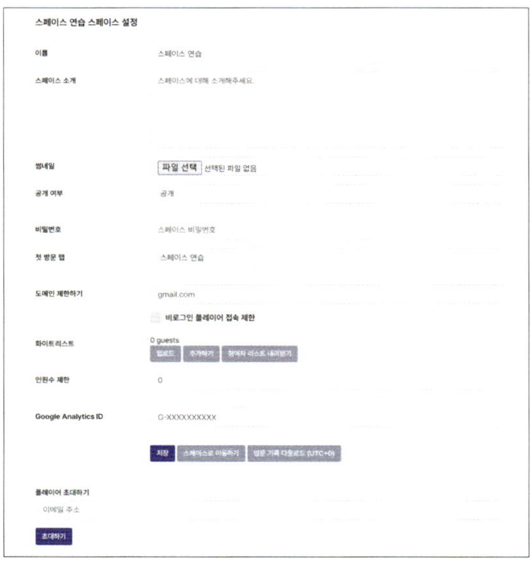

그림8-57 스페이스 세부 설정

변경할 수 있다. 썸네일 이미지는 PC의 이미지 파일을 선택한다. 스페이스의 공개 여부를 공개(링크), 비공개(비밀번호), 비공개(화이트리스팅 필요) 중에 선택할 수 있다. '첫 방문 맵'은 스페이스 내 다수의 맵이 존재할 경우, 참여자가 접속 시 처음 시작되는 맵을 지정하는 것이다. 도메인 제한하기나 참여자 리스트 제한하기 기능을 사용하여 특정 도메인이 포함된 이메일 주소 또는 지정된 인원만 접근할 수 있도록 한다.

스페이스 삭제하기

스페이스 삭제에는 직접 만든 스페이스와 타인이 만든 방문 스페이스 삭제 두 종류가 있다. 내가 만든 스페이스는 ①왼쪽에 MY 아이콘이 있는 것을 확인할 수 있다. 내가 만든 스페이스와 내가 방문한 스페이스 오른쪽 하단에 공통으로 ••• 모양의 아이콘을 볼 수 있으며 각각 ②와 ③을 클릭하면 인터랙션이 그림8-59, 그림8-60과 같이 나타난다.

그림8-58 ZEP 홈 화면

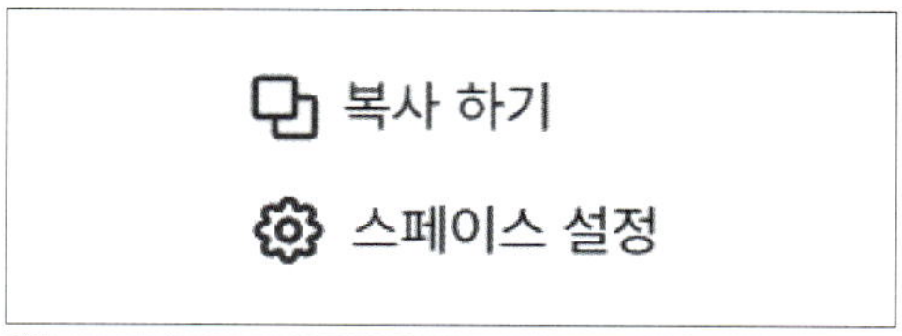

그림8-59 스페이스 설정

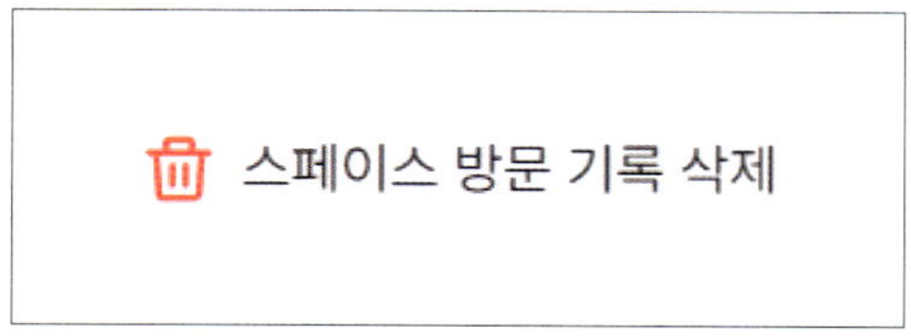

그림8-60 스페이스 방문기록 삭제

① 내가 만든 스페이스 삭제

내가 만든 스페이스 삭제하기는 **그림8-59** 스페이스 설정 – **그림8-61** 스페이스 삭제하기 클릭을 진행한다.

그림8-61 스페이스 삭제하기

최종적으로 **그림8-62** ❶에 DELETE를 입력하고 ❷확인을 누르면 해당 스페이스가 삭제된다.

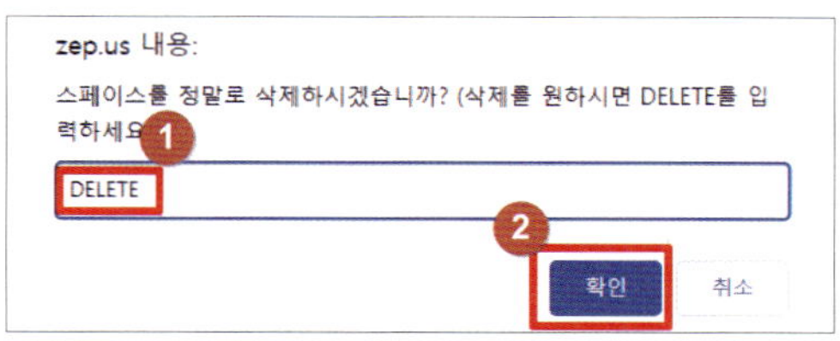

그림8-62 스페이스 삭제

② 내가 방문한 스페이스 삭제하기

ZEP 홈 화면에서 내가 방문한 스페이스 오른쪽 하단 ••• 클릭 – 인터랙션 **그림8-63**을 클릭하면 해당 스페이스 방문기록이 삭제된다.

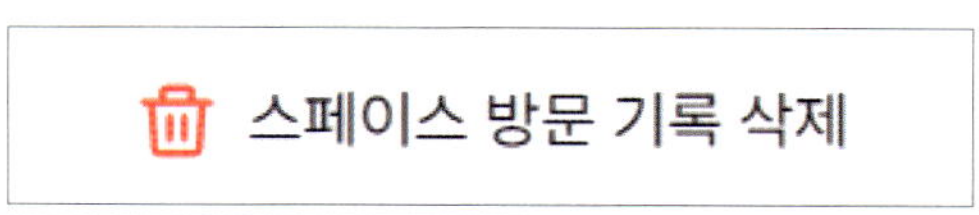

그림8-63 스페이스 삭제

스포트라이트 설정

스포트라이트 기능을 활용하면 특정 참가자의 비디오, 음성, 화면 공유를 맵 전체에서 송출할 수 있다. 아바타 또는 참가자 버튼을 마우스 좌클릭하면 스포트라이트를 활성화시킬 수 있다. 스포트라이트 된 참가자는 아바타 이름이 연두색으로 변경된다. 스포트라이트 된 참가자가 다른 맵으로 이동하는 경우 스포트라이트 기능이 비활성화된다.

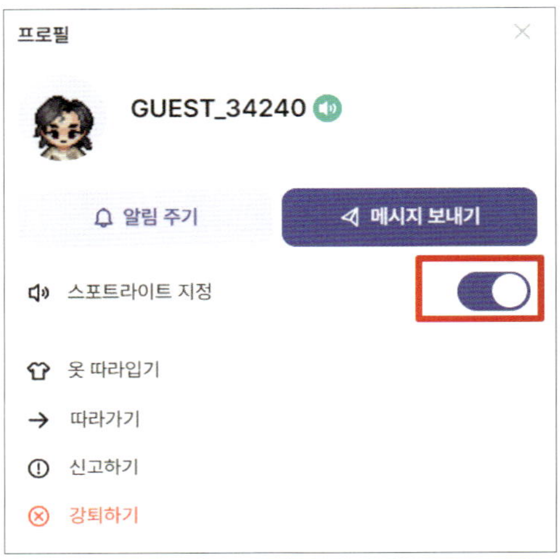

그림8-64 스포트라이트 지정

그림8-65 스포트라이트 지정된 아바타

5
맵 에디터

맵 에디터를 통해서 템플릿을 적용하거나 목적에 맞게 직접 만들 수 있으며, 맵 에디터는 스페이스 화면 왼쪽 툴바 망치 버튼을 클릭하여 실행한다. 특히 사용자가 직

그림8-66 맵 에디터 화면

접 스페이스를 만들 경우 타일 효과 적용이 무척이나 중요하다. 벽을 이용한 공간 분리는 물론 오브젝트를 이용한 상호작용 등 ZEP의 가장 중요한 핵심 부분이 맵 에디터라고 생각해도 과언이 아니다.

그림8-66처럼 맵 에디터 화면은 격자 모양을 나타내며 상단 툴바에는 맵을 편집할 수 있는 아이콘이 배치되어 있다. 앞서 말한 것처럼 벽/오브젝트/타일 효과 등을 적절하게 사용하여 사용자가 원하는 새로운 스페이스를 구성할 수 있다. 처음 ZEP을 접한다면 템플릿을 이용하여 맵을 편집하는 것을 추천하며 어느 정도 편집 툴에 익숙해지면 자신만의 스페이스를 만들어 보자.

타일과 이미지 사이즈

ZEP의 맵 에디터에서 타일은 격자로 표현된다. 게더타운의 타일과 유사하며 타일 1개의 사이즈 역시 ①32×32픽셀로 동일하다. 이는 모든 ZEP의 맵 에디터에 동일하게 적용되고, 스페이스 크기를 정할 때나 외부 오브젝트 등을 이용하여 맵을 제작할 때 매우 중요한 의미를 가지고 있다. 타일의 개념을 잘 알고 있어야 불필요한 작업을 줄일 수 있다. ②는 현재 타일의 위치 값(X축, Y축)을 나타낸다.

스페이스 크기를 픽셀로 환산해 보면 ③X축은 53개, Y축은 49개의 타일이 사용되

그림8-67 타일 사이즈

그림8-68 스페이스 사이즈

었다. X축 크기를 이미지 픽셀 사이즈로 환산(53×32)하면 1,696픽셀, Y축 크기를 이미지 픽셀 사이즈로 환산(49×32)하면 1,568픽셀 사이즈가 된다. 즉, **그림8-68** 스페이스는 1,696×1,568픽셀이다.

상단 툴바

에디터 화면 상단 툴바를 이용하여 다양한 콘텐츠를 삽입하고 지울 수 있다. 이때 괄호(1~5, Q, W, E, R) 안에 있는 키보드 단축키로 아래 기능들을 편하게 선택할 수 있다.

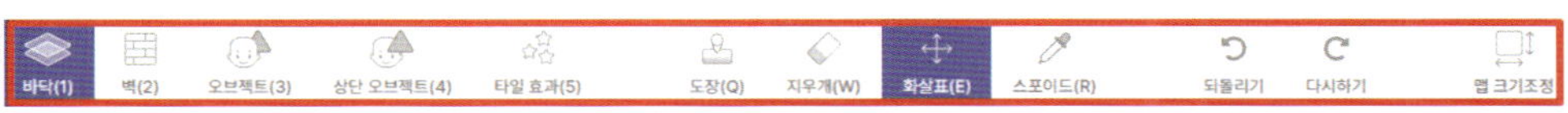

그림8-69 상단 툴바

(1) 바닥과 벽

바닥에 배치할 타일의 종류를 선택할 수 있다. 바닥 1개의 사이즈는 32×32픽셀이며, 상단 툴바에서 바닥 - 도장 -오른쪽 패널 그림8-70에서 원하는 바닥을 선택하여 스페이스를 만들 수 있다.

벽은 스페이스 내에서 아바타의 움직임을 제한하는 공간 분리 역할을 하며, 상단 툴바에서 벽 - 도장 -오른쪽 패널 그림8-71에서 원하는 벽을 선택하여 벽을 만든 후 타일 효과 - 통과 불가 X를 선택하여 통과할 수 없는 벽타일을 맵에 설치한다. 벽이나 바닥을 만들다가 수정해야 할 경우에는 지우개 를 선택하여 수정할 수 있다.

그림8-70 바닥

그림8-71 벽

(2) 오브젝트

오브젝트 패널 구성은 다음과 같다.

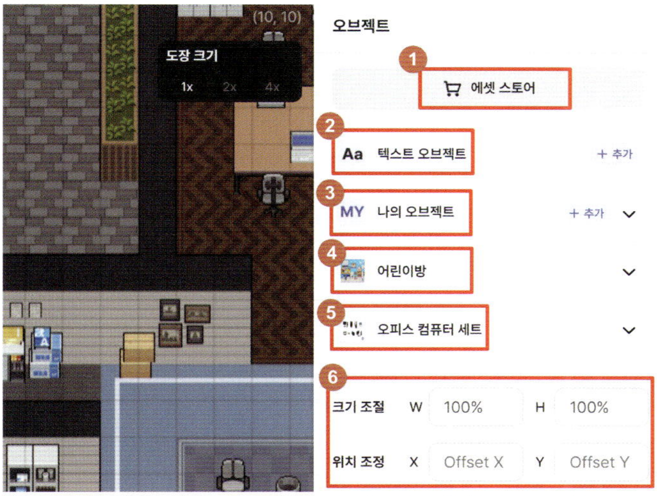

그림8-72 오브젝트 패널 구성

① 에셋 스토어

에셋 스토어는 사용자가 맵 또는 오브젝트를 무료 또는 유료로 구입이 가능하여 다양한 맵과 오브젝트를 이용할 수 있는 상향식(bottom up) 구조를 가지고 있다. 참고로 게더타운은 템플릿에 해당하는 맵과 오브젝트를 이용자가 업로드를 할 수 없는 하향식(top down) 방식을 취하고 있다.

❶에셋 스토어에서 맵과 오브젝트 구입이 가능하다. 우선 오브젝트를 선택하고 그림8-72에서 어린이방을 선택하여 구입하면 ❹와 같이 오브젝트가 추가된다. ❺는 ZEP에서 제공하는 기본 오브젝트이다.

그림8-73 에셋 업로드

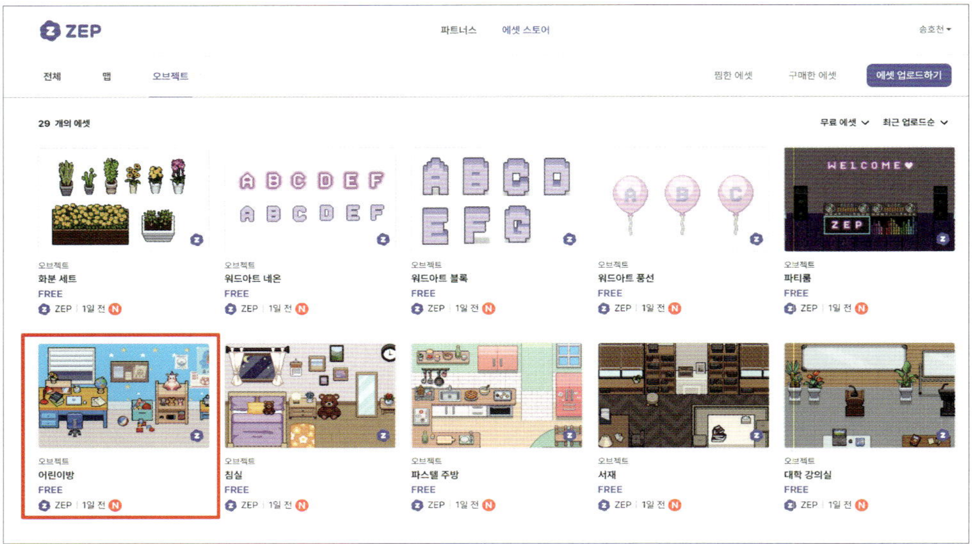

그림8-74 오브젝트 에셋

② 텍스트 오브젝트

텍스트를 오브젝트로 입력할 수 있다. 그림8-75에 텍스트를 입력하면 그림8-76 처럼 텍스트 오브젝트가 생성된다.

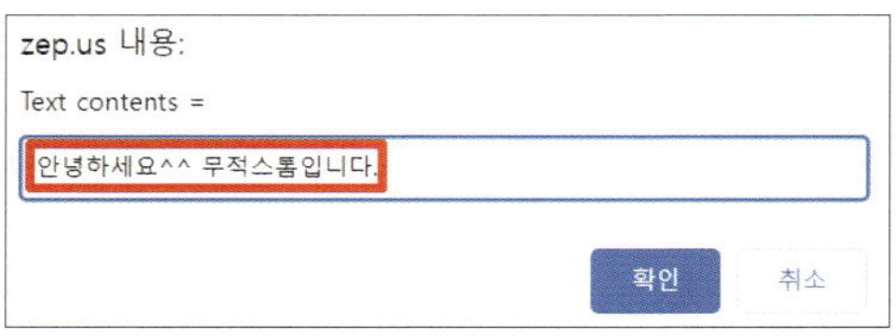

그림8-75 텍스트 오브젝트 입력

그림8-76 텍스트 오브젝트

③ 나의 오브젝트

나의 오브젝트는 + 추가 를 눌러 내 컴퓨터에 있는 그림 파일을 클릭하면 ❸에 나의 오브젝트에 나타난다. 하지만 여기에서 주의할 점은 적용할 오브젝트 크기를 계산하여 미리 조절하여야 한다는 것이다 [5. 맵 에디터-1) 타일과 이미지 사이즈].

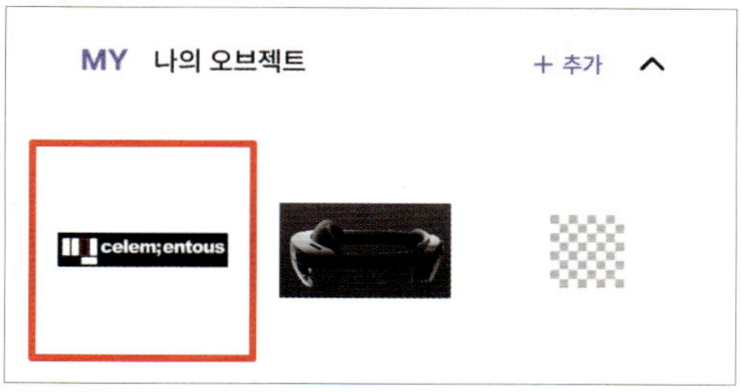

그림8-77 나의 오브젝트

④ 오브젝트 크기/위치 조절

자신이 선택한 오브젝트의 크기는 자유롭게 너비와 높이를 퍼센티지로 조절할 수 있으며, 이는 그림 오브젝트나 텍스트 오브젝트 모두 해당된다. 위치 조정은 오브젝트를 놓는 위치에서 각 offset값 만큼 이동되어 오브젝트가 위치한다.

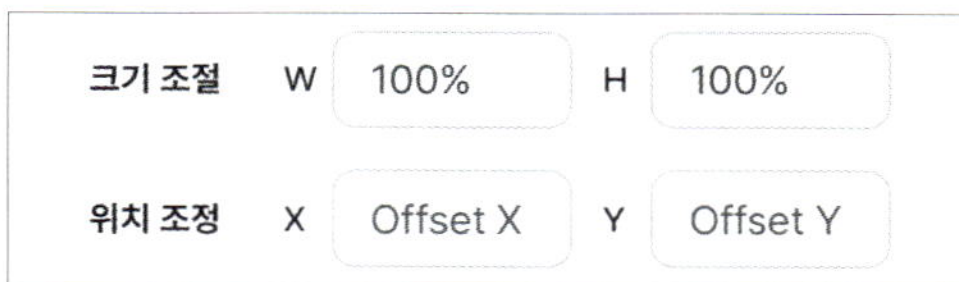

그림8-78 오브젝트 크기 위치 패널

⑤ 오브젝트/상단 오브젝트

ZEP의 오브젝트와 게더타운의 오브젝트의 큰 차이점이 여기에 있다. ZEP에서는 일반 오브젝트 **그림8-80** 과 상단 오브젝트 **그림8-81** 로 구별이 된다. 즉, ZEP과 게더타운의 ❶일반 오브젝트는 배경 역할로 ZEP과 게더타운 모두 동일하지만, 게더타운에 없는 ❷상단 오브젝트는 전경 오브젝트를 쉽게 만들 수 있다. 상단 오브젝트는 아바타가 오브젝트 뒤로 이동하여 좀 더 현실감 있게 스페이스를 구성할 수 있다는 것이 특징이다.

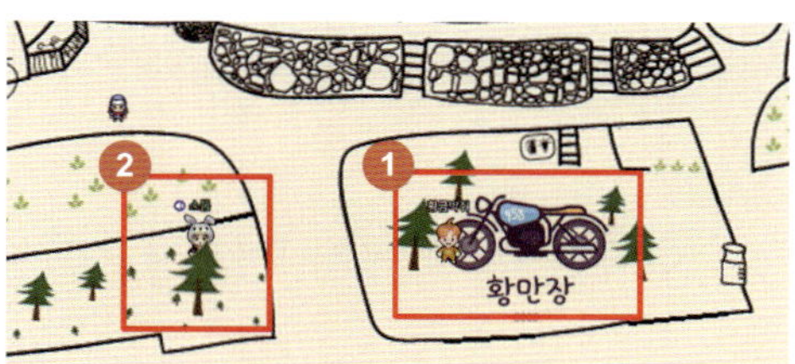

그림8-79 ①오브젝트, ②상단 오브젝트

그림8-80 오브젝트
아바타가 오브젝트 위에 위치함.

그림8-81 상단 오브젝트
아바타가 오브젝트 뒤에 위치함.

⑥ 오브젝트 설정

❶오브젝트를 맵에 ❷설치할 때 클릭했던 지점(가장 왼쪽 위)의 톱니바퀴를 클릭하면 ❸오브젝트 설정 창이 나온다. ❶오브젝트 위에 마우스가 위치하면 ❹하트 아이콘이 생긴다. 하트를 누르면 패널 상단 ❺즐겨찾기 항목에 추가되며 하트를 다시 누르면 즐겨찾기에서 제외된다.

실행 범위는 오브젝트 효과를 나타나기 위해 다가가야 하는 거리이고, '실행 F키를 눌러 바로 시행'과 '바로 시행' 중 하나를 선택하면 실행 범위 안에서 오브젝트가 활성화된다.

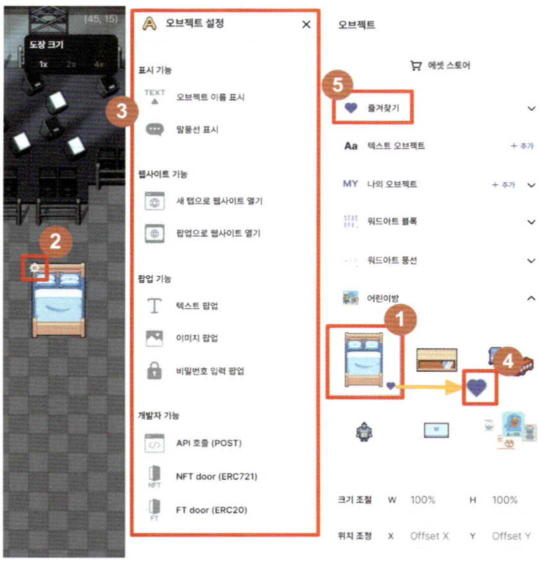

그림8-82 오브젝트 크기 위치 패널

오브젝트 이름 표시

스페이스에 설치된 오브젝트 ①톱니바퀴를 클릭하고 ②오브젝트 이름 표시로 설정 ③오브젝트 이름을 넣고 ④실행 범위를 입력한 뒤 플레이를 누르면 **그림8-84**처럼 아바타가 실행 범위에 진입하면 오브젝트에 노란 테두리와 함께 ③에 입력한 이름이 나타난다.

그림8-83 오브젝트 이름 표시설정

그림8-84 오브젝트 이름 표시

말풍선 표시

스페이스에 설치된 오브젝트 ①톱니바퀴를 클릭하고 ②말풍선 표시로 설정 ③말풍선 텍스트를 입력하고 ④실행 범위를 입력 후 ⑤F키를 눌러 실행/바로 실행 중 선택 후 플레이를 누르면 그림8-86 처럼 아바타가 실행 범위에 진입하면 오브젝트에 노란 테두리와 함께 ③에 입력한 말풍선이 나타난다.

그림8-85 오브젝트 말풍선 표시설정

그림8-86 오브젝트 말풍선 표시

새 탭으로 웹사이트 열기

스페이스에 설치된 오브젝트 ①톱니바퀴를 클릭하고 ②새 탭으로 웹사이트 열기 설정 ③웹사이트를 입력하고 ④실행 범위를 입력 후 ⑤F키를 눌러 실행/바로 실행 중 선택 후 플레이를 누르면 **그림8-88** 처럼 아바타가 실행 범위에 진입하면 화면에 ③에 입력한 웹사이트가 새 탭으로 열리게 된다.

그림8-87 오브젝트 새 탭으로 웹사이트 열기설정

그림8-88 오브젝트 새 탭으로 웹사이트 열기

팝업으로 웹사이트 열기

스페이스에 설치된 오브젝트 ①톱니바퀴를 클릭하고 ②팝업으로 웹사이트 열기 설정 ③웹사이트를 입력하고 ④전체화면으로 열기/크기 지정 중 선택, ⑤실행 범위를 입력, ⑥실행방법 중 F키를 눌러 실행/바로 실행 중 선택 후, 플레이를 누르면 **그림8-90** 처럼 아바타가 실행 범위에 진입하면 화면에 ③에 입력한 웹사이트 링크로 팝업이 열리게 된다.

그림8-89 오브젝트 팝업으로 웹사이트 열기설정

그림8-90 오브젝트 팝업으로 웹사이트 열기

텍스트 팝업

스페이스에 설치된 오브젝트 ①톱니바퀴를 클릭하고 ②텍스트 팝업설정 ③텍스트를 입력하고 ④실행 범위를 입력 후 ⑤실행방법 중 F키를 눌러 실행/바로 실행 중 선택 후, 플레이를 누르면 **그림8-92**처럼 아바타가 실행 범위에 진입하면 화면에 ③에 입력한 텍스트 팝업이 열리게 된다.

그림8-91 오브젝트 텍스트 팝업설정

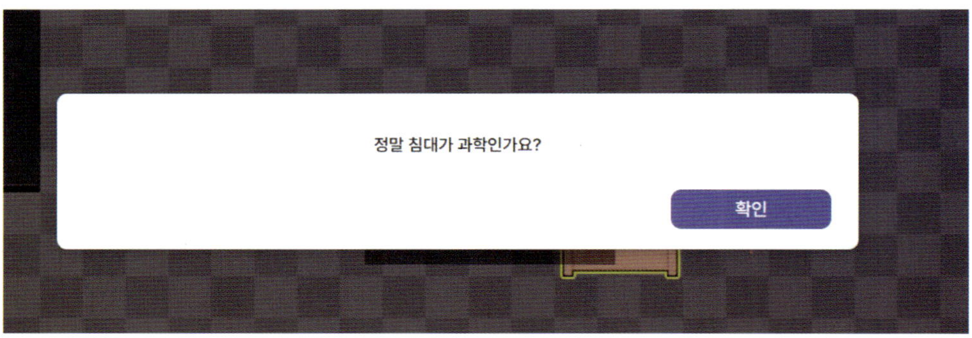

그림8-92 오브젝트 텍스트 팝업

이미지 팝업

스페이스에 설치된 오브젝트 ①톱니바퀴를 클릭하고 ②이미지 팝업 설정 ③내 PC에 있는 그림 파일을 선택하고 ④실행 범위를 입력, ⑤실행방법 중 F키를 눌러 실행/바로 실행 중 선택 후, 플레이를 누르면 **그림9-94** 처럼 화면에 ③에 입력한 이미지 팝업이 열리게 된다. 행사 시 중요한 내용을 이미지로 만들어 스페이스 내에 있는 사용자에게 전달하는 데 사용할 수 있으며 아바타가 처음 입장하는 곳에 설치하면 유용하다.

그림9-93 오브젝트 이미지 팝업설정

그림9-94 오브젝트 텍스트 팝업

비밀번호 입력 팝업

스페이스에 설치된 오브젝트 ①톱니바퀴를 클릭하고 ②비밀번호 입력 팝업설정 ③비밀번호 설명 입력, ④비밀번호 입력, ⑤비밀번호 입력 시 실행할 동작 ⑥범위를 입력, ⑦실행방법 중 F키를 눌러 실행/바로 실행 중 선택 후 플레이를 누르면 **그림8-96** 처럼 비밀번호 입력 팝업이 열리고, 비밀번호를 입력하면 ⑤에서 선택한 비밀번호 입력 시 실행할 동작(오브젝트 사라지기)이 실행된다 **그림8-97**.

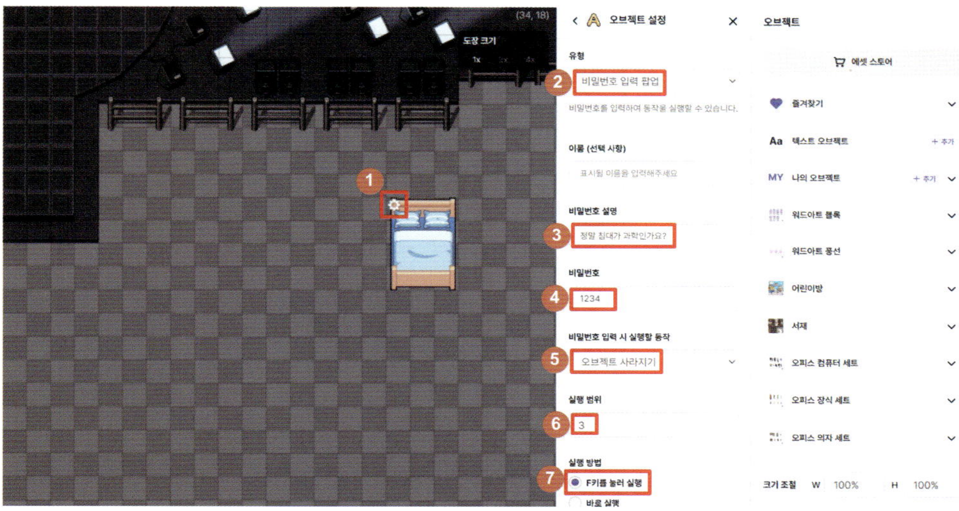

그림8-95 오브젝트 비밀번호 입력 팝업설정

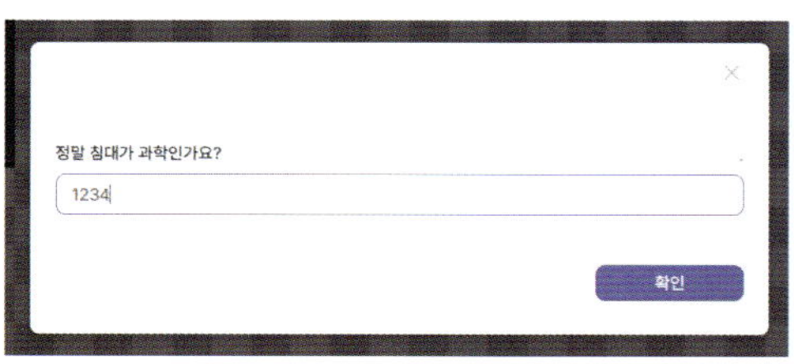

그림8-96 오브젝트 비밀번호 입력 팝업

그림8-97 비밀번호 입력 시 실행할 동작

(3) 타일 효과

타일에 특별한 기능을 추가할 수 있는 효과 목록과 그에 대한 설정이 오른쪽 타일 효과 패널에 나타나 있다.

① 통과불가 X

아바타가 지나갈 수 없는 타일이나 오브젝트를 설정하며 공간 분리 시 벽에 주로 사용한다. 지정하고 싶은 타일 위에 마우스를 클릭하거나 드래그한다. 삭제하고 싶을 때는 지우개를 선택하여 설치된 빨간색 X 타일을 클릭하거나 드래그한다.

② 스폰 S

아바타가 생성되는 포인트를 지정한다. 스폰 타일을 여러 곳으로 나누어 랜덤한 스폰지점을 만들 수도 있으며, 맵이 크고 다수의 참가자가 예상되는 경우는 여러 개의 스폰을 배치하여 아바타가 서로 간섭되지 않게 지정하는 것도 좋은 방법이다.

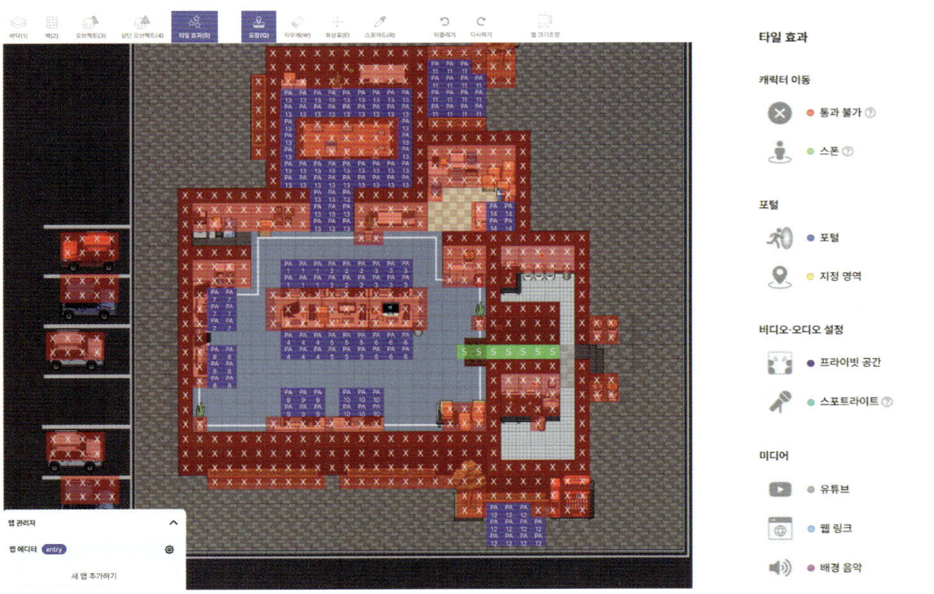

그림8-98 타일효과

③ 포털 P

하나의 스페이스 내의 연결 통로 또는 다른 스페이스로 빠르게 이동 가능한 연결 통로를 말하며, 또한 다른 맵으로 이동할 수 있는 통로를 포털이라고 말한다. 바로 이동을 체크하면 스페이스 내 참가자가 포털에 가까이에 위치할 경우 바로 이동한다. 미체크 시 참가자가 포털 가까이에서 F키를 눌러야 포털이 활성화된다. 삭제하고 싶을 때는 지우개를 선택하여 설치된 파란색 타일 P 을 클릭하거나 드래그 한다.

❶포털 클릭 ❷이동 선택 ❸포털에서 아바타가 나오는 지정영역 명칭 입력 ❹포털 입구에 이동할 지정 영역 명칭 입력(선택 사항) ❺맵 에디터 화면에 원하는 위치에 마우스 클릭하면 생성된다.

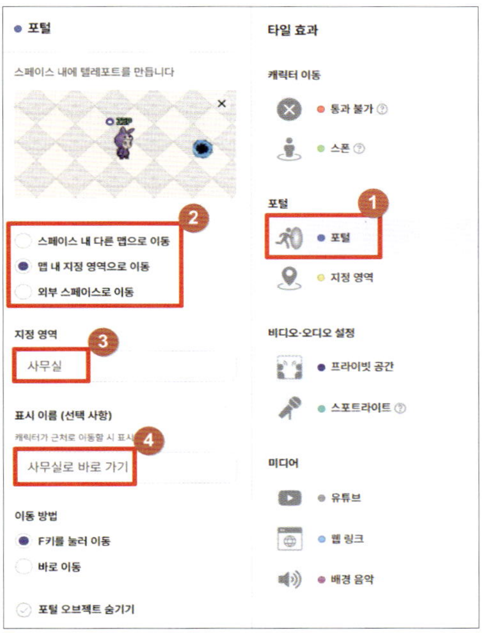

그림8-99 포털작업

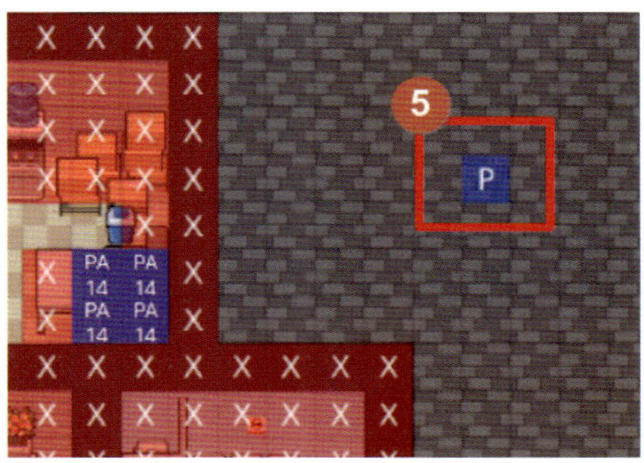

그림8-100 포털효과

④ 지정영역 지정

포털 타일과 함께 사용하여 영역 이름이 정해져 있는 타일로 아바타를 이동시킬 수 있다. ❶지정영역 클릭 ❷영역 명칭 입력 (포털의 지정영역과 반드시 동일한 명칭 입력) ❸너비와 높이 입력 ❹영역 상단에 표시되는 명칭(선택 사항) ❺맵 에디터 화면에 원하는 위치에 마우스 클릭하면 생성된다. 삭제하고 싶을 때는 지우개를 선택하여 설치된 노란색 지정 타일을 클릭하거나 드래그한다.

그림8-101 지정 영역

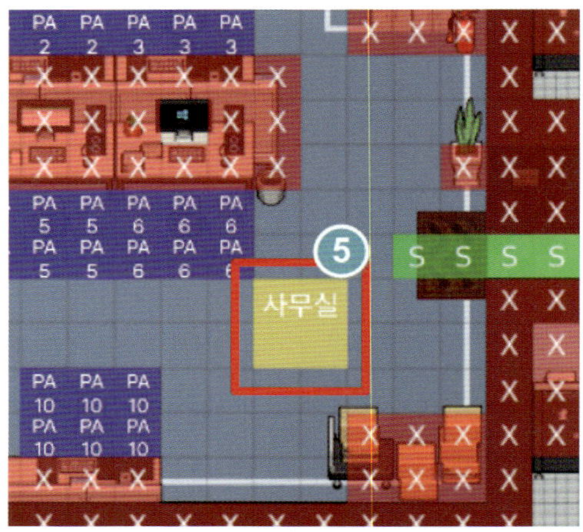

그림8-102 지정 효과

이렇게 해서 포털 타일과 지정영역 타일이 생성되었다. 여기서 포털은 입구, 지정영역은 출구라고 생각하면 쉽게 이해할 수 있다.

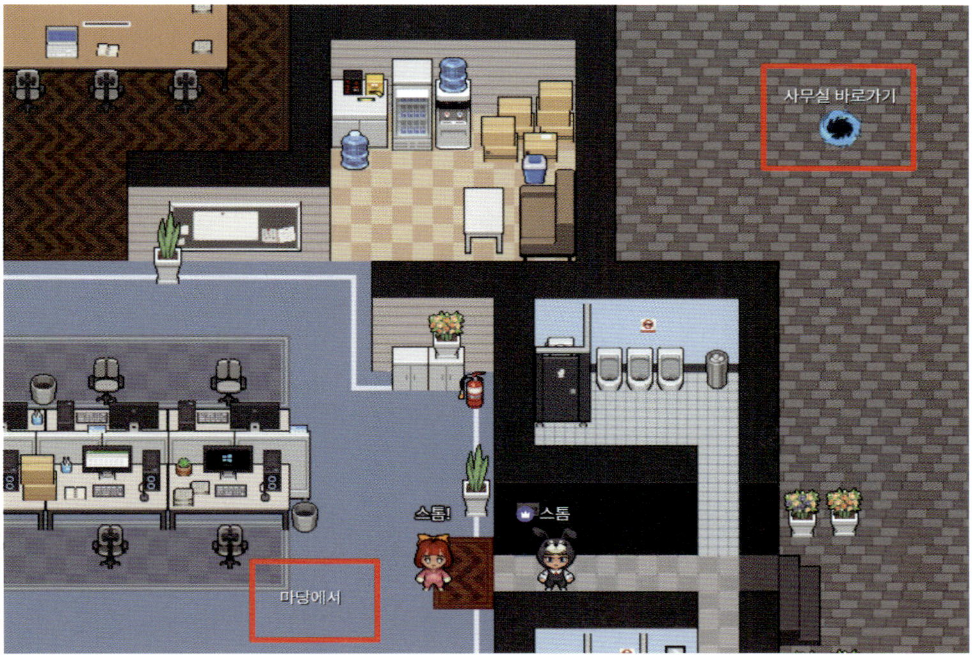

그림8-103 포털 생성

이동방법

F키를 눌러 이동: 플레이 화면에서 F키를 눌러 포털로 이동한다.

바로 이동: F키 없이 바로 이동하게 만들 수 있다.

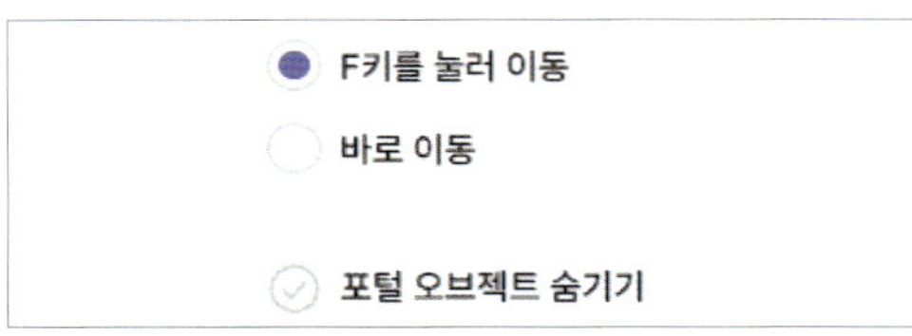

그림8-104 이동방법

⑤ 프라이빗 공간

비공개로 소통하는 영역을 지정한다. 해당 효과를 통해서 회의실 또는 카페의 좌석 공간 등을 구현할 수 있다. ID로 서로 호환되는 공간을 지정할 수 있다. 삭제하고 싶을 때는 지우개를 선택하여 설치된 보라색 타일 을 클릭하거나 드래그한다.

❶클릭 ❷영역 ID에 숫자 입력 ❸에디터 영역에 드래그한다.

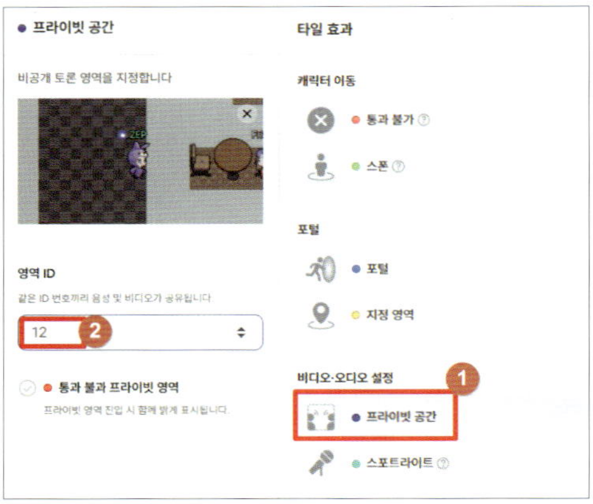

그림8-105 프라이빗 공간 설정

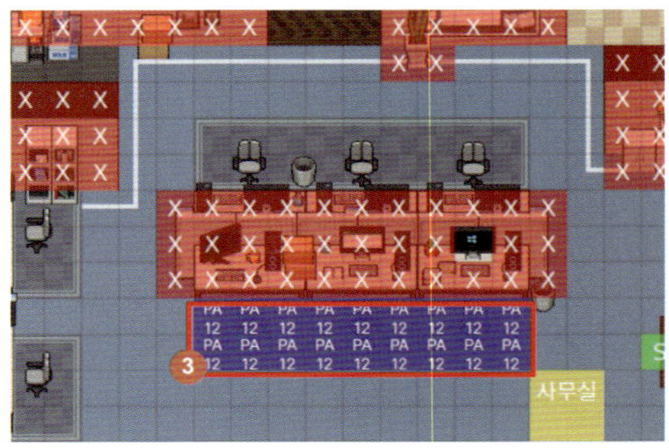

그림8-106 프라이빗 공간 만들기

❹프라이빗 공간으로 활성화된다. 프라이빗 지정공간은 그 영역에 있는 아바타들만 소통이 이루어지며 영역 밖의 아바타 사용자에게는 소리 등이 공유되지 않는다. 이를 이용하여 팀별 회의 등을 진행하거나 비밀스러운 이야기를 나눌 수 있다.

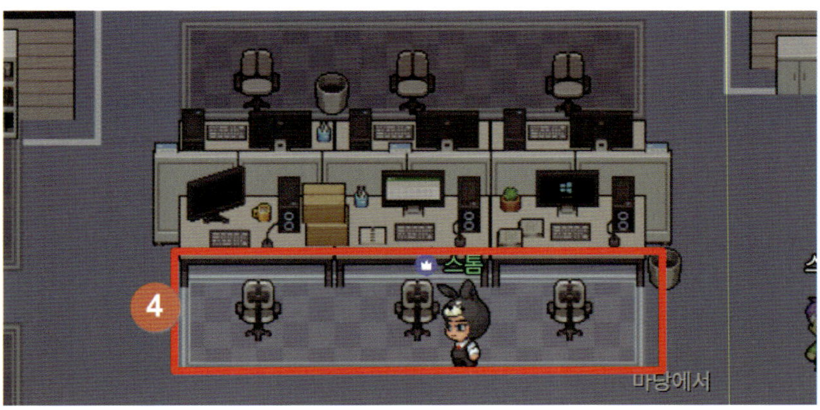

그림8-107 프라이빗 공간 활성화

⑥ 스포트라이트 @

스포트라이트 지역에 아바타가 올라갈 경우, 맵 전체 지역에 자신의 영상·화상·채팅이 공개된다. 행사 시 발표자는 반드시 스포트라이트 구역에 위치하여야 한다. 참가자들이 알기 쉽도록 마이크와 같은 오브젝트를 배치해 주자. 삭제하고 싶을 때는 지우개를 선택하여 설치된 @ 타일을 클릭하거나 드래그한다.

그림8-108 스포트라이트 설정

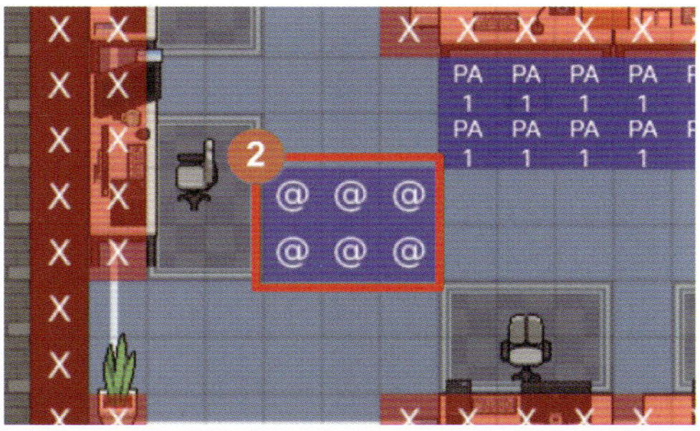

그림8-109 스포트라이트 공간 드래그

❶스포트라이트 클릭 ❷에디터 영역에 드래그한다.

스포트라이트 영역에 아바타가 위치하면 아바타 닉네임이 연두색(❶ → ❷)으로 변경된다.

그림8-110 스포트라이트 비지정 공간

그림8-111 스포트라이트 지정 공간

⑦ 유튜브

❶유튜브 클릭 ❷연결할 유튜브 URL 입력(유튜브 URL은 퍼가기 형식이어야 한다) ❸너비와 높이 입력 ❹재생 방법 선택. 여기서 게더타운과 차이가 있다. 게더타운에서는 재생 버튼을 눌러야 재생이 되는 반면 ZEP은 바로 재생을 선택할 수 있다. 이를 통해 영상 광고판이나 극장에서 영화가 상영되는 듯한 자연스러움을 연출할 수 있다.

그림8-112 스포트라이트 지정 공간

❶영상이 놓일 위치를 정하고 오른쪽 플레이를 클릭하면 ❷타일에 유튜브 영상이 적용된다. 사용자가 지정한 곳에 크기와 플레이 방법을 선택할 수 있어 활용도가 높고, 방문자에게 상호작용 없이 영상을 노출시킬 수 있다. 마치 거리의 영상 광고판을 우리의 의지와 상관없이 보는 것과 유사하다.

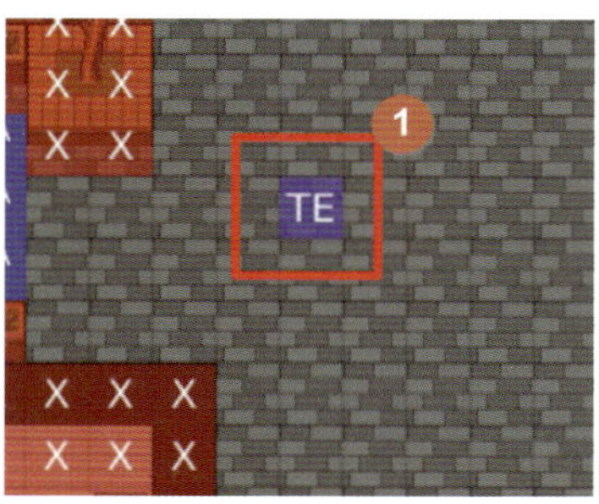

그림8-113 임베드

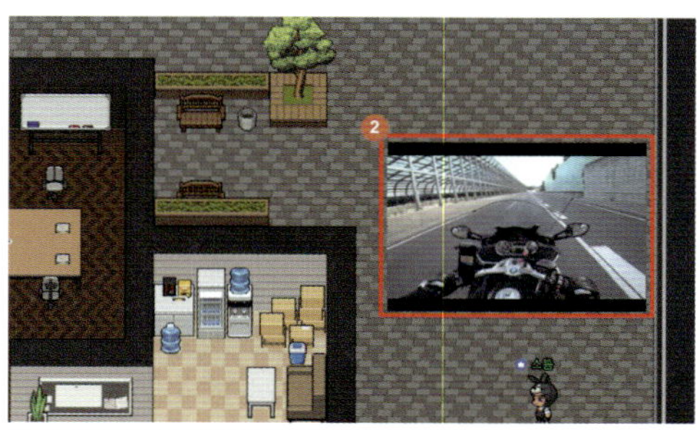

그림8-114 유튜브 임베드

⑧ 웹 링크

다른 탭에서 열리는 웹사이트의 링크를 열 때 사용한다.

❶웹 링크 클릭 ❷연결할 웹 URL 입력 ❸열리는 형식 선택 ❹팝업 정렬 선택 ❺표시 이름(선택 사항) ❻이동 방법을 선택한다. 이때 ❼포털 오브젝트 숨기기를 클릭하면  회오리 모양이 없이 웹 링크가 생긴다. 오브젝트 숨기기를 사용할 때는 반드시 ❺표시 이름을 입력해야 웹 링크 위치를 쉽게 파악할 수 있다.

그림8-115 웹 링크

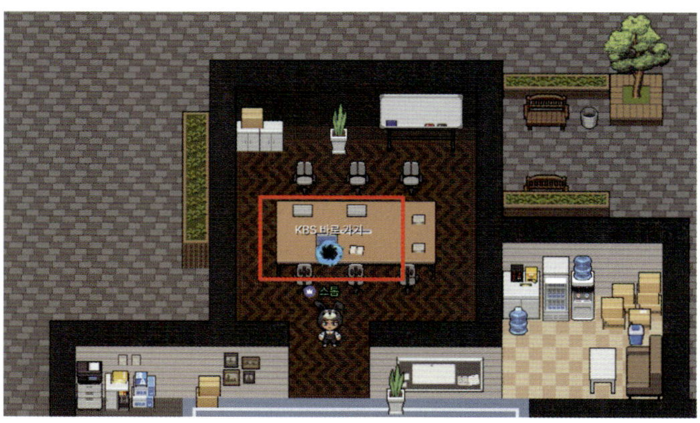

그림8-116 웹 링크 오브젝트 생성

⑨ 배경음악

자신의 디바이스에서 음원 파일을 선택해 배경음악으로 설정할 수 있다.

❶배경음악을 클릭 ❷PC에 있는 .mp3 파일을 선택 ❸활성 거리를 입력 ❹반복 재생 여부를 선택한다.

그림8-117 배경음악

배경음악을 넣을 타일을 선택하고 플레이를 클릭하면 지정된 곳에 아바타가 위치할 때 선택한 음악이 나온다. 삭제하고 싶을 때는 지우개를 선택하여 설치된 타일을 클릭하거나 드래그한다.

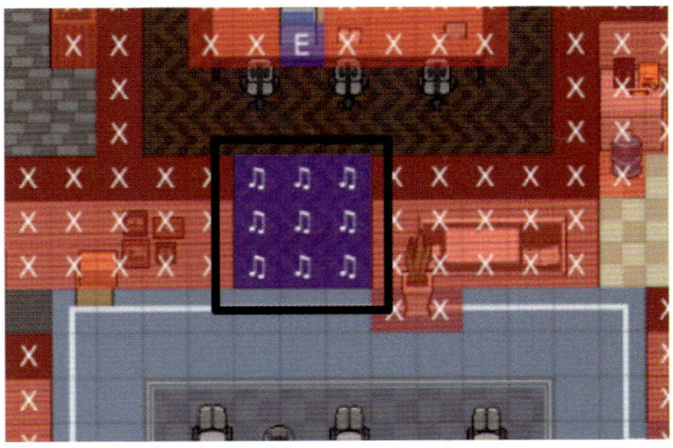

그림8-118 배경음악 타일지정

Tip!

배경음악 볼륨 조정

오른쪽 하단 관리자 메뉴 – 기타 설정 – 볼륨 조정

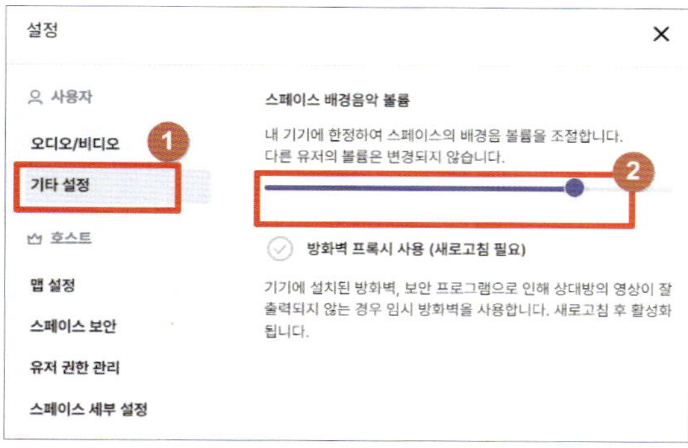

그림8–119 배경 음악 볼륨 조정

(4) 도장(Q)

바닥, 벽, 오브젝트, 타일 효과를 삽입한다. 오른쪽 상단 '도장 크기'를 선택하여 한 번에 여러 개 타일 또는 오브젝트를 설치할 수 있다.

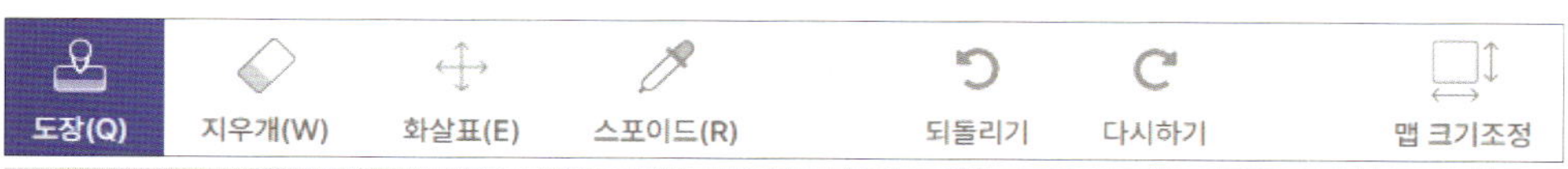

그림8–120 에디터 툴

(5) 지우개(W)

바닥, 벽, 오브젝트, 상단 오브젝트, 타일 효과를 제거한다. 지우개는 바닥, 벽, 오브젝트, 타일 효과 등 각각 선택되어 있는 것들만 지울 수 있다.

(6) 스포이드(R)

상단 툴바에서 스포이드를 선택하면 오브젝트 왼쪽 상단에 스포이드 아이콘이 나타나는데, 오브젝트를 복사할 수 있다. 여러 개의 오브젝트를 손쉽게 복사하여 스페이스 공간을 채울 때 무척 유용하다.

그림8-121 스포이드

(7) 화살표(E)

마우스 좌클릭 상태로 드래그를 하여 상하좌우로 움직일 수 있다.

(8) 되돌리기

맵 에디터 상에서 직전에 취한 행동을 취소한다. ctrl + Z키 혹은 cmd + Z키를 통해 실행할 수 있다.

(9) 다시하기

되돌리기 했던 행동을 다시 실행한다.

(10) 맵 크기 조정

클릭 시 맵의 너비와 높이의 값을 입력할 수 있는 팝업창이 나타난다. 타일 개수는 너비와 높이 각각 최대 512개가 넘지 않도록 한다.

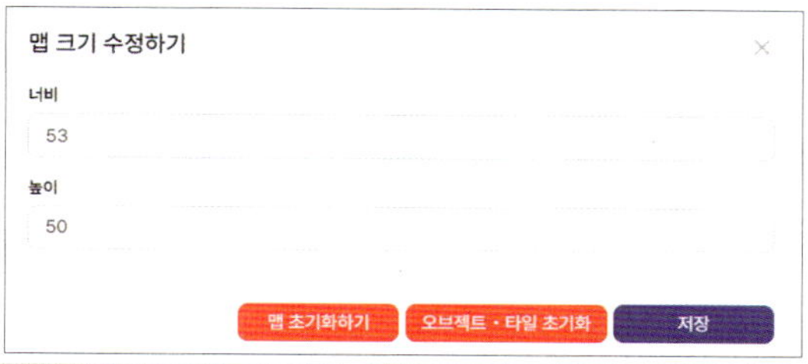

그림8-122 맵 크기 수정하기

① 맵 초기화하기

맵 초기화하기를 클릭하면 경고창이 팝업되고 확인을 클릭하면 타일 효과와 오브젝트가 모두 사라진다.

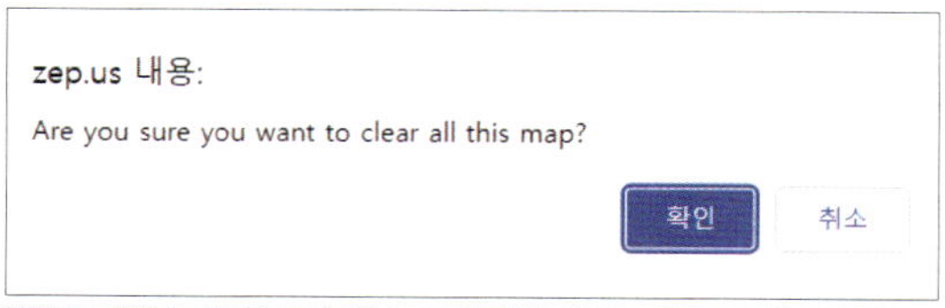

그림8-123 맵 초기화 경고

② 오브젝트·타일 초기화

오브젝트·타일 초기화 클릭하면 경고창이 팝업되고 확인을 클릭하면 초기화된다.

맵 관리자

(1) 맵 관리자

맵 관리자는 맵 에디터 화면 왼쪽에 나타난다. 맵 관리자를 통해 한 스페이스에 있는 여러 개의 맵을 관리할 수 있다. 스페이스 내 2개 이상의 맵들은 포털을 통해 연결된다. 맵 이름 오른쪽에 entry 버튼을 통해 해당 맵이 입장 맵임을 알 수 있다. 입장 맵은 스페이스의 기본 레이어가 되는 맵이며 삭제되지 않는다.

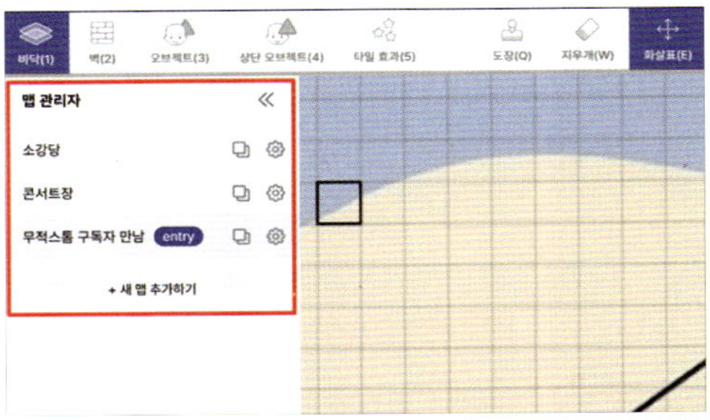

그림8-124 맵 관리자

(2) 맵 에디터

같은 스페이스 내 여러 맵이 생성되어 있는 경우 오른쪽 꺽쇠를 클릭하여 전체 맵 목록을 볼 수 있다. 맵 편집을 위해 맵을 선택할 경우 맵 목록이 다시 축소된다.

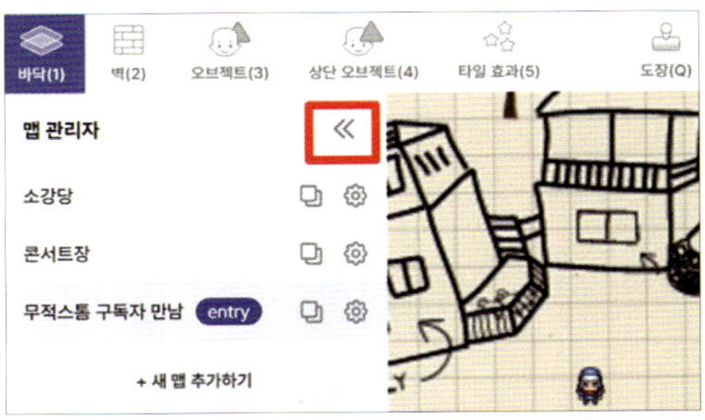

그림8-125 맵 에디터

① 수정하기

맵 이름, 소개, 비디오 관련 옵션, 비디오/오디오 제어, 임베드 기능, 배경음악 볼륨 조절 등을 수정할 수 있다.

- **이름**: 맵 이름 설정
- **소개**: 맵 소개말 입력
- **비디오 레이아웃**: 비디오 영상의 레이아웃을 위로 정렬, 오른쪽 정렬, 그리드 보기 중에 선택
- **비디오 활성 거리**: 비디오가 활성화되는 거리 설정
- **비디오 비활성 거리**: 비디오가 비활성화되는 거리 설정
- **기타 옵션**

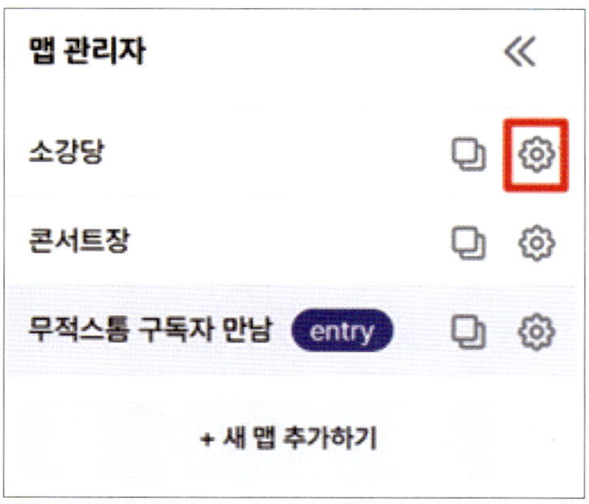

그림8-126 맵 수정하기

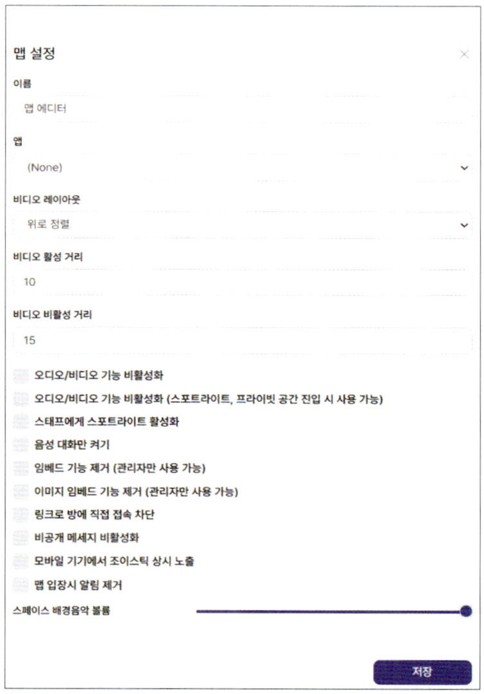

그림8-127 맵 설정

② 맵 복사

맵 관리자에서 맵 복사를 클릭하면 간단하게 '에디터_copy'라는 새로운 맵이 복사된다.

이름을 변경하고 싶으면 톱니바퀴 〉 수정하기 〉 새로운 이름을 입력하면 된다.

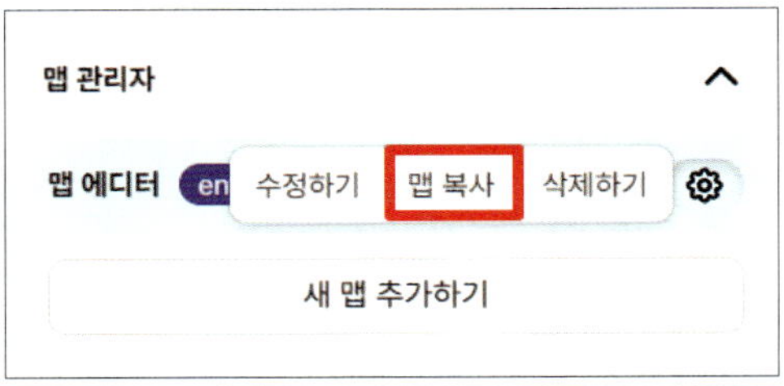

그림8-128 맵 복사

그림8-129 복사된 맵

③ 삭제하기

entry 표시된 맵은 맵 관리자에서 삭제가 되지 않는다. 맵 삭제는 설정 [4. 설정– (5) 스페이스 세부 설정]을 참고한다.

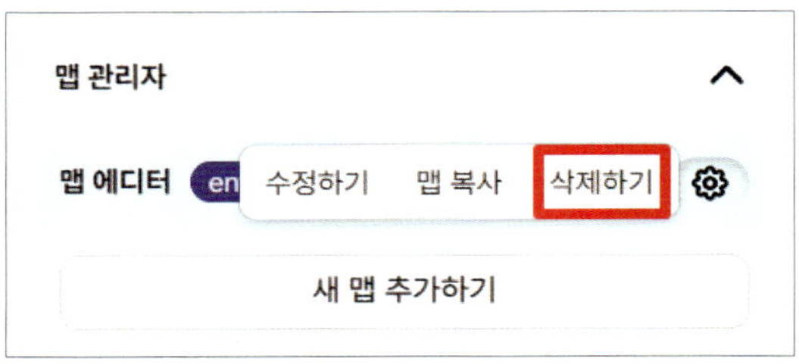

그림8-130 맵 관리자 맵 삭제하기

(3) 배경음악 설정하기

타일 효과에 있는 배경음악과 오른쪽패널에 있는 배경음악의 차이점은 타일 효과 배경음악은 이름처럼 선택한 타일에 아바타가 있는 경우 음악이 재생되는 것이며, 오른쪽 패널 배경음악은 맵 전체에 배경음악이 모든 아바타에게 재생되는 것이다.

그림8-131 타일 효과 배경음악

그림8-132 패널 배경음악

Tip!

패널 배경음악 비활성화

오른쪽 하단 관리자 메뉴 – 맵 설정 – 배경음악 비활성화

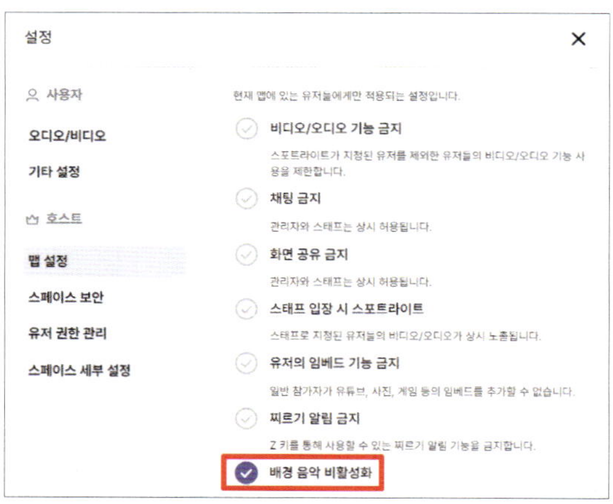

그림8-133 배경음악 비활성화

(4) 배경화면_앞화면 설정 맵 만들기

ZEP에서 맵을 만드는 방법으로는 템플릿, 직접 만들기, 배경화면 앞화면 설정 3가지가 있다. 템플릿(3. ZEP 이용가이드)이나 직접 만들기(7. 맵 만들기)는 해당 챕터를 참조한다.

스페이스 만들기 – 템플릿 고르기 – 빈 공간 – 스페이스 이름 – 만들기

그림8-134 맵 설정

그림8-135 맵 설정

빈공간 – 맵 에디터 – 상단 툴바 맵 크기 조정

맵 초기화하기를 진행해야 한다. 이는 새로운 캔버스에 그림을 그리는 작업과 같다.

그림8-136 빈 공간

그림8-137 맵 초기화하기

'배경화면 설정하기'를 더블 클릭하고 내 컴퓨터 파일에서 배경화면 파일 **그림8-139** 를 선택하고 다시 **그림8-138** 에서 '앞화면 설정하기'를 더블 클릭, 내 컴퓨터 파일에

서 앞화면 파일 **그림8-140**을 선택한다. 참고로 게더타운에서는 배경화면을 'Back Ground' 앞 화면을 'Fore Ground'라 지칭한다.

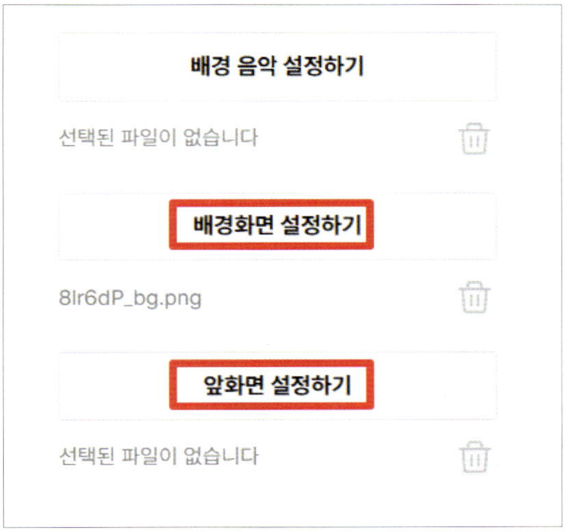

그림8-138 화면 설정하기

맵 에디터 창에 배경화면과 앞화면이 합성되어 새로운 맵이 화면에 출력된다. 이곳에 타일 효과와 오브젝트 상단 오브젝트 등을 이용하여 사용자에 맞는 맵을 만들어 보자. 기본적으로 앞화면 배경화면으로 구성되어 **그림8-142**처럼 구현된다. 플레이를 클릭하면 앞화면 뒤쪽으로 아바타가 이동한다.

오로라

그림8-139 배경화면 파일

늑대

그림8-140 앞화면 파일

그림8-141 합성화면

그림8-142 맵 완성

6
미니게임

OX 퀴즈

OX 퀴즈를 만들기 위해서는 새 맵을 추가해야 한다. 맵 에디터 - 새 맵 추가하기

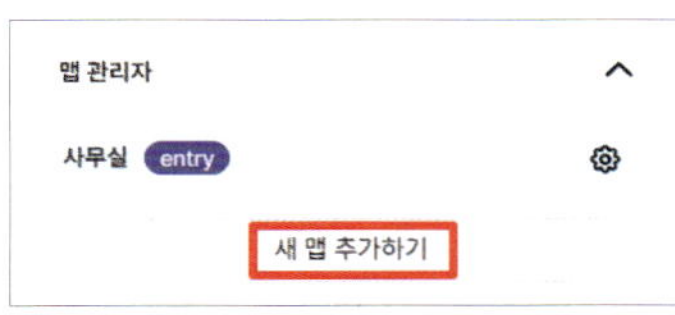

그림8-143 새 맵 추가하기

템플릿 고르기에서 OX 퀴즈를 선택한다.

그림8-144 맵 템플릿 선택하기

①이름 입력 - ②만들기를 클릭하면 '즐거운 OX 퀴즈 맵'이 만들어진다.

그림8-145 맵 만들기

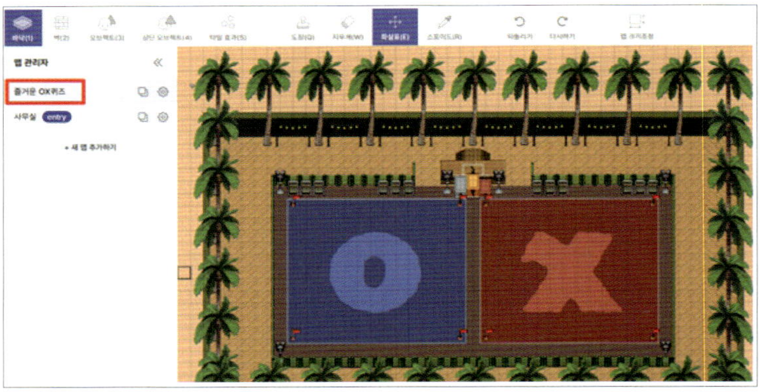

그림8-146 OX 퀴즈

사무실 맵을 클릭하여 사무실 맵 에디터로 이동한다.

이제는 사무실에서 즐거운 OX 퀴즈 맵으로 이동하기 위한 포털을 만들어야 한다.

그림8-148 상단 툴바에서 ①타일 효과 – ②오른쪽 패널 포털 - ③스페이스 내 다른 맵으로 이동 - ④이동할 맵 선택 - ⑤표시 이름 - ⑥포털위치 선택 - ⑦플레이 클릭

그림8-147 스페이스 내 다른 맵 이동

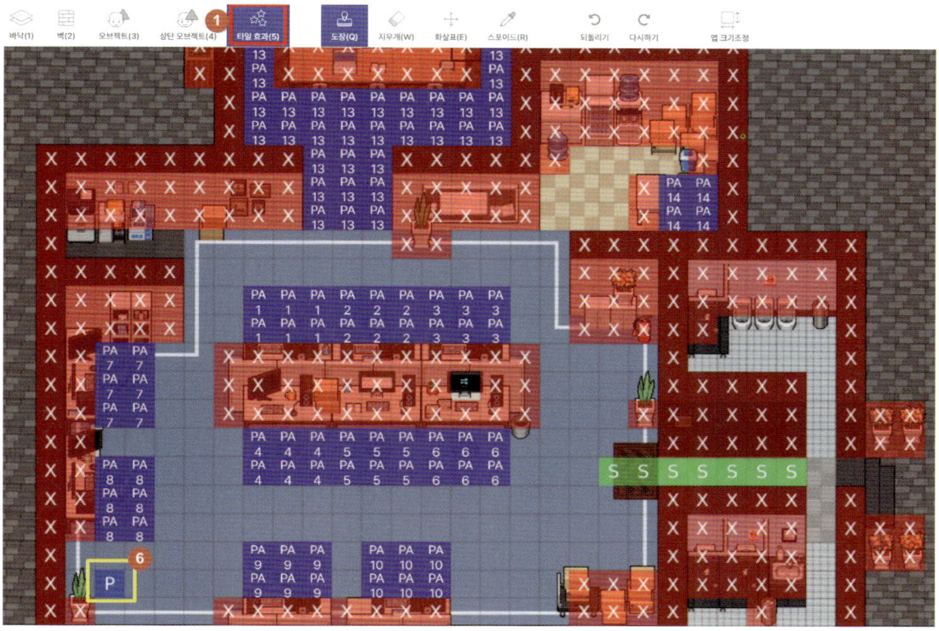

그림8-148 타일 효과

그림8-149 포털 설정

OX 퀴즈 포털이 생성되었다. 이제 F를 눌러 상호작용을 하여 OX 퀴즈 앱으로 이동해 보자.

그림8-150 포털 생성

그림8-151 OX 퀴즈 맵으로 이동

좌측 툴바의 미니게임을 클릭하고, 'OX Quiz'를 선택한다.

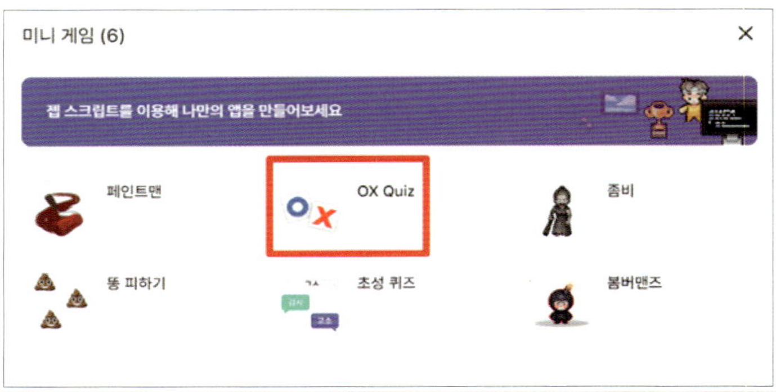

그림8-152 미니게임

화면에 다음과 같이 스태프 이상만 문제를 출제할 수 있다는 팝업창이 뜬다.

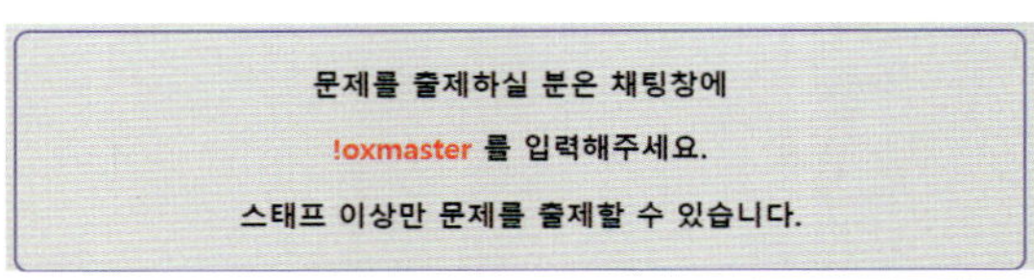

그림8-153 퀴즈 권한

채팅창에 !oxmaster를 입력하면 필요한 맵 로케이션 리스트가 팝업된다. 내용을 파악하고 QUIZ READY를 클릭한다.

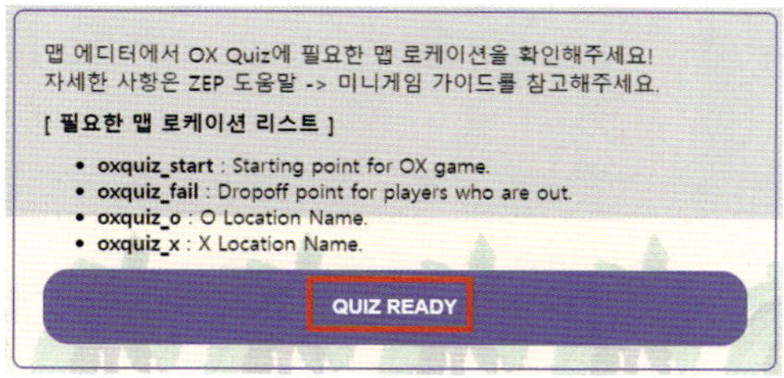

그림8-154 맵 로케이션

Make a Quiz가 팝업되면 ①퀴즈 문제를 입력한다. ②정답을 O 또는 X를 선택하고 ③Go를 클릭하여 게임을 진행한다. 문제는 한 문제씩 출제해야 하므로 메모장 등에 미리 문제를 준비하는 것을 추천한다.

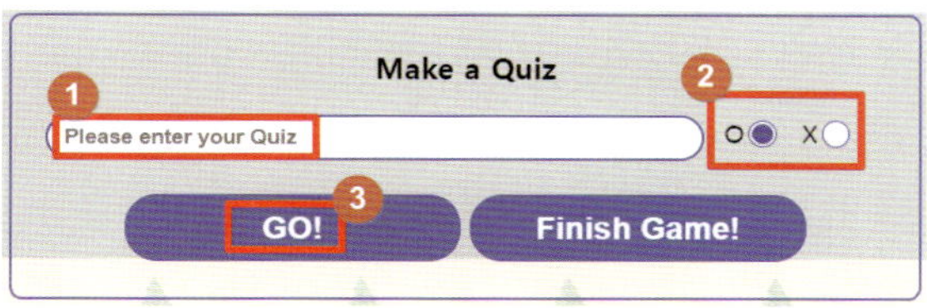

그림8-155 퀴즈 설정

오답을 선택하면 아바타가 경기장 외부로 이동된다. 종료 시에는 **그림8-155**의 Finish Game! 눌러 OX Quiz 게임 종료하고 점프 기능(스페이스 바)으로 게임 상자를 반드시 제거한다.

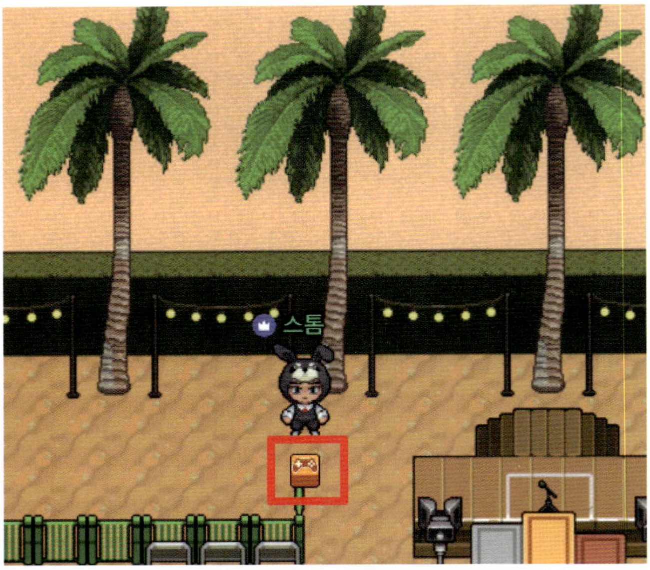

그림8-156 상자 제거

게임 진행

미니게임의 승리 조건은 다음과 같다.

- OX Quiz: 최후의 n명으로 임의로 선정 가능
- 좀비 게임: 최후 생존자 수와 좀비의 kill 수에 따라서 승리
- 초성 퀴즈: 정답을 가장 빠르게 입력한 1인
- 똥 피하기: 최후 생존자

미니게임 도중 '관리자' 권한을 가진 플레이어가 박스 위에서 점프할 경우 게임이 중단된다.

7
맵 만들기

맵 만들기는 빈 공간에서 맵 만들기와 빈 맵에서 시작하기 2가지 방법으로 진행이 가능하다.

빈 공간에서 맵 만들기 세팅

스페이스 만들기를 클릭하고 템플릿 고르기에서 빈 공간을 선택한 후 스페이스 이름을 입력하고 만들기를 클릭한다.

그림8-157 맵 설정

그림8-158 맵 설정

빈 공간 스페이스에서 좌측에 있는 맵 에디터 아이콘 클릭 후 에디터 화면 상단 툴바 맵 크기 조정을 클릭한다. 맵 초기화하기는 캔버스가 비어있는 곳에 그림을 그리는 것처럼 백지상태로 만들어 준다. 맵을 만들기 위해서 다시 맵의 크기를 정하고 너비와 높이를 입력한다.

그림8-159 빈 공간

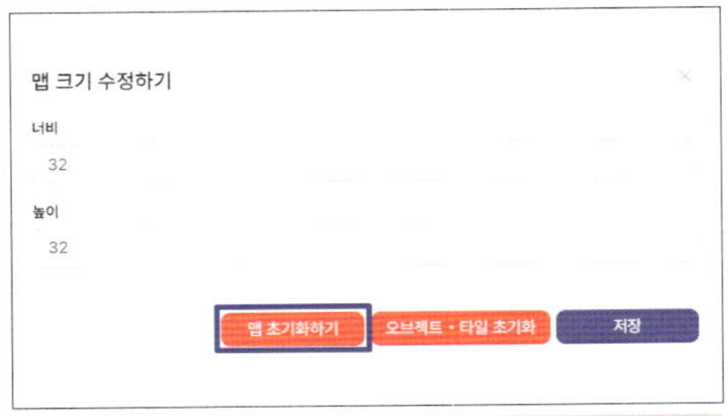

그림8-160 맵 초기화하기

빈 맵에서 시작하기

스페이스 만들기를 클릭하고 빈 맵에서 시작하기 선택 후 스페이스 이름을 입력하고 만들기를 클릭한다.

그림8-161 빈 맵에서 시작하기

맵 만들기 순서

맵을 만드는 순서는 우선 맵 크기 수정에서 너비 높이를 입력하고 바닥과 벽을 만든다. 바닥과 벽을 완성하면 타일 효과를 적용하고 공간에 필요한 오브젝트를 배치하고, 오브젝트 설정에서 유형을 선택한 후 상호작용 등을 설정한다.

(1) 맵 크기

을 클릭 – 너비와 높이를 입력한다. 바닥 1개의 사이즈는 32×32픽셀이다.

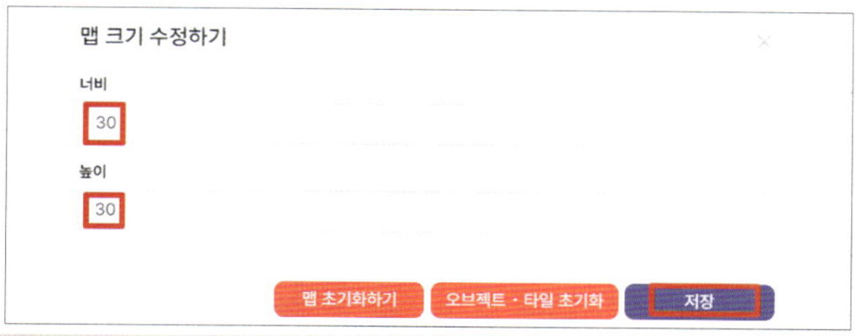

그림8-162 맵 크기 설정

오른쪽 상단에 X축값, Y축값이 각각 (n-1)값으로 나타나는데, 이는 스타트 점이 0으로 시작되기 때문이다.

그림8-163 타일 위치

(2) 바닥 만들기

상단 툴바에서 바닥을 선택하고 도장을 클릭 맵 에디터 빈 공간 화면에 필요한 부분을 드래그한다. 수정할 부분이 있으면 지우개를 선택하고 클릭 또는 드래그하여 수정한다.

바닥 작업을 할 때 도장 크기를 4x로 변환하여 사용하면 빠르고 쉽게 바닥을 만들 수 있다.

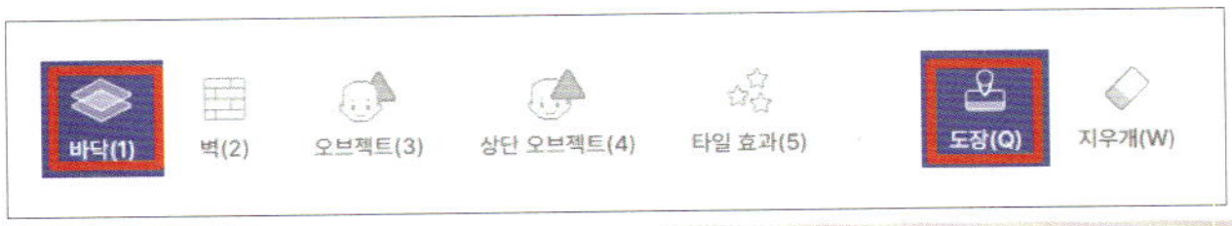

그림8-164 바닥 선택

그림8-165 바닥 생성

(3) 벽 만들기

상단 툴바에서 벽을 선택하고 도장을 클릭 맵 에디터 빈 공간 화면에 필요한 부분에 드래그한다. 수정할 부분이 있으면 지우개를 선택하고 클릭 또는 드래그하여 수정한다.

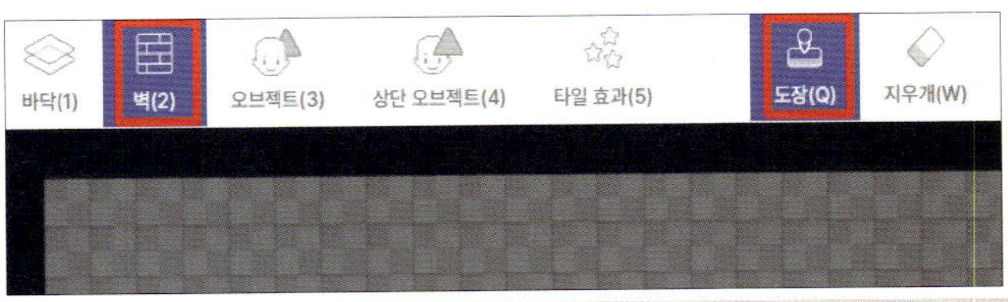

그림8-166 벽 선택

(4) 오브젝트 만들기

오브젝트를 선택하여 공간 배치를 한다. 이때 오브젝트 설정도 다양하게 이용해 보자.

그림8-167 오브젝트 선택

(5) 타일 효과적용

앞장 [5. 맵 에디터 - (3) 타일 효과]를 참고하여 통과 불가, 스포트라이트, 프라이빗 공간, 스폰 등을 이용해 공간 분리 등 타일 효과를 적용한다.

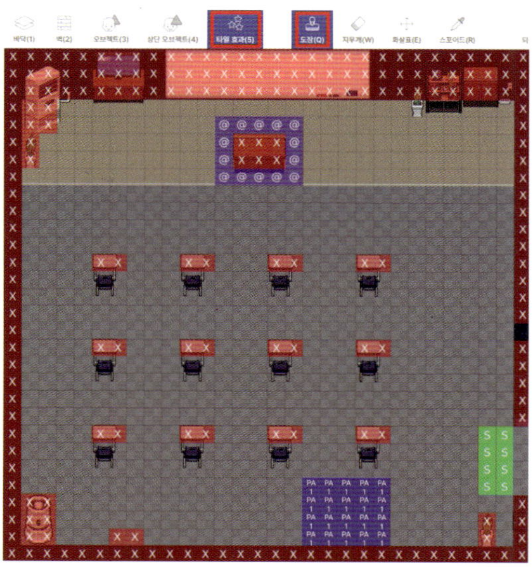

그림8-168 타일 효과 적용

(6) 맵 완성

플레이를 누르면 간단하게 맵이 완성된다.

그림8-169 맵 완성

홈 화면에서도 교실이라는 스페이스가 생성된 것을 볼 수 있다.

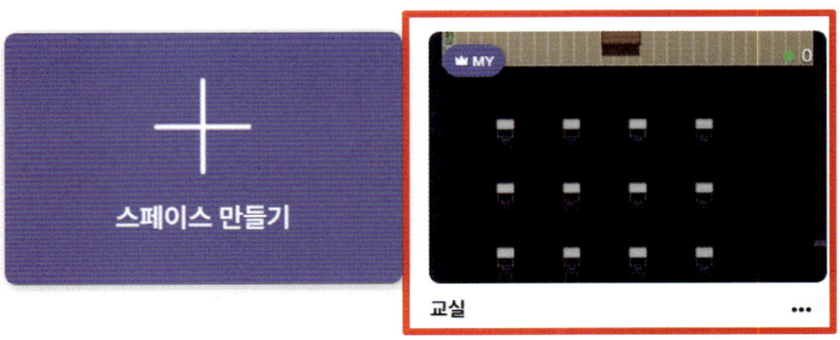

그림8-170 홈 화면 교실 스페이스 생성

그동안 '관계형 화상 프로그램'의 대표는 게더타운이었다. 하지만 시간이 흐를수록 게더타운의 익숙함보다는 세련되고 한국인의 눈높이에 맞는 한국형 게더타운인 젭(ZEP)이 시장에서 최강자가 될 것은 분명하다. 이 글을 쓰는 동안에도 ZEP은 새로운 도전을 계속하고 업그레이드를 쉴 새 없이 진행하고 있으며, 게더타운의 하향식(top-down) 방식이 아닌 상향식(bottom-up) 방식의 접근이 플랫폼 소비자들에게는 매력적인 요소가 될 수 있다. 특히 엔터테인먼트 회사에서 자신들의 작품을 ZEP에서 홍보하는 등 이미 우리에게 친숙하게 다가오고 있음을 피부로 느낄 수 있다.

새로운 것을 두려워하거나 피해서는 더이상 살아가기 힘든 시대가 되었다. 인건비 절약을 위해 패스트푸드점은 물론이고 일반 식당에서도 키오스크로 주문을 하는 곳이 점점 늘어나고 있다. 어떤 이들은 편리함을 이야기하고 어떤 이들은 불편함을 호소하지만 이러한 변화에 후자의 아우성에 귀 기울이는 여유는 없을 것이다. 이처럼 시대의 흐름을 잘 읽고 그 물결에 합류해야 할 숙제들은 앞으로도 더욱더 많아질 것은 분명하다. 이제부터라도 하나씩 우리 생활에 메타버스의 물결을 접해보는 시간을 가져보기로 하자. ZEP에서 맵을 만드는 것은 그리 어려운 일이 아니다. ZEP에서 제공하는 템플릿 맵에 오브젝트를 차근차근 심어보고 타일 효과에서 포털 등 기능을 하나씩 따라해 보면 어느새 멋진 '관계형 화상 프로그램'의 유저가 되어있을 것이다.

참고문헌

- 공다예 외, 메타버스 플랫폼 유형별 소비자 만족도에 관한 연구–제페토 및 로블록스 사용 MZ 세대를 중심으로, 한국의류산업학회 춘계학술대회, 2022
- 김상균·신병호, 메타버스 새로운 기회, 베가북스, 2021
- 김형숙 외, 이것이 메타버스다, 미디어북, 2021
- 매경이코노미, 또 하나의 세계 '메타버스'
- 박정하 외, 멀티 페르소나의 관점에서 제페토에 나타나는 아바타 가상패션 연구, 한국문화융합학회, 제44권 2호, 147–166, 2022
- 서울시설공단, [공단은 지금] 미래는 지금이다, 서울시설공단 메타버스TF
- 유연재 외, 메타버스 플랫폼 제페토의 콜라보레이션에 관한 연구–패션 아이템을 중심으로, 한국조형학회지, 23권 2호, 377–393, 2022
- 윤지연, 아바타 패션을 활용한 3D 가상피팅 시스템 연구, 홍익대학교 산업미술대학교, 24–39, 2022
- 전북 DSI 지원센터, Z세대의 놀이터, 메타버스
- 최재붕, 최재붕의 메타버스 이야기, 북인어박스, 2022
- 한국시민기자협회, 게더타운(Gathertown) 세계적인 메타버스플랫폼으로 도약하기 위한 제언
- 한국애니메이션학회, 4차 산업혁명 시대 메타버스 기술과 엔터테인먼트 산업의 융합에 관한 연구
- XREAL(서울대학교 기반 메타버스 학회), 메타버스의 역사

- SK텔레콤 뉴스룸 https://news.sktelecom.com/
- SK텔레콤 홈페이지 https://www.sktelecom.com/index.html
- ZEP 가이드북 https://docs-kr.zep.us/
- ZEP 공식 블로그 https://blog.naver.com/zep_business
- 게더타운 홈페이지 gather.town help center
- 대한민국 정책브리핑 www.korea.kr

- 시립서울장애인종합복지관 http://seoulcbid.or.kr/#1
- 제페토 공식 홈페이지 https://zepeto.me
- 제페토 빌드잇 공식 홈페이지 https://studio.zepeto.me/kr

- 공기업 최초, 메타버스 오피스로 출근하는 서울시설공단, HR Insight
- 네이버 제페토에서 명품 '구찌' 신상 입는다, 연합뉴스
- 러쉬(LUSH), 메타버스 플랫폼 '게더타운' 브랜드 행사 개최, 머니투데이
- 롯데시네마, 메타버스 플랫폼 '롯시타운' 오픈, 뉴스데일리 경제
- 메타버스 미래 꿈꾸는 美 화상회의 플랫폼 '게더타운', 조선비즈
- '메타버스' 새로운 창업의 기회 될까?, 파이낸스 투데이
- '메타버스·아바타' 개념 낳은 소설 '스노 크래시', 연합뉴스
- 몇달러 가상구찌백이 4000달러! 메타버스 세상이 온다, 국민일보
- 산업부, BTS 한복 '메타패션' 나온다, 중앙일보
- 서울시, 2021 서울디자인위크 3D 가상세계 '메타버스 DDP'서 첫 개최, 스마트 시티 코리아
- 에스파, 강렬해진 세계관으로 돌아온다, 스포츠경향
- 엔터테인먼트 메타버스, 위키해시넷
- 연세대, 2022 메타버스 취업박람회 개최, 한겨레
- 연세의료원, 메타버스 활용한 신입 직원 교육 눈길, 의학신문
- 자라, 첫번째 메타 컬렉션 '라임 글램' 출시, 패션서울
- '제페토(증강현실게임)'에서 명품 사려고 지갑여는 10대, 한국섬유신문
- 직방, 아워홈에 '메타버스 사무 공간' 임대, 신아일보
- 코로나가 만든 메타버스 플랫폼 콘서트, 세상이 변하고 있다, 프레시안
- 한국 스타트업, 2022 대한민국 혁신박람회에서 메타버스 공간으로 피칭, 코리아 테크 데스크
- YARTVRA '또 리모트 워크 앱이군', 월간 디자인

찾아보기

ㅊ

ㅋ

ㅌ

ㅍ

저자소개

공다예

신라대학교 디자인대학 패션디자인학과에 재직 중이며 2D/3D 텍스타일 디자인, 3D가상 피팅 등 디지털 패션 교육을 하고 있다. 한국메타버스연구원 지도교수 및 부산 지회장으로 앞으로 더 중요해질 것으로 기대되는 메타버스 환경에서 디지털 패션 플렛폼 영역을 통해 메타버스를 전문적으로 다룰 수 있는 창의적인 패션 융.복합 메타패션 인재 양성을 하고 있다.

길경자

한국메타버스연구원 경기남부지회장으로 메타버스 활용 강의와 맵 제작 활동을 하고 있다. 대한드론교육원 남부지원 부원장과 초경량비행장치 무인멀티콥터 평가조종자자격, 지도교관으로 드론과 코딩드론, 촬영드론 분야 전문 강의와 드론축구 지도자와 심판으로 활동하며 '오산엔드론' 꿈의학교를 운영하고 있다.

김지민

25년 전 우리나라 1세대 3차원 CG디자이너로 삼성전자, 한예종 등에서 15년 동안 광고 및 방송영상을 제작 및 교육하였다. 그 경험을 바탕으로 메타버스 관련해 주로 대기업 및 공공기관에서 강의하고 있으며, 그 외에 기업교육 전문가로서 인재육성 프로그램 개발 및 1만 시간 이상의 HR강의를 하고 있다. 특히 진정성을 가지고 관계성장 힐리스트로 활동 중이다.

송호천

메타버스 드림 대표, 한국 메타버스 연구원 지도교수, 한국 메타버스 산업 협회 전문강사로 활동 중이며 메타버스 플랫폼 소통 전문가로 과학기술정보통신부 등 정부기관 및 대기업에서 교육 및 컨설팅을 진행하였다.「관계형 화상 플랫폼」의 비언어적 요소를 더욱 강화하여 혁신적인 관계적 소통을 기반으로 한 새로운 교육 플랫폼을 연구 개발 중에 있다.

전은혜

건축 설계를 전공하여 건축사사무소에서 경력을 쌓았으며, 현재 부동산 개발 관련 회사에서 상품 개발 및 공간 설계 전문가로 재직 중이다. 최근 출간 한 책으로는 〈메타버스 쉽게 정복하기〉로 메타버스 가상공간 속 건축에 대해 집필하였다. 게더타운 맵 공간 기획과 제작 및 기초 교육이 주 강의 영역이며, 현재 메타버스 공간 맵 기획 디자이너로 활동 중이다.

최은희

브랜드앤피플 대표. 19년차 실전 마케터이자 한국여성마케터협회 회장. 연세대학교 언론홍보대학원 광고PR 석사 졸업, 디지털 브랜드 마케팅 전문가로 활동하고 있다. 출간한 책으로는 〈여성 소셜마케팅으로 시작하라〉, 〈결과로 말하는 고수들의 실전SNS〉로 베스트셀러 작가이기도 하다. 현재 디지털 브랜드 마케팅과 메타버스 마케팅 교육 및 컨설팅을 진행하고 있다.